交通运输职业教育高职新能源汽车运用与维修专业教材

U0649693

Chun Diandong Qiche Jiegou yu Jianxiu

纯电动汽车结构与检修

全国交通运输职业教育教学指导委员会 **组织编写**

侯　涛　主　　编

蔺宏良　主　　审

人民交通出版社股份有限公司
China Communications Press Co.,Ltd.

内 容 提 要

本书为交通运输职业教育高职新能源汽车运用与维修专业教材。本书分为六个模块,主要内容有:纯电动汽车概述、纯电动汽车基本结构原理、纯电动汽车电源系统的结构与检修、驱动电机系统与检修、纯电动汽车充电系统的结构与检修、整车控制系统与 CAN 通信网络。

本书可作为高职高专院校新能源汽车运用与维修专业的教学用书,也可作为新能源汽车技术人员的培训教材,以及新能源汽车专业师资培训教材。

图书在版编目(CIP)数据

纯电动汽车结构与检修 / 侯涛主编;全国交通运输职业教育教学指导委员会组织编写. —北京:人民交通出版社股份有限公司,2018.3

ISBN 978-7-114-14442-4

Ⅰ. ①纯… Ⅱ. ①侯… ②全… Ⅲ. ①电动汽车—结构②电动汽车—车辆修理 Ⅳ. ①U469.72

中国版本图书馆 CIP 数据核字(2018)第 018458 号

书　　名:	纯电动汽车结构与检修
著 作 者:	侯　涛
责任编辑:	张一梅
出版发行:	人民交通出版社股份有限公司
地　　址:	(100011)北京市朝阳区安定门外外馆斜街 3 号
网　　址:	http://www.ccpcl.com.cn
销售电话:	(010)59757973
总 经 销:	人民交通出版社股份有限公司发行部
经　　销:	各地新华书店
印　　刷:	北京市密东印刷有限公司
开　　本:	787×1092　1/16
印　　张:	12.75
字　　数:	293 千
版　　次:	2018 年 3 月　第 1 版
印　　次:	2022 年 8 月　第 3 次印刷
书　　号:	ISBN 978-7-114-14442-4
定　　价:	30.00 元

交通运输职业教育高职新能源汽车运用与维修专业教材编审委员会

前　言

为落实国务院印发的《节能与新能源汽车产业发展规划(2012—2020年)》精神,适应我国新能源汽车快速发展的形势,满足新能源汽车技术人才需求,全国交通运输职业教育教学指导委员会组织来自交通职业技术院校的专业教师,按照《新能源汽车运用与维修专业教学标准》的要求,紧密结合目前新能源汽车运用与维修专业教学需求,编写了交通运输职业教育高职新能源汽车运用与维修专业教材。

在本系列教材启动之初,全国交通运输职业教育教学指导委员会组织召开了新能源汽车运用与维修专业教材编写大纲审定会,邀请行业内专家对该专业的课程体系和教材编写大纲进行了审定。教材初稿完成后,每种教材由一名企业专家或专业教师进行主审,编写团队根据主审意见修改后定稿,实现了对书稿编写全过程的严格把关。

本系列教材在编写过程中,认真总结了全国交通职业院校的专业建设经验,注意吸收发达国家先进的职业教育理念,具有以下特色:

1.与专业教学标准紧密衔接,较多地体现了新技术、新工艺、新方法,满足新能源汽车运用与维修专业高技能人才培养的需要。

2.尽量以多数高职院校配置的新能源车型为载体进行讲解,具有较广的适用性。

3.采用模块式编写体例,围绕学习目标,聚焦知识和技能培养,体现行动导向的教学观,使培养过程实现"理实一体"。

4.所有教材配有电子课件,部分教材的知识点,以二维码链接动画或视频资源,易教易学。

《纯电动汽车结构与检修》是本系列教材之一。本教材编写分工为:模块一由晋中职业技术学院赵志芳编写;模块二由云南交通职业技术学院侯涛、黄震国编写;模块三由云南交通职业技术学院侯涛、吕天星、徐佳编写;模块四、模块五由云南交通职业技术学院侯涛编写;模块六由云南交通职业技术学院侯涛、宋炯编写。全书由侯涛担任主编,云南交通职业技术学院杨宏进、黄震国及赵志芳担任副主编,陕西交通职业技术学院蔺宏良担任主审。

　　限于编者水平,书中难免有疏漏和错误之处,恳请广大读者提出宝贵建议,以便进一步修改和完善。

全国交通运输职业教育教学指导委员会

2017 年 11 月

目　录

模块一 纯电动汽车概述

📖 **学习目标**

1. 掌握纯电动汽车的定义及特点,并能加以描述;
2. 掌握纯电动汽车基本组成及常用术语;
3. 认识典型纯电动汽车;
4. 认识纯电动汽车高压安全注意事项;
5. 会使用高压安全防护用具和纯电动汽车专用工具。

📚 **建议课时:6 课时。**

一、纯电动汽车的定义与特点

(一)纯电动汽车的定义

纯电动汽车(Battery Electric Vehicle,BEV),是指以车载电源为动力源,通过蓄电池向驱动电机提供电能,电机运转驱动汽车行驶,并且符合道路交通安全法规各项要求的车辆。

纯电动汽车已有一百多年的历史,长期以来,由于纯电动汽车发展受制于技术瓶颈,仅在某些特定范围使用,一直未能广泛推广运用。随着科学技术的发展,特别是近年来纯电动汽车技术的研发投入不断加大,使得车辆性能得以不断提高。新一代纯电动汽车呈现出更加高效、节能、环保的良好性能,预示着其良好而广泛的发展前景。

(二)纯电动汽车与内燃机汽车的区别

纯电动汽车与传统的内燃机汽车在车身结构及外观上基本相同,但两者的驱动系统不同。纯电动汽车以车载电源作为动力源,而传统内燃发动机汽车是以燃油发动机作为动力源;纯电动汽车用电动机替代内燃发动机驱动车辆行驶;纯电动汽车以高压大电流为动力系统,而传统内燃发动机汽车,除点火系统用高压小电流之外,其他电源均为低压弱电系统。纯电动汽车主要包括驱动电机、动力蓄电池和电控系统、充电机、DC/DC 等主要高压电器。纯电动汽车如图 1-1 所示。

图 1-1　纯电动汽车(荣威 E50)

（三）纯电动汽车的特点

1. 环保、无尾气排放污染

众所周知,内燃机汽车废气中的 CO、HC 及 NO_x、臭氧、微粒等污染物形成酸雨酸雾及光化学烟雾,纯电动汽车在本质上是一种"零排放"汽车,一般不直接排放污染物,对环境保护和空气的洁净是十分有益的。

2. 能量转换效率高

纯电动汽车的能量转化效率高,同时可回收汽车制动、下坡时的能量,提高能量的利用效率。纯电动汽车能源利用效率远远超过汽油车,尤其是在城市运行、汽车行驶速度不高时更明显。电动汽车停止时不消耗电量,在制动过程中,电动机可自动转化为发电机,实现汽车制动能量的回收。

3. 结构简单,维修方便

纯电动汽车较内燃机汽车结构简单,传动、运转部件少,生产工艺相对成熟,尤其是电动机维护工作量少。

二、国内外纯电动汽车的发展与现状

（一）国外纯电动汽车的发展历史

1834 年,美国人托马斯制造出第一辆用直流电动机驱动的电动车;1835 年,荷兰教授 Stratingh 设计了一款小型电动车;1839 年,苏格兰州罗伯特使用了不可充电蓄电池制造了第一辆纯电动汽车,如图 1-2 所示。1867 年,奥地利发明家 Franz Kravogl 在巴黎世界博览会推出了一款双轮驱动电动车。1881 年,世界上第一辆铅酸蓄电池电动三轮汽车出现,发明人为法国工程师古斯塔夫·特鲁夫。1899 年 5 月,世界首辆车速超过 100km/h 的电动汽车出现了,速度为 105.88100km/h,比利时人卡米乐设计名为"Jamais Contente(永不满足号)"的铝质车身汽车,炮弹外形,现在保存在法国贡比尼博物馆中。

图 1-2　罗伯特制造了第一辆纯电动汽车

从 19 世纪末到 20 世纪初,在欧美等发达国家的新兴城市里,马车和自行车等交通工具被电动汽车、内燃机车及蒸汽机车所取代。电动汽车进入商业化阶段。英国、法国和美国先后涌现了一批著名的电动汽车制造公司,如最早的电动汽车制造厂 Morris 和 Salom。发明家托马斯·爱迪生,制造了一辆电动汽车,时速 20mile,如图 1-3 所示。在爱迪生发明第一辆电动汽车之前,实际上已经有许多人曾尝试研发以电力为能源的载运工具了。1830 ~ 1900 年,匈牙利、美国、荷兰、英国、法国、奥地利和德国，都有人曾制造出电动汽车。到 1912 年，美国约有 34000 辆注册的电动汽车，几乎涵盖了各种车型。这一时期也成为早期电动汽车发展的黄金时期。

1886 年，在 Otto 发明往复活塞式四冲程内燃机 20 年后，德国人 Benz 制造了第一辆单缸发动机汽车。电动汽车发展的最初阶段，各国城市的道路发展还没有形成规模化，对电动汽车的续航里程要求相对不高。但是随着各国道路建设的不断发展，而且，由于内燃机以及相关燃油的

图 1-3　爱迪生和一辆电动车的合影

发明和技术的进步，电动汽车的不足就逐步显现出来。电动汽车由于每次行驶后都要长时间充电，并且电力设备影响运行距离，因而逐渐被燃油汽车取代。1911 年，美国人 Kettering 发明的燃油汽车起动机使燃油汽车更具有吸引力，这时候电动汽车的发展遭受了一个巨大的挑战。而 Ford 公司大规模生产工艺的进步，使每辆福特 T 型车的价格从 1909 年的 850 美元锐减到 1925 年的 260 美元，更加速了电动汽车的消失。因此，从 20 世纪 30 ~ 60 年代，电动汽车步入冬眠期。

20 世纪 70 年代初，蔓延全球的中东石油危机爆发，一场能源革命随之而来，这场石油危机，使得靠燃油生存的普通汽车面临第一次挑战。对于普通汽车来说，燃油是唯一的驱动能源，没有了石油，汽车就变得"寸步难行"。于是，各国政府和科技人员不得不重新思考和寻找新的能源来替代。由于电动汽车几乎零污染，电动机比内燃机可靠简单，电动机的转速和转矩也比内燃机更易控制等各方面的因素，使得电动车又重新走进了各国政府和科研人员的视野。电动汽车的春天又一次来到。欧洲、亚洲等各个国家投入大量的人力物力再一次重新致力于电动汽车的开发和研究。美国三大汽车制造商通用、福特和克莱斯勒都开发相应的电动汽车，1991 年 12 月宝马公司在法兰克福车展上推出 E1J 电动汽车。这辆电动概念车的外壳是可回收塑料，整车质量不到 907kg，一次充电可行驶 273km，最高时速达 128km。

从 20 世纪 90 年代开始，在能源和环境的双重压力下，电动汽车的研究开发再次进入一个活跃期。在这短短的 20 年期间，由于各种科学技术的高速发展，使得电动汽车的许多技术难点逐渐得到了解决。世界各大汽车制造商纷纷推出各自的电动汽车。目前，在欧美以及亚太的主要城市，客户都可以买到各大主要汽车厂商的电动汽车。在美国，通用、福特、特斯拉等汽车公司，在电动汽车的发展中起着非常重要的作用。在日本，几乎所有的汽车生产商，如丰田、日产、马自达、三菱、铃木、大发、五十菱等汽车公司都制订了各自的商业化电动汽车发展规划。欧洲的许多国家，尤其是法国、德国、意大利和英国都纷纷进入电动汽车市场，其中活跃的汽车公司有雪铁龙、雷诺、宝马、奔驰、奥迪、大众、菲亚特等。这些汽车制造商都开始生产自己品牌的电动汽车或者开始涉及电动汽车领域。汽车生产商在积极涉足电动汽车领域的同时，一些电力公司和蓄电池生产商也在一定基础上起着积极的推动作用，其目的都是为了加快以充电蓄电池为动力的电动汽车的商业化，并以此取得相关的利益。电

动汽车还因为具有能源利用率高、能源多样性和环保等优点,已经得到了能源和环保机构的积极参与和发展推动,助其早日实现商业化和普及化。另外,科研机构和大学也不断研究电动汽车的新技术,期望电动汽车能够和燃油汽车在性能等各方面接近,从而可以逐步与燃油汽车相竞争。

日本丰田公司、本田公司一直致力于电动汽车的研究。面对未来电动汽车巨大的市场,日产公司也积累了强大的力量,力争在电动汽车市场占据一席之地。日产公司于1947年发布了其研发的第一款电动汽车。从20世纪60年代开始,公司更加积极致力于电动汽车的研发,而且研制并销售了一系列电动车型。1997年,日产公司发布了全球首辆装备锂离子蓄电池的电动汽车Prairie Joy。在2005年的东京车展上,日产公司发布了全球首辆装备锂离子蓄电池的Pivo电动汽车,如图1-4所示。之后,续航里程更长的Pivo2在2007年东京车展上亮相。聆风(LEAF)作为日产公司推行的电动汽车专项产品计划,于2012年12月在美国和日本同步上市。该车采用电动机前置前驱结构,装备了80kW三相永磁同步电动机,最高时速超过140km/h。在锂离子蓄电池的支持下,一次充电可行驶160km。

除了日本的汽车制造商在研发和销售电动汽车之外,美国各大汽车制造商也纷纷推出了各自品牌的电动汽车。美国通用汽车公司曾雄踞全球最大车厂地位长达77年,虽然受到国际金融危机的影响,但同样在电动汽车领域具有雄厚的实力。通用汽车公司从1916年就开始电动汽车的研发。近几十年来,通用汽车公司不断研发各种类型的电动汽车,积累了丰富的经验。通用汽车公司主动适应市场发展需求,早在2012年发布了2014款雪佛兰Spark EV纯电动汽车(图1-5)。设计师将储电量超过20kWh的锂离子蓄电池组安装在后排座椅下方,其电动机最大功率为100kW,峰值转矩为542N·m,0~100km/h的加速时间少于8s,续航里程可超100km。在SAE标准快充机制下能在20min内完成80%充电量。若使用240V的充电插座,则需要约7h完成充电,另外也可以使用美国家用的120V插座进行充电。

图1-4　Pivo纯电动概念汽车

图1-5　雪佛兰Spark EV纯电动汽车

作为北美的另一大汽车生产商福特公司也于20世纪60年代开始研究电动汽车。Comuta为福特公司的第一辆电动汽车。其后,在20世纪60年代后期研发出Cortina商用电动汽车,80年代研制出Fiesta、Escort和ETX型电动汽车。进入90年代,福特公司把多款电动汽车商用化,并提出了多款电动汽车的性能。其中,最早向外销售的是1995年推出的Ecostar小型送货电动汽车,该车采用30kWh的钠硫蓄电池、55kW交流感应电动机驱动系统,最大载质量为450kg,最高时速达112km/h,连续行驶里程达210km。该车配有空调系统,并用机械动力发电机为蓄电池充电,具备电动汽车的特性。福特公司最近推出一款Focus Electric 纯电动汽车。该车搭载了最大输出功率为 107kW 的电动机,峰值转矩为 250N·m,同时搭载了 23kWh 锂离子蓄电池组,0 ~ 100km/h 加速时间为 11.4s,最大续航里程达 162km,最高时速为 137km/h。在 230V 电源下,锂离子蓄电池充满电仅需要 3 ~ 4h,如图 1-6 所示。

图 1-6　福特 Focus Electric 纯电动汽车

特斯拉(Tesla)汽车公司 2003 年成立于美国加州,是以设计、生产和销售纯电动汽车为主的公司。在 2008 年,特斯拉汽车公司推出第一款纯电动豪华跑车 Roadster,截至 2012 年停产前,Roadster 曾经远销 37 个国家和地区,销量超过 2300 辆。2010 年,特斯拉汽车公司上市,成为美国自 1956 年福特公司以来第一家上市的汽车制造商,也是目前唯一一家在美国上市的纯电动汽车独立制造商。特斯拉汽车公司于 2012 年 6 月上市了主力车型 Model S,主要由蓄电池组、底盘悬架系统和车体三大部件组成。其蓄电池组布局与其他电动汽车区别最大,它的蓄电池组被整合成平地板安放在底盘上,从而使得车辆的重心更低,带来更好的操控表现。电动机则被安放在车尾,负责驱动后轮。Model S 的蓄电池组提供 60kWh、85kWh 和 85kWh Performance 三种容量版本,最大输出功率分别为 225kW、270kW 和 310kW。其中 85kWh Performance 版本的 0 ~ 100km/h 加速时间仅为 4.4s,最高车速为 210km/h,并拥有 480km 的续航里程。即便是功率稍低的 60kWh 车型,0 ~ 100km/h 加速时间仅为 5.9s,续航里程可达 370km。

在欧洲,意大利菲亚特汽车公司也是较早从事电动汽车研发的企业。从 20 世纪 60 年代开始,这个公司就开始研发一整套电动汽车的生产技术,并积累了很好的经验。1974 年公司研发第一辆试验性电动汽车 X1/23。1990 年又推出城市用实用型电动汽车 Panda Eletrra。在 20 世纪 90 年代,菲亚特公司又陆续推出了 Cinquecento Elettra 电动客车、Ducato Eletrra 电动货车、两座电动汽车 Zic 和四座电动汽车 Seicento Elettra 等。

德国宝马公司在 1989 年推出了它的新一代电动汽车 E30E,1991 年研制出改进的电动汽车 E36E,同年正式推出了专门设计的两门四座电动汽车 E1,在 1992 年又推出四门四座电动汽车 E2。2013 年底,BMW i3 纯电动汽车正式售卖;量产版的 BMW i3 输出转矩达到 250N·m,0 ~ 100km/h 加速时间少于 8s,最高车速为 150km/h,由一组高性能可充电的 220kWh 锂离子蓄电池组提供电能。

法国雪铁龙公司在 20 世纪 90 年代也开始发展电动汽车,以适应环保和节能要求。在 1990 年,其投放市场的是 Peugeot 106 和 Citroen AX 电动轿车,随后又推出 Peugeot Ion 和 Citroen Citela 等。

(二)国内纯电动汽车的现状

除了欧美和日本等国家热衷于电动汽车的研发外,我国也开发了具有自主知识产权的电动汽车。很多高校、科研机构和汽车生产商都在研究和开发电动汽车。"八五"规划期间,国家计委和国家科委将电动汽车项目正式列入国家研究和攻关计划。"九五"规划期间,国家科技部把电动汽车列入国家重大产业工程项目,完成了纯电动轿车先导车的研制和全新

纯电动轿车先导车的研制和全新纯电动轿车概念车的开发,建成了我国唯一的国家电动汽车运行试验示范区。另外,还研制了我国首辆纯电动大客车和我国首辆具有完全自主知识产权的纯电动公交车,完成了为期3年的载客示范试验。"十五"规划期间,我国以开发电动汽车整车技术和关键零部件技术为重点,采取整车牵头、零部件配合、产学研相结合的模式,推动了电动汽车技术的研发。"十一五"规划期间,国家继续坚持以电动汽车市场为产品开发的导向,以整车为载体,以电动汽车动力系统技术平台为核心,促进企业产品的开发和创新。"十二五"规划期间,新能源汽车完成了产业化起步阶段的任务,市场增速加快,政策体系基本建立,汽车产业生态基本形成。"十三五"规划期间,进一步推进新能源汽车及纯电动汽车市场化发展进程,大力发展电动汽车电力系统储能应用技术研发,实施分布式新能源与电动汽车联合应用示范,推动电动汽车与智能电网、新能源、储能、智能驾驶等融合发展。

目前,除国内巨大的潜在市场之外,电动汽车在我国的发展还具备三大有利条件:

第一,举办大型国际活动为电动汽车的推广提供机会。电动汽车在历届奥运会上都是展示东道主国家高科技水平和环保决心的主角。1996年亚特兰大奥运会上,250多辆电动高尔夫球车及15辆电动旅行车组成的绿色车队投入使用;2000年奥运会上,由400辆纯电动汽车组成的绿色车队正式投入使用;而在2004年的奥运会上,韩国现代集团提供了很多辆电动汽车用于马拉松火炬接力活动和马拉松比赛先导车。北京2008年奥运会,电动汽车得到了最大规模的应用,这既体现了"绿色奥运、科技奥运、人文奥运"的主题,还展示了我国电动汽车的技术实力和研发水平。"严格控制汽车尾气和其他污染源的污染物排放总量,以及市区主要污染物的日平均浓度,保证在最不利气象条件下,空气质量达到国际奥委会要求的标准"这也是奥委会向全世界的郑重承诺。要实现这一承诺,主要的技术保障就是电动汽车技术。在奥运会和残奥会期间,由595辆电动汽车组成的奥运绿色车队实现了奥林匹克公园中心区域交通"零排放",中心区域周边地区及奥运会交通优先路线"低排放"。这一绿色车队是由北京理工大学和京华客运公司开发的锂离子蓄电池纯电动客车,还有由东风汽车公司和一汽研发生产的混合动力电动客车,由奇瑞、长安、一汽等汽车企业研发生产的混合动力电动轿车,以及由上燃动力、同济大学、上海大众共同开发的燃料电池电动汽车,由清华大学、北汽福田开发的燃料电池电动客车等。根据我国政府规定,奥运会用的清洁能源汽车,只能在我国生产制造。所以,奥运会期间,电动汽车的订单,为电动汽车行业发展提供了庞大的发展资金,同时,与电动汽车推广相配套的公共设施,包括240台智能地面充电机的大型充电站也投入使用,这也为将来大规模使用电动汽车、完善汽车充电网络提供一个实验和应用平台。2010年,上海世博会坚持"园区零排放,园区周围区域低排放"的理念,总共使用了1293辆新能源汽车,是目前全球最大的一次新能源汽车示范运行。其中,零排放的纯电动汽车500多辆,包括120辆纯电动汽车、270辆纯电动场馆车和61辆超级电容客车,25辆警务系统纯电动乘用车和21辆蓄电池电容客车,主要用于公务、通勤、接待;燃料电池汽车196辆,包括6辆公交客车、90辆轿车和100辆观光车。世博会的举办也对电动客车的发展起到了巨大的推动作用。

第二,需有我国政府政策的大力支持。电动汽车产业化需要政府积极支持,要有配合的政策、法规。我国电动汽车的发展,在"八五"期间就已经列入科技攻关计划,重点开展电动汽车关键技术的研究。"九五"期间,它正式列入重大科技产业工程项目,主要开展电动概念车研究、试验示范区建设、电动改装车开发、运行机制和政策法规及技术标准的研究。2001年9月,科学技术部在"十五"期间的"863"计划中,设立了电动汽车重大专项,率先明确"三纵三横"研究开发布局,即以混合动力汽车、纯电动汽车和燃料电池电动汽车为"三纵",以电动机系统、蓄电池系统和电控系统为"三横"。又在2009年6月由工业和信息化部出台的《新能源汽车生产企业及产品准入管理规则》,又进一步明确了在发展期以锂蓄电池混合动力乘用车、商用车和纯电动汽车为主流技术路线的战略规划。2011年7月,由科学技术部颁布的《国家"十二五"科学和技术发展规则》中,再次明确了我国节能和新能源汽车发展的技术路线和主要目标,以纯电驱动为新能源汽车发展和汽车工业转型的主要战略取向,当前重点推进纯电动汽车产业化。在我国,当有政策扶持之后,政府激励和补贴力度很大,补贴的范围进一步扩大。2013年,工业和信息化部发布《关于继续开展新能源汽车推广应用的通知》,这次补贴新政中区域性比较明显,补贴试点也由点扩展到面,并对示范城市在累计推广量和配套设施方面提出了更具体的要求,将成为我国电动汽车市场快速发展的催化剂。

第三,需有企业、科研院所的全力配合。从2001年起,我国将电动汽车研究开发列入"十五"重大科技专项,组织产、学、研三方共同参与攻关,成功开发出纯电动汽车、混合动力汽车和燃料电池电动汽车,在这一过程中,科研院所、企业等全力配合,为我国的电动汽车事业做出了贡献。在纯电动汽车方面,因为其噪声小、零排放的优点,故适合一定的市场。面对国内电动汽车行业的新兴发展,既要认识到当前电动汽车的发展优势,又要充分认识到电动汽车产业化的艰巨性,因为进入产业化阶段后,要面临产品的可靠性、安全性、稳定性、成本以及能不能被市场接受等一系列的问题,远不是解决蓄电池、电动机的技术问题就没事了。这一阶段开发工作必须与市场结合,要有政府的政策和法规的扶持,同时在排放标准、燃油标准、能源标准的制定上,都要同步进行。我国汽车年产量已经在2009年居世界第一,保有量很大,对石油的需求量也很大。2013年我国已经超过美国成为全球最大的原油进口国,大约有50%石油依赖于进口,并且我国30%以上的石油被汽车所消耗,对我国的能源安全带来威胁,因此有必要抓紧电动汽车的开发,这对我国的能源战略及石油安全也有着重要的作用。

目前国内电动汽车研究成果概述如下。

由天津清源公司、天津一汽、天津大学和天津蓝天高科等单位联合研制的纯电动汽车,其最高行驶已达到120km/h,一次充电连续行驶里程达252km。2005年,天津清源公司开发了3种纯电动轿车车型,并通过了搭载锂离子蓄电池的纯电动轿车正面碰撞实验,向美国出口了112辆纯电动轿车。2006年又承担了天津市重大产业化项目"电动汽车动力总成产业化和电动汽车整车生产示范"项目,建成了具备年产20000辆纯电动轿车、1000辆混合动力电动客车能力的生产基地。2009年,天津清源公司又斥资近3000万元开发了一种高空作业专用车,建成年生产能力3000辆的生产线,开拓了电动升降专用车这一特种纯电动汽车的国内市场。

北京科凌公司承担了"863"计划电动汽车重大产业专项中的"纯电动客车开发"项目和2008年北京"科技奥运、绿色奥运"工程中的电动汽车项目,开发出多种型号的纯电动客车,如图1-7所示。由北京理工大学和北京科凌公司在2004年联合设计制造了国内首辆双层电动客车,并逐渐形成大型电动城市客车、豪华电动旅游客车、中型电动客车等较为完整的

图 1-7 北京奥运会上使用的纯电动汽车

产品系列,在北京、合肥两地建成具备年产大型电动客车 500 辆、中型电动客车 1000 辆和其他类型电动车辆 5000 辆生产能力的大型生产基地。在纯电动汽车的开发上,天津一汽产品开发中心在 2003 年参加完成的"863"计划"电动汽车重大专项纯电动轿车"项目通过专家验收。该项目以一汽公司和天津清源公司牵头,中国汽车技术研究中心、北京交通大学、清华大学、天津大学、北京航空航天大学等多个单位参与,设计成功的夏利纯电动轿车,最高车速达 120km/h,连续行驶里程为 230km。2006 年,一汽红塔汽车制造公司与天津清源公司合作设计成功一汽"幸福使者"电动汽车,实现电动汽车对美国的小批量出口。2008 年,一汽公司携手深圳雷天能源集团设计的一汽雷天电动客车成功下线,该车采用雷天公司生产的磷酸亚铁锂离子蓄电池,充电只需 20min 即可在 110km/h 时速下行驶 300km 左右的路程。

东风汽车公司的电动汽车事业起步于"八五"期间,当时由东风技术中心开发出第一台纯电动中型客车。在"九五"期间开发了纯电动轿车概念车 CEV-95。为了进一步缩短与国外汽车公司的技术差距,2001 年东风集团与湖北武汉市武汉经济技术开发区、华中科技大学、武汉理工大学合资组建了东风电动车辆股份有限公司,并在国家"863"计划电动汽车重大专项的公开招标中同时承担两个整车课题。

北京理工大学电动车辆工程技术中心致力于电动汽车的研发,成功研制了 BK6122EV 奥运用纯电动大客车、BK6120EV 纯电动超低底板公交客车、BFC6100EV 纯电动旅游客车、HFF6850GK60EV 纯电动中型客车、HFF6112GK50EV 纯电动超低底板公交客车等多种整车产品。开发了续流增磁绕组电动机及其控制器、变脉冲快速充电器、整车综合控制和能量管理系统等具有自主知识产权电动汽车关键零部件产品。目前正在开展纯电动公交客车的公交线路试运营试验,蓄电池组综合性能试验室以及国家"863"电动汽车重大专项电动机及其控制器测试基地。目前,北京理工大学在电动汽车整车总体技术、电动车辆电动机驱动技术、快速充电技术、整车综合管理和控制技术、电传动系统测试技术等方面积累了丰富的经验,取得了丰硕的成果。

比亚迪公司从 2003 年进入汽车行业,在双模技术和纯电动技术方面都取得了显著的进展。比亚迪公司开发的磷酸铁锂离子蓄电池,有效解决了一般锂离子蓄电池在电流过充电条件下易发生爆炸等安全问题。磷酸铁锂离子蓄电池还具有循环寿命长、制造成本低、安全性能良好、能量密度高、低温性能好及生产过程无污染等技术优势。2011 年 10 月上市的比亚迪纯电动汽车 E6,最大续航里程达到了 300km(综合工况),最高时速达 140km/h。比亚迪 E6 搭载自主研发的磷酸铁锂离子蓄电池,配合电动机可提供 90kW 额定功率,以及 450N·m 的最大转矩。同时,E6 款纯电动出租车也已经在深圳、南京、长沙、太原等多个城市运营。

东南大学也是国内较早对电动汽车开展研究的高校之一。1995 年在国家自然基金等资助下对电动汽车电动机驱动技术开展研究,承担了国家自然科学基金项目 3 个,重点项目 1 个等课题。研究成功双凸极永磁电动机、混合励磁双凸极电动机、混合励磁磁通切换电动机等新型高性能电动机。

北京新能源汽车股份有限公司(以下简称北汽新能源),是一家以环保乘用车为主要经营范围的新能源科技公司。主要产品包括 EC180、EU260、EX260、EV160、EH300、物流车等。成立于 2009 年,经过 4 年多的发展积累,北汽新能源已掌握整车系统集成与匹配、整车控制系统、电驱动系统三大关键核心技术,旗下 EC180、EU260、EX260、EV160、EH300、物流车等多款产品已投入市场或示范运营。目前,北汽新能源已与大洋电动机、普莱德蓄电池、爱思开蓄电池等多家公司展开了战略合作,并与美国 Atieva 公司签订了股权认购协议,成为后者的第一大股东。

随着我国综合国力的增强,也为了减少对石油的依赖,降低汽车的尾气排放,节约和提高能源效率,电动汽车已经成为国内的一个研发热点。同时,电动汽车的发展也将促进我国汽车技术水平和制造业水平的提高。我们可以一方面通过我国的劳动力,利用国外发达国家的资金和水平,发展我国的电动汽车市场,形成有利的商业环境;另一方面在政府的扶持引导下,发展民族企业,利用电动汽车的研发缩短同国外发达国家汽车工业的差距,尽早实现汽车强国。

三、纯电动汽车的分类

纯电动汽车种类较多,通常按车辆用途、蓄能装置以及驱动系统的组成进行分类。

(一)按照用途不同分类

纯电动汽车可分为电动轿车、电动货车和电动客车三种。

(1)电动轿车是目前最常见的纯电动汽车。除了一些概念车,纯电动轿车已经有了小批量生产,并已进入汽车市场。

(2)用作公路运输的电动货车比较少,而在矿山、工地及一些特殊场地,则早已出现了一些大吨位的纯电动载货汽车。

(3)电动客车,纯电动小客车也较少见;纯电动大客车用作公共汽车,在一些城市的公交线路以及世博会、世界性的运动会上,已经有了良好的表现。

(二)按蓄能装置分类

目前纯电动汽车所采用的蓄能装置可分为二次蓄电池、超级电容器和飞轮蓄电池三大类。

(1)二次蓄电池又称可充电蓄电池,主要有铅酸蓄电池、镍-氢蓄电池、锂离子蓄电池、镍-金属物蓄电池。

(2)超级电容器又称电化学电容器,是新型双电层电容器,具有电容量大的特点。

(3)飞轮蓄电池又称飞轮储能器,是利用飞轮高速旋转储存和释放电能的装置。

(三)按驱动系统的组成分类

根据纯电动汽车的驱动系统不同,纯电动汽车可分为:直流有刷电动机、直流无刷电机、交流异步电机和磁阻电机电动汽车等。

(1)直流有刷电机:车载电源可直接供给电动机,使用这种电动机采用晶闸管式控制器斩波方式调速。目前电动汽车用直流有刷电机已经能满足电动汽车使用要求,但由于产量有限和成本很高,品种规格不多,选择余地较小。

(2)直流无刷电机:以调电源脉冲宽度来调电机转速,优点是体积小,质量轻。电动机能国产化,控制器的关键元器件均由国外公司生产,成本降下来的可能性不大,且目前这种电机与电动汽车一样属研发阶段,形不成批量。

(3)交流异步电机:作为电动汽车驱动电机,其优点是体积小、质量轻、国产质量不差,由于车载电源系直流电,需将电源经逆变器转换成交流电,汽车电动机电压为380V左右,功率在几十千瓦不等,其逆变器功率不小,成本也不会低到哪里去,交流电机调速由变频方式调速,交流异步电机采用变频变压控制(VVVF)和磁场定向控制(FOC)也称矩量控制或解耦控制、变极控制。

(4)磁阻电机正在研发中,由电子控制器来控制调速。

四、纯电动汽车的常用术语

(1)驱动电动机,为车辆行驶提供驱动力的电动机。

(2)辅助电动机,驱动电动机以外的电动机。

(3)DC/DC变换器,将某一直流电源电压转换成任意直流电压的变换器。

(4)蓄电池,能将所获得的电能以化学能的形式储存并可以将化学能转变为电能的一种电化学装置,它可以重复充电和放电。

(5)动力蓄电池,为电动汽车动力系统提供能量的蓄电池。

(6)单体蓄电池,构成蓄电池的最小单元,一般由正极、负极及电解质等组成,其标称电压为电化学偶的标称电压。

(7)蓄电池模块,一组相连的单体蓄电池的组合。

(8)蓄电池组(蓄电池包),由一个或多个蓄电池模块组成的单一机械总成。

(9)燃料电池汽车,以燃料电池作为动力源或主动力源的汽车。

(10)蓄电池的容量,是指充满电的蓄电池在指定条件下放电到终止电压时输出的电量。

(11)蓄电池的能量,是指在标准规定的放电制度下,蓄电池所输出的电能。

(12)蓄电池的功率,在一定的放电制度下,单位时间内蓄电池输出的能量。

(13)SOC,蓄电池的荷电状态,描述蓄电池剩余容量占额定容量的百分比。

(14)DOC,放电深度,蓄电池已经放出的电量与蓄电池额定容量的比值。

(15)蓄电池的循环使用寿命,是指蓄电池以充电一次和放电一次为一个循环,按一定的测试标准,当蓄电池容量降到某一个规定值(我国标准规定为额定值的80%)以前,蓄电池经历的充放电循环的总次数。

(16)地面充电系统,通过直接更换电动汽车的蓄电池组来达到为其充电的目的。

(17)快速充电,是以较大电流短时间(在电动车停车20min~2h),为其提供短时充电服务。

（18）电动汽车的电动机驱动系统，是指电能转化为机械能，并通过传动装置将能量传递到车轮进而驱动车辆按驾驶人意志行驶的关键系统。

（19）飞轮储能装置，让高速旋转的飞轮以机械能的形式存储能量，实现电能和机械能之间相互转化的装置。

（20）燃料电池，是利用氢气和氧气（空气）在催化剂的作用下直接经电化学反应产生电能的装置。

（21）蓄电池的放电制度，指放电率、放电形式（恒流、变流或脉冲）、终止电压和温度。

（22）能量密度，从蓄电池的单位质量或单位体积所获取的电能，用 Wh/kg，Wh/L 来表示。

（23）功率密度，从蓄电池的单位质量或单位体积所获取的输出功率，用 W/kg，W/L 来表示。

（24）爬电距离，在两个可导电部分之间沿固体绝缘材料表面的最短距离。

五、典型纯电动汽车简介

（一）特斯拉纯电动汽车

特斯拉公司（Tesla Inc）由斯坦福大学硕士辍学生伊隆·马斯克与硕士毕业生 JB Straubel 于 2003 年成立，总部设在美国加州的硅谷地带。专门生产纯电动车，生产的几大车型包含 Tesla Roadster、Tesla Model S、Tesla Model X。同时，在经过数年市场开拓之后，特斯拉已经成为全球最受关注的电动汽车品牌，而旗下车型也开始从最初只有 Model S 发展到更加丰富的品类，并逐渐形成高低搭配的组合，如图 1-8 所示。特斯拉汽车的性能参数见表 1-1。

图 1-8 特斯拉纯电动汽车

特斯拉汽车的性能参数 表 1-1

续航里程	最高时速	外形尺寸（长×高×宽）	整车质量	充电时间
390 ~ 502km	190 ~ 210km/h	4978mm × 1964mm × 1435mm	2108kg	慢充 7 ~ 10h/快充 45min 80% 额定电量
蓄电池类型	最大功率	最大转矩	售价	国内上市时间
锂离子蓄电池	222 ~ 310kW	440 ~ 600N·m	人民币 72.35 万 ~ 141.35 万元	2014 年 5 月

（二）日产聆风纯电动汽车

聆风纯电动汽车采用国际领先的层叠式紧凑型锂离子蓄电池驱动，由于电动机的特点就是转矩输出稳定而强大，并且不存在峰值转矩的概念，所以起步阶段的加速十分迅猛，这

图 1-9 日产聆风纯电动汽车

是汽油车辆无法超越的,如图 1-9 所示。聆风在车头前方布置两组充电接口,一组用于在快速充电站完成的临时性快充电,30min 内可以充 80% 的电量,而另一组接口则是在家中 8h 左右即可充满蓄电池。在充电过程中,位于车内风窗玻璃位置处的灯泡会提示其充电状态,在车内的仪表台上,则会清晰地显示当前的充电量。在蓄电池技术这一电动车的核心技术方面,日产聆风做出了表率。锂离子蓄电池创新地采用了锰正电极和层式结构。而这种锰正电极为毫微级电极和稳定的针状结构,具有高能量性能、寿命长、成本低和可靠性高等特点,目前在国际上处于领先地位。日产的锂离子蓄电池是数块轻薄的片压合而成的,采用层式结构不但有利于散热延长寿命,而且结构简单、零件少,大大节约了成本。日产聆风汽车的性能参数见表 1-2。

日产聆风汽车的性能参数　　　　　　　　　　　　　表 1-2

续航里程	最高时速	外形尺寸(长 × 高 × 宽)	整车质量	充电时间
175km	145km/h	4467mm × 1771mm × 1549mm	1494kg	慢充 4h/快充 30min80% 电量
蓄电池类型	最大功率	最大转矩	售价	国内上市时间
锰酸锂离子蓄电池	80kW	254N · m	人民币 26.78 万元	2014 年年底

(三)比亚迪 E6 纯电动汽车

比亚迪 E6 纯电动汽车是我国新能源汽车的典型代表之一。比亚迪 E6 采用跨界车型设计,车身为 SUV 身形。比亚迪 E6 的舒适、科技配置很丰富。其中以"云系统"为核心的车载智能系统,功能类型于丰田的 G-BOOKT 和通用的安吉星,可以帮助车主控制车辆。比亚迪 E6 整车享受 4 年 10 万 km 的质保,关键零部件(动力蓄电池包及底盘总成、动力电动机、驱动电动机控制器总成、动力蓄电池管理总成)保修期为 60 个月或 10 万 km。较长的质保周期也能提升用户的使用信心。

动力总成和蓄电池:蓄电池部分,E6 装配了磷酸铁锂离子蓄电池,成本低于传统镍氢蓄电池和锂离子蓄电池,蓄电池的耐热性、抗压性都已经通过国家严格测试,而且在极端高低温和碰撞实验中表现出极高安全性。此外磷酸铁锂离子蓄电池的寿命长,循环 2000 次后容量还有额定容量 80% 以上,实际可使用 4000 次,同时磷酸铁锂离子蓄电池在生产和使用过程中环保无污染,旧蓄电池还可以回收利用。具有储能大、功率高、耐用、安全等特点。

比亚迪 E6 还装配有终身免维护的永磁电动机,功率可达到 75kW,电动机的转矩最大可达 450N · m,0 ~ 100km/h 的加速时间在 10s 之内,最高时速可达 140km/h,如图 1-10 所示。比亚迪 E6 汽车的性能参数见表 1-3。

图 1-10 比亚迪 E6 纯电动汽车

比亚迪 E6 汽车的性能参数　　　　　　　　　　　表 1-3

续航里程	最高时速	外形尺寸（长×高×宽）	整车质量	充电时间
300km	140km/h	4560mm×1882mm×1645mm	2380kg	慢充 24h/快充 6h
蓄电池类型	最大功率	最大转矩	售价	国内上市时间
磷酸铁锂离子蓄电池	90kW	450N·m	人民币 30.98 万～33 万元	2013 年 11 月

（四）上汽荣威 E50 纯电动汽车

荣威 E50 完全由上汽集团自主研发并拥有自主知识产权，采用了全新开发的纯电动汽车专用整车平台，从内到外都专门针对"电动汽车"的特征而设计。定位于"都市精品纯电小车"的荣威 E50，配以电动助力转向系统、整车热管理系统等部件。其中，整车具有多级高压电安全防护体系，所有高压电器部件设计均达到 IP67 防尘防水等级，整车也通过了完全碰撞测试的验证。荣威 E50 以磷酸铁锂离子蓄电池系统作为动力源，匀速测试工况下续航里程能达到 180km，最高速度达 130km/h，0～50km/h 加速时间仅需 5.3s。而荣威 E50 采用了完全自主开发的 EPS 精准调教转向系统，不仅能够降低能耗，也使动力操控更加高效灵活，具有低速轻便、高速稳定的特点。在充电方面，荣威 E50 慢充模式可用 220V 的民用电源，在自家车库即能完成；而快充模式使用专用充电设备，只需 30min 就能充满 80% 的额定电量。

动力参数：蓄电池为磷酸铁锂离子蓄电池，最高速度为 120km/h，最大续驶里程为 135km，百公里加速时间为 16s。该车具有快速充电功能，30min 可充 80% 额定电量，如图 1-11 所示。荣威 E50 汽车的性能参数见表 1-4。

图 1-11　荣威 E50 纯电动汽车

荣威 E50 汽车的性能参数　　　　　　　　　　　表 1-4

续航里程	最高时速	外形尺寸（长×高×宽）	整车质量	充电时间
120km	130km/h	3569mm×1551mm×540mm	1080kg	慢充 6h/快充 30min（10%～80%）
蓄电池类型	最大功率	最大转矩	售价	国内上市时间
磷酸铁锂离子蓄电池	52kW	155N·m	人民币 14.49 万～23.49 万元	2013 年 11 月

（五）江淮 iEV5 纯电动汽车

江淮 iEV5 纯电动汽车是基于江淮全新纯电动乘用车平台（iVE）打造，车身尺寸大幅加长，六边形的中网造车，之中嵌有蓝色的江淮车标，加宽镀铬装饰符合国人审美。行李舱顶部微凸弧线，更好的动力学特性。内饰为黑白色彩搭配，更显清新明快，全触控设计，提升科技感的同时也更显时尚，较高的整体布局有利于增大行李舱容积，最大输出功率 50kW，最大转矩为 215N·m 的永磁同步电动机，可使该车的最高车速达 120km/h，同时大屏幕彩色触摸屏，可显示行车信息、操作动力系统、导航、多媒体及空调，如图 1-12 所示。江淮 iEV5 汽车的性能参数见表 1-5。

（六）北汽 EV150 纯电动汽车

北汽新能源 EV150 是北京汽车制造厂吸取了国际前沿的"科技、品质、安全、环保"的造车理念，融汇多年成熟经验，集成国际资源打造的一款精品自主 A0 级轿车。

北汽新能源 EV150 定位追求技术潮流的个人用户，纯电动轿车，能耗低、节能效果显著，最高时速 120km/h，续驶里程为 150～200km。拥有新功能主义的设计风格、科技智能化前瞻配置、硬朗与舒适并存的底盘调校、先进而丰富的娱乐系统、跃级空间享受、BOSCH ABS + EBD9.0 系统以及五星安全保障，如图 1-13 所示。北汽 EV150 汽车的性能参数见表 1-6。

图 1-12 江淮 iEV5 纯电动汽车

图 1-13 北汽 EV150 新能源汽车

江淮 iEV5 汽车的性能参数 表 1-5

续航里程	最高时速	外形尺寸（长×高×宽）	整车质量	充电时间
200km	120km/h	4310mm×1710mm×1500mm	1260kg	慢充 8h/快充 2.5h
蓄电池类型	最大功率	最大转矩	售价	国内上市时间
三元蓄电池	50kW	210N·m	人民币 17 万元	2014 年下半年

北汽 EV150 汽车的性能参数 表 1-6

续航里程	最高时速	外形尺寸（长×高×宽）	整车质量	充电时间
175km	145km/h	4467mm×1771mm×1549mm	1494kg	慢充 4h/快充 30min80%
蓄电池类型	最大功率	最大转矩	售价	国内上市时间
锰酸锂离子蓄电池	80kW	254N·m	人民币 26.78 万元	2014 年年底

（七）长安逸动纯电动汽车

时尚、运动、新潮，整体的流线型结构，外观细节设计也非常独特。车身整体线条流畅，

图 1-14 长安逸动纯电动汽车

前脸为十分独特的蓝色前进气格栅，证明是一款新能源车型的特殊身份。尾部略显圆润，柳叶形的尾灯搭配丰富的线条设计，极具现代感。豪华的中控台有些中级车的韵味，实用的大尺寸液晶屏，三炮筒的仪表板配合着红指针和蓝字体瞬间让人感觉到它的"新能源特性"。重庆长安自主型发电机，匹配无极变速器，同时宽松的 2＋2 型 4 座车，后排空间同样表现不错，如图 1-14 所示。长安逸动纯电动汽车的性能参数见表 1-7。

长安逸动纯电动汽车的性能参数 　表1-7

续航里程	最高时速	外形尺寸(长×高×宽)	整车质量	充电时间
160km	140km/h	4620mm×1820mm×1515mm	1610kg	不详
蓄电池类型	最大功率	最大转矩	售价	国内上市时间
锂离子蓄电池	90kW	280N·m	人民币13万元	2014年9月

六、纯电动汽车高压安全基本注意事项

纯电动汽车的高压系统的电压高达数百伏,放电电流从几十安到两百多安。整个高压系统有直流高压电和交流高压电,对绝缘安全性要求较高。对人身安全和电气设备安全存在一定的危险。

学习、使用、维护和检修纯电动汽车的相关操作,应该严格按纯电动汽车高压安全操作规程操作。操作不当可能会引起触电、火灾、爆炸等事故,导致人身伤亡和财产损失。因此,在纯电动汽车教学活动中,师生们思想上要树立高度的安全防范意识,认真学习纯电动汽车安全防护措施和安全操作规范,科学、合理和规范地进行安全操作。

(一)高压安全注意事项

高压安全防护用具见表1-8,纯电动汽车专用工具见表1-9。

高压安全防护用具 　表1-8

工具名称	示例	用途描述
警示牌	 危 DANGER 险 ⚡ 高压危险 未经授权不得进入 HIGH VOLTAGE AUTHORIZED PERSON ONLY	在地面或车辆附近明显位置放置

工 具 名 称	示　　例	用 途 描 述
绝缘服		拆除及安装高压部件使用
护目镜		拆除及安装高压部件使用
绝缘鞋		拆除及安装高压部件使用
绝缘手套 （绝缘等级为 1000V/300A 以上）		拆除及安装高压部件使用

纯电动汽车专用工具 表1-9

工 具 名 称	示 例	用 途 描 述
电动汽车专用套筒		检查绝缘层及维护
专用电工手钳		检查绝缘层及维护
绝缘电阻表		检查修理及维护
绝缘垫 （耐压值＞1000V）		拆除及安装高压部件使用

电动汽车上，电缆线的颜色有着特定的含义，应注意分辨电器电缆线色彩。橙色电缆为交、直流高压电系统（图1-15），存在高压电危险，严禁身体直接触摸。黑色为低压线路。因此，要高度注意所有的橙色电缆及所连接电气设备。用户及非电动汽车专业维修人员不得私自开启、拆装高压电气设备。如果高压熔断丝熔断，表明高压系统存在较大的故障，应与纯电动汽车专业维修厂家取得联系，请专业维修人员进行维护。

（二）纯电动汽车使用注意事项

纯电动汽车与传统内燃机汽车有所不同，具备高压驱动系统。该系统具有高压、大电流的特点。在使用时应注意：

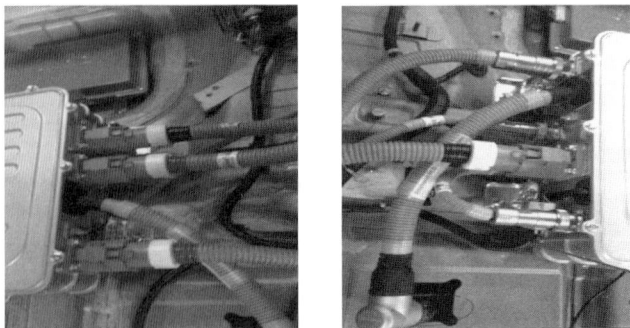

图 1-15　高(橙)、低(黑)压线束

1. 充电

车辆不宜过充过放,最理想的充电时机是蓄电池放电深度为 50% ~ 70%,建议每天充一次电,使蓄电池经常处于浅循环状态,可延长蓄电池使用寿命。要用 16A 专用电线来接线,充电线路要选择合适的线径,线路敷设应固定安装,要加装短路和漏电保护装置。长期使用快充会造成蓄电池寿命衰减,在具备充足充电时间的情况下,建议使用慢充补电。若电动汽车长期不用,要保持定期充电。

2. 停放

长时间停放应将辅助蓄电池的电源线拔下来。不要长时间放置于潮湿、高温、阳光暴晒等环境下。

3. 使用

起动车辆之前(上电之前)检查一下所有的线路连接是否紧固、正确。确保蓄电池电量充足,避免过放电。开车时尽量避免急加速急制动等情况的出现。假如出现撞车等事故,首先要拔下钥匙,切断电源,并远离车辆,再寻求厂家或汽车维修 4S 店的帮助。

4. 检修

纯电动汽车专业维修人员需具备国家颁发的强电低压(1000V 以下低压电)电工维修资质才能进行维修操作。维修前,应首先切断动力蓄电池高压输出回路的维修开关(一般正规厂家生产的电动车的蓄电池包上都有一个检修开关),然后再维修操作。操作步骤是:关掉钥匙,拔下检修开关,等 10min 以上,让高压部件中的电容器件充分放电。然后,再对纯电动汽车车辆电器零部件及电缆线路进行检查、维修。

技能实训

实训项目一　纯电动汽车的认识(以比亚迪 E6 为例)

(一)实训目的

能认识纯电动汽车与传统内燃机汽车的区别,能叙述纯电动汽车特点。

(二)实训主要内容

从外观到车内,比较纯电动汽车与传统内燃机汽车的异同点。能够说出纯电动汽车的基本构成、特点。如纯电动汽车动力系统包括动力电动机、动力蓄电池和控制系统三大件。认识纯电动汽车交流慢充和直流快充两种充电接口。

在纯电动汽车上找到相应设备的实物具体位置。

(三)实训方法、步骤

(1)首先向学生讲解纯电动汽车实训高压安全注意事项。

(2)将汽车起动钥匙拧至 OFF 挡，拔下维修开关，并由专人保管。

(3)在纯电动汽车周围观察整车外观，找到交、直流充电接口。

(4)打开电动机舱，行李舱，对纯电动汽车内外部进行认识。通过观看实车，找到和传统内燃机汽车的不同之处，如图 1-16 所示。

图 1-16 纯电动汽车电动机舱(比亚迪 E6)

(5)能说出驱动蓄电池、动力电动机等安装位置。

(6)关闭电动机舱、行李舱、充电接口盖。

(7)将维修开关插上复位，打开汽车起动钥匙，起动车辆。观察仪表板及控制仪表(图 1-17、图 1-18)，比较内燃机汽车异同点。

①E6 组合仪表重要指示灯(一)如图 1-17 所示。

车速表：显示出汽车的行驶车速。

功率表：时时显示能量的走向及动力电动机发出的功率。

可续驶里程：能估计剩余电量能够行驶的里程数。

电量表：显示车辆电量。

图 1-17 纯电动汽车仪表板及注解一(比亚迪 E6)

②E6 组合仪表重要指示灯(二)如图 1-18 所示。

	挡位显示屏：显示出所挂挡位。
	OK灯：起动车辆时，OK灯亮表示起动成功，挂挡后可行车，行车过程中，OK灯亮表示车辆状态正常。车有故障时，OK灯熄灭，表示车辆必须进行检修。
	充电指示灯：充电时此灯点亮。
	动力蓄电池切断指示灯。
	动力蓄电池过热指示灯。

图 1-18　纯电动汽车仪表板注解二(比亚迪 E6)

(8)关闭汽车起动钥匙,查看驻车制动器操纵杆并确认拉起。

(四)实训注意事项

(1)听从实训教师安排,未经允许严禁任何人随意打开纯电动汽车的电动机舱、行李舱。

(2)严禁用身体直接接触电动汽车电动机舱及其他高压危险警示标志电器和橙色(高压线)电缆线及插头。车辆电动机舱内严禁淋水、冲洗。雨天禁止在室外打开前电动机舱盖,以防漏电。

(3)插拔维修开关,要带上绝缘手套。

(4)学生严禁擅自开启高压电器盒。如果高压熔断丝熔断,表示汽车电器系统有较大的故障,立即报告维修指导老师。

(五)实训报告

实训完毕,由学生填写实训报告一,见表1-10。

实 训 报 告 一　　　　　　　　　　　　　　　表 1-10

学号		姓名		性别		班级	
实训项目				实训设备			
实训内容、方法							
技术、工艺 (参数、要点)							
自我 评价							
教师 评价							20　年　月　日

实训项目二　纯电动汽车高压安全防护

（一）实训目的

能说出纯电动汽车高压安全注意事项，学会使用高压安全防护用具。

（二）实训主要内容

在理实一体化教室，学习纯电动汽车高压安全知识、防护措施和安全操作规范，学会使用高压安全防护用具和正确使用纯电动汽车专用维修工具。

配备安全防护用具和电动汽车专用工具。

（三）实训方法、步骤

（1）模拟纯电动汽车维修场地，设置安全隔离带，放置安全警示牌（图1-19），布置绝缘垫。实训教师应持国家强电低压"特种作业操作证"上岗。

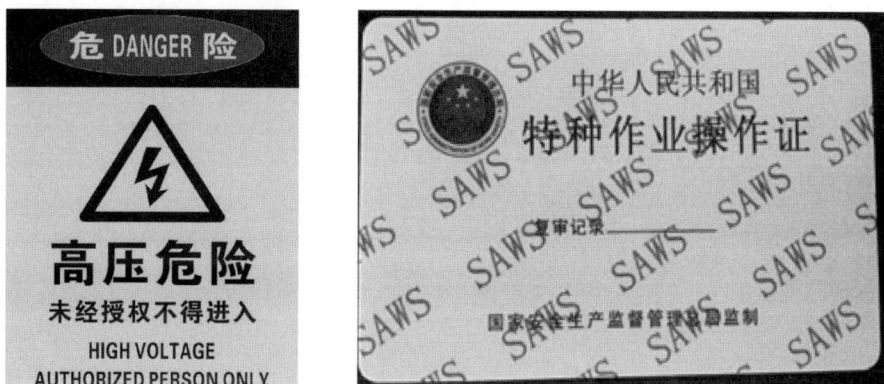

图1-19　危险警示牌、特种作业证

（2）穿戴好高压防护衣裤及帽子，穿上高压绝缘靴，戴上护目镜，戴好高压绝缘手套。

戴手套前，需认真检查高压绝缘手套是否漏气：双手拉住手套口两边，用嘴向手套里吹一口气，甩动（转动）手套，使其手套边缘密封住空气。之后，用手捏住手套口并双手用力捏住充气手套，检查是否存在漏气现象，不漏气即可使用，漏气必须更换。

（3）模拟车辆维修情况，选用电动汽车专用工具。

（4）电器维修应遵守"单手操作"原则。如使用万用表应该戴上绝缘手套，一根表笔线上配备绝缘鳄鱼夹（要求耐压为3kV，过电流能力大于5A），测量时先把鳄鱼夹夹到电路的一个端子，然后用另一只表笔接到需测量端子测量读数。每次测量时只能用一只手握住表笔；测量过程中，严禁触摸表笔金属部分。

（5）若发生异常事故和火灾时，操作人员应立即切断高压回路，优先使用二氧化碳灭火器，其次使用干粉灭火器，严禁用水剂灭火器。

（6）实训完成，收拾防护用具和工具，清扫卫生、恢复实训场地环境。

(四)实训注意事项

对新能源汽车高压部件进行维修,要必须使用电动汽车专用工具,比如:验电、放电工装、绝缘套筒、绝缘隔板、绝缘电阻表等,辅助安全工具有:安全围栏(网)和标示牌,维修高压系统时必须使用电工专用绝缘工具。注意万用电表量程。

(五)实训报告

完成实训,由学生填写实训报告二,见表1-11。

实 训 报 告 二   表1-11

学号		姓名		性别		班级	
实训项目				实训设备			
实训内容、方法							
技术、工艺 (参数、要点)							
自我 评价							
教师 评价							

20　年　月　日

模块小结

（1）纯电动汽车,是指以车载电源为动力源,通过蓄电池向驱动电动机提供电能,电动机运转驱动汽车行驶,并且符合道路交通安全法规各项要求的车辆。

（2）纯电动汽车的特点:环保、无尾气排放污染;能量转换效率高;结构简单,维修方便。

（3）纯电动汽车有多种分类方式。按照用途不同分类,纯电动汽车可分为电动轿车、电动货车和电动客车三种。目前纯电动汽车所采用的蓄能装置可分为二次蓄电池、超级电容器和飞轮蓄电池三大类。根据纯电动汽车的驱动系统不同,纯电动汽车可分为:直流有刷电动机、直流无刷电动机、交流异步电动机和磁阻电动机电动汽车等。

（4）典型的几种纯电动汽车有:特斯拉、宝马 i3、比亚迪 E6 等。

（5）学习高压安全注意事项,严格按纯电动汽车高压安全操作规程操作。

思考与练习

（一）填空题

1. 纯电动汽车的特点_____、_____、_____。
2. 纯电动汽车按用途不同,可分为_____、_____、_____。
3. 纯电动汽车按驱动系统不同,可分为_____、_____、_____等。
4. 绝缘手套至少应该能防护_____以下的高压。
5. 纯电动汽车上,电缆线的颜色有着特定的含义,应注意分辨电器电缆线色彩。橙色电缆为_____,存在高压电危险。

（二）判断题

1. 戴绝缘手套之前,一定要对手套的密封性进行检测,不能有破损、漏气的现象。（　　）
2. 对纯电动汽车进行检修时,拔下高压维修开关,直接进行检修。（　　）
3. 车辆蓄电池不宜过充过放电,最理想的充电时机是蓄电池放电深度的 50% ~70%。
（　　）
4. 从事纯电动汽车维护的人员,必须是持有强电低压(1000V 以下)电工操作证的汽车维修专业人员,其他人员不得进入工作场地。（　　）

（三）简答题

1. 什么是纯电动汽车?
2. 简述电动汽车高压安全要注意的事项。
3. 简述纯电动汽车主要的高压电器设备。

模块二 纯电动汽车基本结构原理

📖 学习目标

1. 掌握纯电动汽车的基本结构、工作原理;
2. 掌握纯电动汽车驱动系统的布置形式、主要零部件及相关技术;
3. 认识纯电动汽车冷却系统工作原理;
4. 认识纯电动汽车的辅助系统;
5. 掌握纯电动汽车高压安全与防护知识、学会安全防护技能。

📚 建议课时:8 课时。

一、纯电动汽车的结构原理

(一) 纯电动汽车的组成

纯电动汽车,其基本的结构主要由汽车驱动系统、汽车底盘、汽车车身和其他电子、电气设备等组成,如图 2-1 所示。

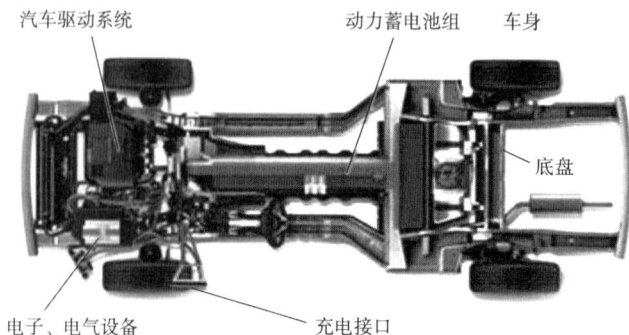

图 2-1　纯电动汽车基本结构

与传统内燃机汽车的主要区别在于其动力驱动系统。纯电动汽车动力驱动系统是纯电动汽车核心。主要由电力驱动系统、电源管理系统和辅助系统构成,如图 2-2、图 2-3 所示。

图 2-2　纯电动汽车底盘及驱动结构外观图

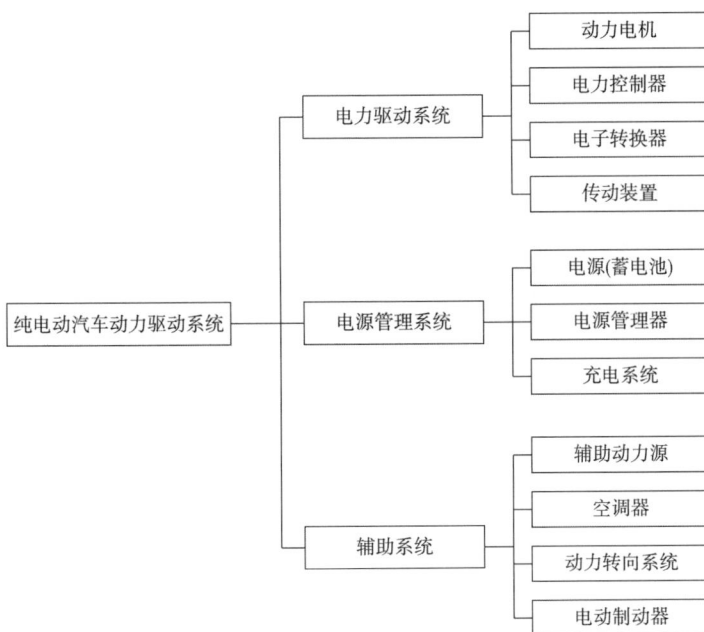

图 2-3　纯电动汽车动力驱动系统组成

　　纯电动汽车采用驱动电机代替了传统的燃油内燃发动机,车辆的驱动系统作了变更,动力驱动装置作了较大调整,动力源由燃油(汽油或柴油)改变为电能,动力传动系统也随之作相应的调整与改进。

　　纯电动汽车与传统内燃机汽车相比,结构紧凑、灵活,动力系统的控制主要是通过柔性的电力系统而不是通过传统机械机构来实现。动力驱动系统等机构的结构、布置形式具有更多的灵活性和多样性。如独立的前后轴驱动系统和轮毂电动机驱动系统,结构形式也有较大的差异。驱动电机也有多种结构。如直流电机和交流电机、同步电机和异步电机、永磁电机和开关磁阻电机等。此外,纯电动车与内燃机汽车不同的能源需求与相应提供装置有着巨大的区别。内燃机的油箱和油泵被取而代之为蓄电池和电源管理系统。

　　除了动力驱动控制系统,其他部分的功能及结构组成基本与传统内燃机汽车相同。具体的结构根据所选的驱动方式和布置形式不同,作相应的调整。

(二)纯电动汽车结构原理

纯电动汽车是在传统内燃机汽车的基础上发展起来的,以电力驱动作为汽车的动力。其基本组成如图 2-4 所示。电力驱动是纯电动汽车唯一驱动方式。纯电动汽车与燃油汽车的主要区别在于它们的驱动系统不同,传统的燃油汽车使用的燃油(汽油或柴油)作燃料,由内燃机提供驱动力,通过离合器、变速器、传动轴等动力传动机构,驱动车辆行驶。而纯电动汽车,以蓄电池、燃料电池、超级电容器或高速飞轮等作相应的动力电源,提供给动力电机电能,以电动机驱动车辆行驶。并在电动机控制系统的控制下,实时控制驱动电机的功率和速度。由于电动机驱动不同于传统内燃机驱动,且电子、电气设备精准灵活的控制特点,使得纯电动汽车驱动机构的结构和性能特性与传统燃油汽车存在较大的差异,纯电动汽车动力传动链更加紧凑、便捷。车辆控制更加高效、灵活、准确。

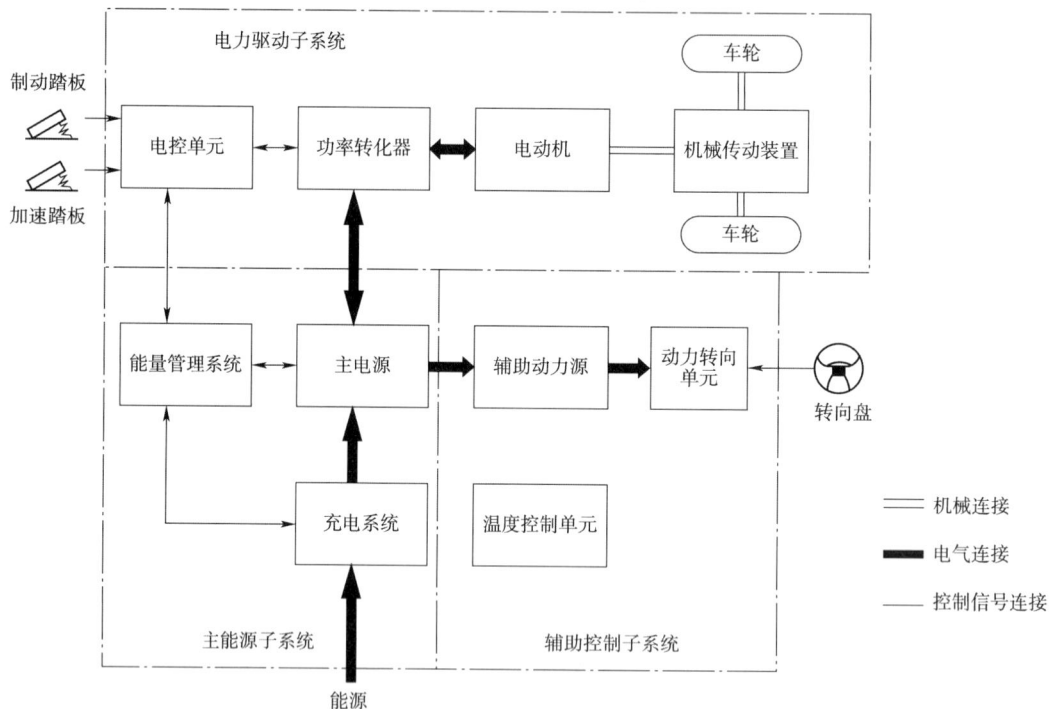

图 2-4   纯电动汽车基本组成

纯电动汽车因车型或电力驱动结构和布置形式不同,驱动系统的结构形式有所不同,但基本的结构原理是相同的。驱动电机、动力蓄电池和电子控制系统构成了电力驱动系统的三大部件。

电子控制系统是纯电动汽车动力驱动系统的控制中心,它能对输入的电子信息进行处理。如根据输入的加速信号或制动信号,电子控制器发出相应的控制指令来控制功率变换器的功率输出,且通过功率变换器和电源管理器调节电源(动力蓄电池)的电流输出功率,从而控制驱动电机功率和转速输出,对电动机进行驱动、加速、减速、制动等控制,如图 2-5 所示。在纯电动汽车减速和下坡时,动力电机利用富裕的能量(如车辆的惯性能量)感应发电,电子控制器与电源管理器协调配合,对动力蓄电池自行充电。再生制动的动能被吸收为电能,电源管理系统和电控系统一起控制再生制动及其能量的回收,电源管理系统和充电器一同控制充电并监测电源的使用情况。动力蓄电池通过电源管理系统和电子控制器提供辅助能源,辅助电力供给系统为纯电动汽车辅助系统提供不同需求的能源。主要给空调器、动力转向器、制动辅助及其他用电装置提供动力。

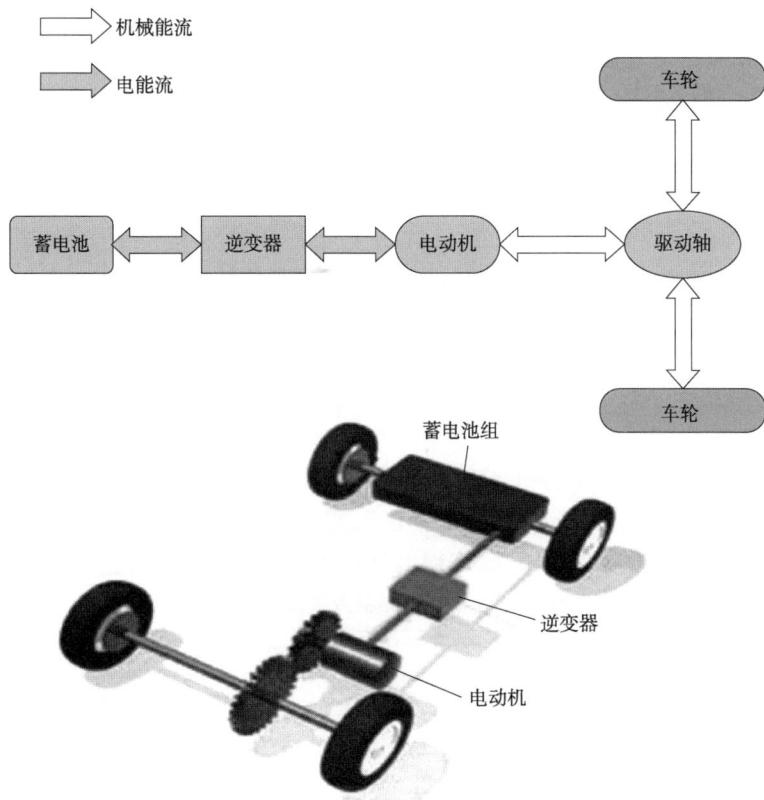

图 2-5　纯电动汽车驱动结构示意图

(三) 动力驱动系统主要部件

纯电动汽车动力驱动系统三大件:包括驱动电机、动力蓄电池和控制器系统。

1. 驱动电机

驱动电机在纯电动汽车上承担着电动机和发电机的双重功能,即在正常行驶时发挥其主要的电动机功能,将电能转化为机械能;而在减速和下坡滑行时又担任发电任务,将汽车的惯性动能转换为电能。对驱动电机的选型一定要根据其工作要求和负载特性来选,通过对汽车行驶时的特性分析,可知汽车在起步和上坡时要求有较大的起动转矩和相当的短时过载能力,并有较宽的调速范围和理想的调速特性,即在起动低速时为恒转矩输出,在高速时为恒功率输出。电机(电动机/发电机)与驱动控制器所组成的驱动系统是纯电动汽车中最为关键的部件,纯电动汽车的运行性能主要取决于驱动系统的类型和性能,它直接影响着车辆的各项性能指标,如车辆在各工况下的行驶速度、加速与爬坡性能以及能源转换效率等。

在纯电动汽车上,驱动电机是唯一的驱动装置。纯电动汽车上最常采用的电动机为:直流电动机、交流电动机、永磁电动机和开关磁阻电动机等。

2. 动力蓄电池

动力蓄电池是纯电动汽车的动力电源,也是纯电动汽车的主要能源,它除了供给汽车驱动行驶所需的电能外,也是汽车上辅助电源(低压蓄电池)和各种辅助装置的工作电源。动力蓄电池系统要以满足整车的动力要求和其他辅助功能为前提,同时要考虑蓄电池系统自身的内部结构和安全及管理设计等方面。

动力蓄电池:包括铅酸蓄电池、锂离子蓄电池、镍氢蓄电池、超级电容器等。

3. 控制系统

纯电动汽车控制系统是基于车载电子微处理器的硬件和软件,以及 CAN 通信网络系统等来实现对汽车各个功能单元的控制。主要由整车控制器(Vehicle Controller Unit,VCU)、电动机控制单元(Electronic Control Unite,ECU)、蓄电池管理系统(BMS)、CAN 通信网络系统及动力电机、动力蓄电池装置等组成。

二、纯电动汽车与内燃机汽车性能对比

纯电动汽车目前处于研发的初级阶段,其制造成本普遍高于普通内燃机汽车,因而电动汽车的初期投入大、费用支出较高,但纯电动汽车的维修费用较低,随着使用年限的延长,其使用费用支出会逐渐降低,经济、节能、环保的性能更加突显,见表 2-1。

纯电动汽车与内燃机汽车性能对比　　　　　　　　　表 2-1

项目 车型	性能对比								
	操控性能	加速性能	噪声影响	尾气排放	续航里程	能源补充	维护费用	购车成本	使用成本
纯电动汽车	○	○	○	○	★	☆	○	☆	○
内燃机汽车	○	★	★	☆	○	○	★	○	★

注:○-好(适用);★-一般;☆-差(不适用)。

三、纯电动汽车驱动系统的布置形式

(一)驱动系统

传统内燃机汽车的能量传输是以燃油供给系统向发动机提供燃料,通过发动机→离合器→变速器→传动轴→减速器→半轴→车轮实现动力传输。整个动力传动系统以机械的刚性连接而成。纯电动汽车则是由蓄电池等能源设备提供电能,通过动力电机实现电能向机械能的转换,从而通过部分传动机构实现动力的传输,其传动链随着纯电动汽车结构形式和安装布置有很大的区别。基本的传动方式可以采用传统内燃机汽车的传动方式,用驱动电机替代发动机,构成驱动电机→离合器→变速器→传动轴→减速器→半轴→车轮的传动系统。但随着驱动电机和电控技术的发展,纯电动汽车驱动系统会更加简洁高效,结构形式也呈现出多样化。轮毂电动机的驱动方式大大缩短了纯电动汽车的动力传动链,提高了传动效率。随着纯电动汽车使用性质和范围的不同,驱动系统的结构也有较大的差异,如图 2-6 所示。

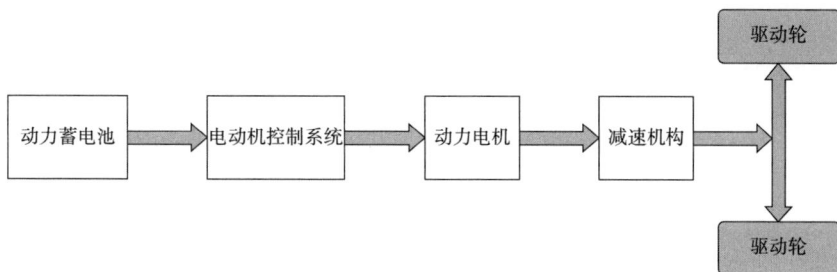

图 2-6　纯电动汽车驱动系统示意图

(二)驱动系统形式

电动汽车在研发的过程中,早期多采用内燃机汽车底盘改装,基本保持了内燃机的传动系统,随着纯电动汽车驱动技术的发展,纯电动汽车采用新型的机电集成化、机电一体化驱动系统以及轮边电动机、轮毂电动机驱动系统。丰富和发展了纯电动汽车的驱动性能和结构形式,使纯电动汽车的驱动系统平台向多元化方向展开。

(1)按动力电机驱动形式分为集中驱动系统和分散驱动系统两种。

①集中驱动系统:

a.动力电机前置(或中置),驱动桥后置的驱动系统。

b.动力电机前置,前桥驱动系统或电动机后置,后桥驱动系统。

②分散驱动系统(轮毂电动机):

a.轮边电动机驱动系统。

b.轮毂电动机驱动系统。

(2)按驱动电机传动形式分为:

①传统机械驱动系统。

②机电集成一体化驱动系统。

③轮毂、轮边驱动系统。

(3)纯电动汽车驱动系统结构形式的比较见表 2-2。

纯电动汽车驱动系统结构形式　　　　　　　　　　　　表 2-2

序号	驱动系统传动形式	结 构 特 点	应 用 情 况
1	传统机械传动形式	(1)用电动机驱动系统取代内燃机系统; (2)传动系统中选用或保留了内燃机汽车的变速器、传动轴、后桥和半轴等传动部件; (3)动力输出传动链较长,效率偏低	纯电动汽车研发初期运用,目前处于淘汰趋势
2	机电集成一体化驱动形式	(1)整车采用电子集中控制; (2)采用机械、电器集成一体化传动机构; (3)选择性应用离合器、变速器、差速器、传动轴等机械传动装置; (4)动力输出传动链紧凑,效率高,结构复杂	广泛运用,形式多样,多样化集成,电子控制是发展趋势
3	轮毂电动机驱动形式	(1)驱动电机装在车轮轮毂中或轮毂边; (2)直接驱动车轮,传动链较短,传动效率高,节省空间	研发试验,小部分车型运用,逐步发展

根据目前情况看,纯电动汽车动力电机驱动系统的发展趋势是机电集成一体化结构形式和轮毂电动机驱动结构形式。它们摆脱了内燃机汽车传统的机械传动系统的约束,并丰富和完善了现代纯电动汽车驱动系统结构形式,应用现代计算机技术、CAN 总线通信控制模块和电力电子控制技术,实现电气化集成控制,有效地解决了从传统内燃机汽车控制到纯电动车的电力驱动系统控制,有效地发挥了机电控制优势,突显了纯电动汽车电动机驱动车辆性能特点。

(三)电动机驱动系统的布置形式

纯电动汽车驱动系统结构形式多样,布置比较灵活,主要有以下几种布置形式。

1. 中央集中机械传动系统

集中驱动系统基本的形式,也是传统机械传动形式,包括动力电机、离合器、变速器、减速器、差速器等机构。此种驱动形式参考了传统内燃机汽车,以动力电机代替发动机,其动力传动系统基本采用传统内燃机汽车的传动系统,如图 2-7 所示。

2. 典型的中央集中驱动系统

传动系统主要包括驱动电机、减速器、差速器等机构。驱动电机应用调速范围广的特性,提供相对恒定的功率,简化了动力传动机构,省略了离合器、变速器等装置,缩短了动力传动链,提高了传动效率。减少了传动系统的质量和空间位置,如图 2-8 所示。

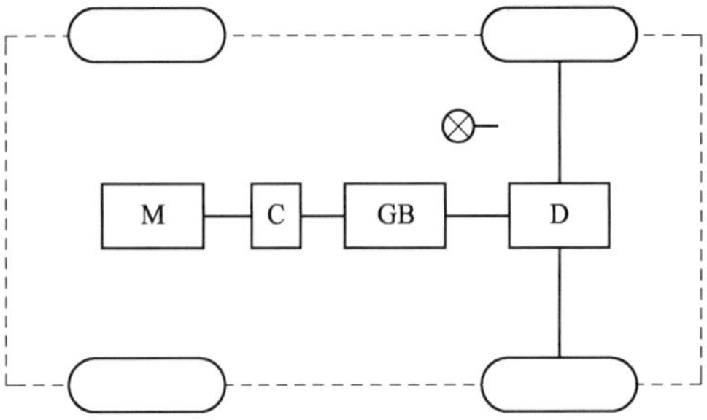

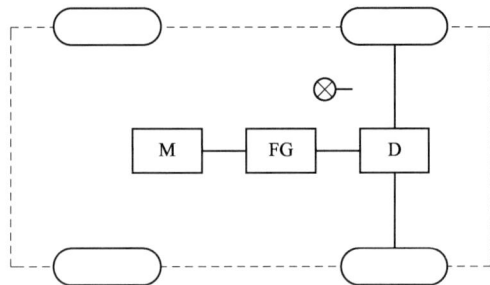

图 2-7 纯电动汽车传统机械传动形式
D-差速器;GB-变速器;C-离合器;M-驱动电机

图 2-8 典型中央集中传统系统形式
D-差速器;FG-固定速比减速器;M-驱动电机

3. 前置(或后置)集中传动系统

包括动力电机、减速器、差速器等机构,几个零部件整合为一体,布置在驱动轴上,此时整个传动系统被大大简化和集成化。另外从再生制动的角度出发,这种驱动形式较容易实现汽车动能的回收再利用,如图 2-9 所示。

4. 双电动机电动轮驱动系统

包括两个动力电动机、减速器、电子差速控制等机构。驱动系统取消了差速器,取而代之的是两个独立的牵引电动机,两个驱动电动机间通过控制系统协调,调整输出转速与转矩。每个牵引电动机单独完成一侧车轮的驱动任务,称为双电动机电动轮驱动形式,当车辆在弯道行驶时,两侧的电动机就会在控制系统的作用下,输出不同的速度。这种驱动系统的控制系统比较的复杂,如图 2-10 所示。

5. 内转子轮毂电动机驱动系统

驱动电机与车轮之间取消了传统的传动轴,动力电机直接驱动车轮转动,采用一个齿轮减速器,用以起到减速增矩作用,以满足不同工况的功率和转矩需求。同时采用电子差速控制,协调左右两边车轮速度,如图 2-11 所示。

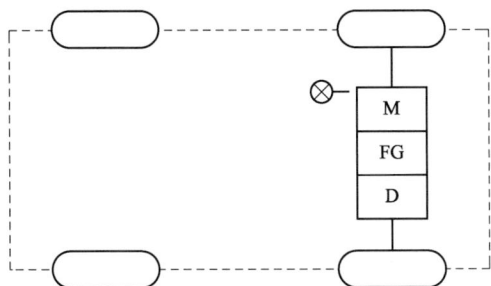

图 2-9　前置(后置)集中传统系统形式
M-驱动电机;FG-固定速比减速器;D-差速器

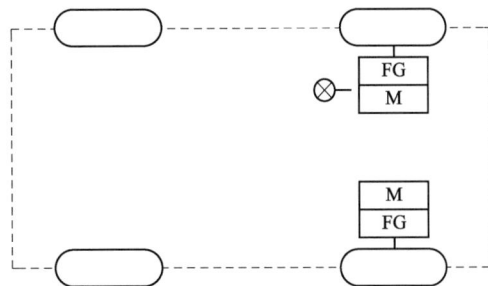

图 2-10　双电动机电动轮驱动系统形式
FG-固定速比变速器;M-驱动电机

6.外转子轮毂电动机驱动系统

动力电动机直接安装在车轮上,省略了驱动电机和车轮之间的传动装置,取消了减速机构,动力电机与车轮融为一体,动力电机的外转子充当车轮的轮辋,车轮与电动机转子同步。为了满足车辆起步和爬坡的需要,要求动力电机在低速时能提供大的转矩,同时,要求动力电机具有较宽的调速范围,以提供较好的动力性能。并且采用电子差速控制,协调左右车轮速度,如图 2-12 所示。

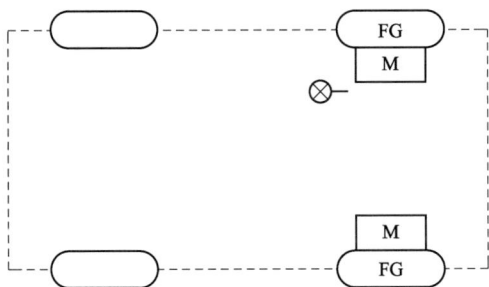

图 2-11　内转子轮毂电动机驱动系统形式
FG-固定速比变速器;M-驱动电机

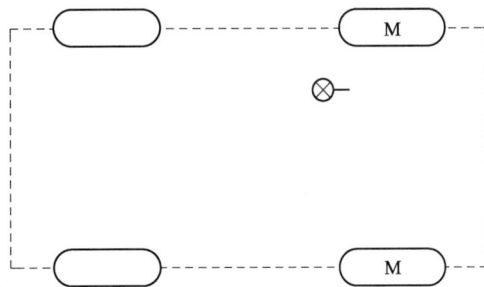

图 2-12　外转子轮毂电动机驱动系统
M-驱动电机

四、功率变换器

功率变换器可分为斩波器(DC/DC)、逆变器(DC/AC)和整流器(AC/DC)几类。功能分别为:斩波器是将电流作直流—直流变换;逆变器是将电流作直流—交流变换;整流器是将电流作交流—直流变换。功率变换器广泛运用于电动汽车(包括纯电动汽车、混合动力汽车和燃料电池汽车),如图 2-13 所示,图例中为交流电动机及附属设备的控制。

一般纯电动汽车动力电源系统的输出特性偏软,难以直接与电动机驱动器匹配。在电源系统加负载的起始阶段,输出电压下降较快,但随着负载的增加,电流增大,电压下降,下降的斜率会出现一个特定的曲线,这种特性使电源系统的输出功率波动进而导致车辆整体效能的下降。

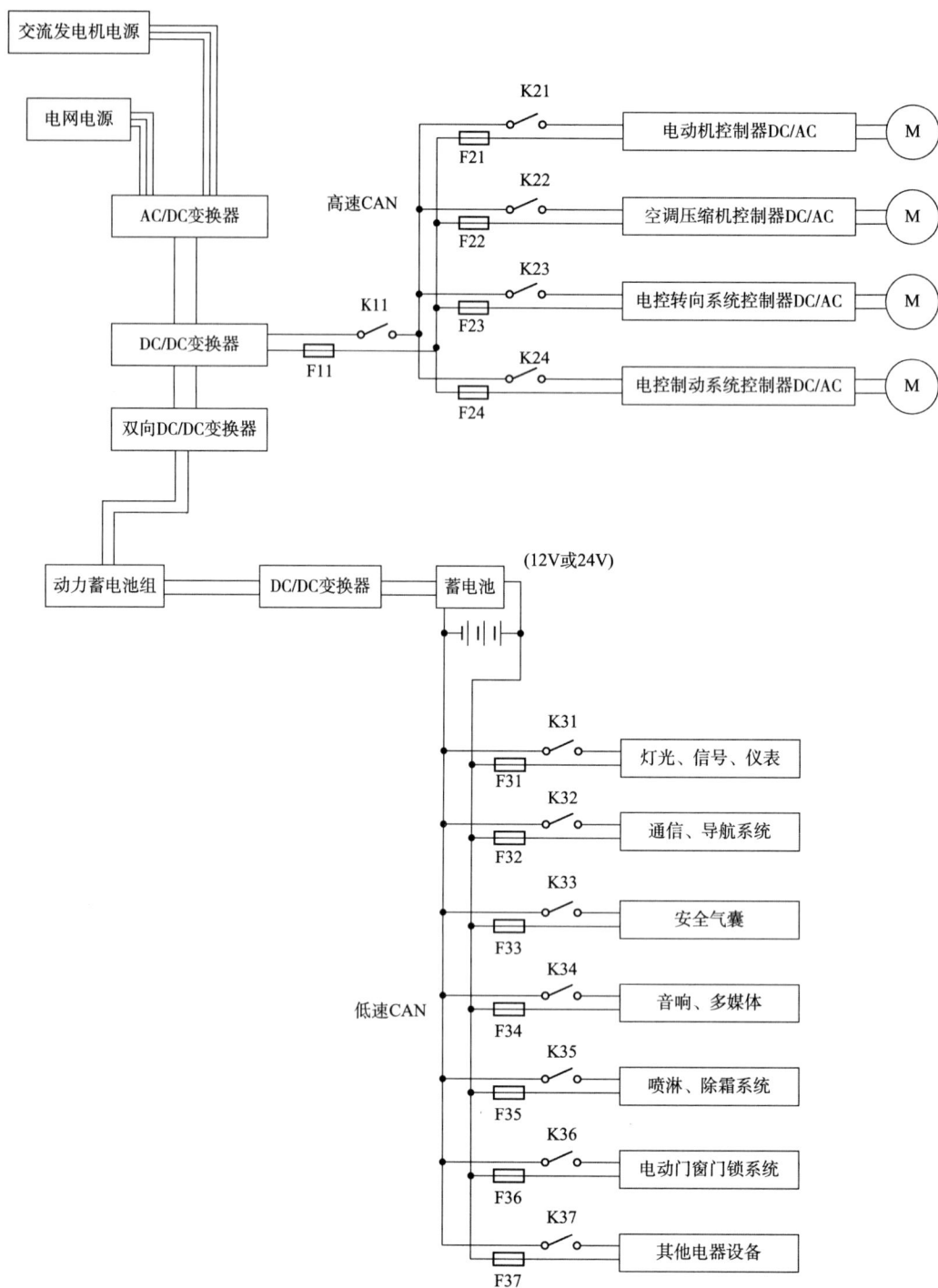

图 2-13 电动汽车功率变换器工作原理图

F11、K11-电源总熔断器和开关；F21～F24-各个动力电源熔断器；K21～K24-各个动力电源开关；F31～F37-各个行车电源熔断器；K31～K37-各个行车管理电源开关

在蓄电池系统与汽车驱动系统之间加入功率变换器,使蓄电池系统和功率变换器共同组成电源系统对驱动系统供电,从而增强驱动系统的稳定性。因此,采用的功率变换器对纯电动汽车电源系统也具有重要的意义。

(一)DC/DC功率变换器(直流斩波器)

DC/DC功率变换器,是实现电器系统电能变换和传输的重要电器设备。DC/DC是指将一个固定的直流电压变换为可变的直流电压,也称为直流斩波器。这种技术被广泛应用于纯电动汽车、无轨电车、地铁列车的无级变速和控制,同时使上述控制具有加速平稳、快速响应的性能。用直流斩波器代替变阻器可节约电能20%～30%。直流斩波器不仅能起调压的作用(开关电源),同时还能起到有效地抑制电网侧谐波电流噪声的作用。DC/DC变换是将原直流电通过调整其占空比(PWM)来控制输出的有效电压的大小。

1. DC/DC功率变换器分类

纯电动汽车电器系统中的DC/DC功率变换器主要有以下几种:

(1)按功率变换器功率开关管数分有单管式、双管式。单管式有单管降压式、升压式、升降压式、单管正激式和单管反激式等多种电能变换器。双管式有双管正激式、双管推挽正激式、双管半桥正激式、双管反激式等多种电能变换器等。

(2)按开关控制方式分有脉宽调制式(PWM)、频率调制式(PFM)、模拟/数字(ADC),以及脉宽和频率混合调制式"硬开关"PWM电路,各种谐振式、准谐振式,零电压或零电流的各种谐振式、准谐振式的"软开关"PWM电路。

(3)按输出电路方式分有单路电压输出、双路电压输出和三路电压输出。

(4)按与车身绝缘方式分有与车身绝缘型和与车身非绝缘型。

(5)DC/DC功率变换器又可以分为硬开关和软开关两种。

2. DC/DC功率变换器的主要功能

在各种纯电动汽车中,功率变换器主要实现下列功能:

(1)在直流电机的功率小于5kW的纯电动车辆(如公园的游览车、机场的行旅车等)动力蓄电池组直接通过DC/DC功率变换器,为小型纯电动车辆的直流电动机提供直流电。

(2)在纯电动汽车及能量混合型电力系统中,用升压型DC/DC功率变换器,在功率混合型电力系统中,采用双向升降压型DC/DC电能变换器,或全桥型DC/DC电能变换器。电动汽车在滑行或下坡制动时,车轮的惯性能量经过转换后产生的电能,向储能电源充电时,也采用双向升降压型DC/DC功率变换器。

(3)用电动汽车上的高压直流电源,向电动汽车的行车管理系统的蓄电池(低压系统)充电时,采用隔离式降压型DC/DC电能变换器。

(二)DC/AC功率变换器(逆变器)

DC/AC功率变换器(直流/交流)又称为逆变器,它广泛地应用在装有直流电源、交流电动机的电动汽车上。DC/AC功率变换器的基本功能是将直流电源(车载蓄电池电源或燃料电池电源),变换为电动汽车所采用的交流电动机的驱动电源。直流/交流(DC/AC)功率变换器有有源逆变器和无源逆变器,以及多种不同组合的、高性能 DC/AC 功率变换器。

DC/AC 功率变换器(直流/交流)的"软开关"技术,是在直流电源与硬开关电压型逆变器电路之间,加入一个电感 L 和电容 C 共同构成的谐振电路,使 DC 环节产生谐振,利用逆变器直流母线的电压周期性的回零,为逆变器的开关创造零电压的开关条件,使在逆变器直流母线电压为零时使桥臂上的开关换流,现实逆变器开关的零电压开启和零电压的关断。

1. DC/AC 功率变换器功能及应用范围

DC/AC 功率变换器是一个可将直流电变换成交流电的功率变换器,广泛应用于不间断电源、纯电动车辆及轨道交通系统、变频器等。纯电动汽车中的交流驱动电动机的 DC/AC 功率变换器一般集成于电动机控制器中。

纯电动汽车运用了交流动力电动机驱动作为驱动电动机,且辅助设备也运用了一些交流电动机,包括空气压缩机、空调系统的压缩机、转向助力器等,它们的电源来自动力蓄电池组或燃料电池组。需要用小型的 DC/AC 逆变器将直流电源的电能转换为交流电后,来带动辅助设备的电动机运转。

2. DC/AC 功率变换器技术特点

DC/AC 逆变器将动力蓄电池组或燃料电池组的电能转化为三相交流电,并检测辅助装备的运转参数的变化,控制小型三相感应电动机的起动、运行和停止。

(三)AC/DC 功率变换器(整流器)

AC/DC(交流/直流)功率变换器又称为整流器,它的基本功能是将交流电源(包括电网电源和车载交流发电机发电电源)变换为直流电源(包括储能式电源的直流充电电源)。AC/DC 功率变换器应用于纯电动汽车各种充电设备上,以及有交流电源变换为直流电源需求的电路及电气设备上。电动汽车上。AC/DC(交流/直流)功率变换器基本形式有:三相桥式 AC/DC 整流器、三相电压源 PWM AC/DC 整流器、三相电流源 PWM AC/DC 整流器。

一般纯电动汽车功率变换器要求具有如下特点:

(1)变换功率大。由于电动汽车电动机系统在起动、爬坡、加速时要求的功率较大,为保证车辆的动力性能,功率变换器一般功率较大,采用大电流电力电子器件,进行双路或多路设计。

(2)输出响应快捷。电动汽车在行驶过程中对驱动系统的动力响应提出了很高的要求。其实也是对功率变换器提出了很高的要求。功率变换器的输出响应必须跟上车辆路况等因素对驱动电机输出功率变化的要求,否则会影响整车性能。

(3)工作稳定,抗电磁干扰。电动汽车行驶的安全性,要求功率变换器要具有很强的稳定性,特别是在电动汽车这个相对比较恶劣的电磁环境下,抗电磁干扰性能尤其重要。

(4)控制方便、准确。从整体上看,电动汽车的功率变换器不仅仅是一个功率变换的过程,实际上也是一个动力系统能量输出的控制过程。因此要使其功率变换器有好的可控性,在设计功率变换器的时候,明确其控制策略是很重要的环节。

(5)具有能量回馈功能。电动汽车能量回收系统是电动汽车有限能量高效率使用的一个重要措施。作为连接动力系统和电源系统的桥梁,功率变换器还必须具有能量回馈功能,以满足能量回收的需要。因此,电动汽车的功率变换器一般为双向设计。

五、高压系统主要电器作用及安装布置

1.高压系统主要电器组件

包括驱动电机、动力蓄电池、整车控制器、电机控制器、蓄电池管理系统、功率变换器、充电机等零部件。

2.主要高压电器和控制器的基本作用

驱动电机的作用是驱动车轮行驶。

动力蓄电池作为车辆的动力电源,主要向驱动电机提供电源。

整车控制器能采集驾驶人操作信息,获得车辆工作状况信息,分析运算,给电机控制器、蓄电池管理系统等控制单元发送指令,实现对车辆控制。

电机控制器是控制主电源与驱动电机之间能量传输的装置。

蓄电池管理系统基本作用是保证动力蓄电池高效安全地运行。

功率变换器是将电源根据需要作直流/直流、直流/交流、交流/直流转换,以便用电器使用。

纯电动汽车高压控制箱,是纯电动汽车高压电源配电控制单元(PDU)。

车载充电机是为纯电动汽车动力蓄电池充电的专门设备。

3.安装布置

高压系统主要电器及控制组件的安装布置(以比亚迪 E6 为例)如图 2-14 所示,北汽 E150EV 如图 2-15 所示。

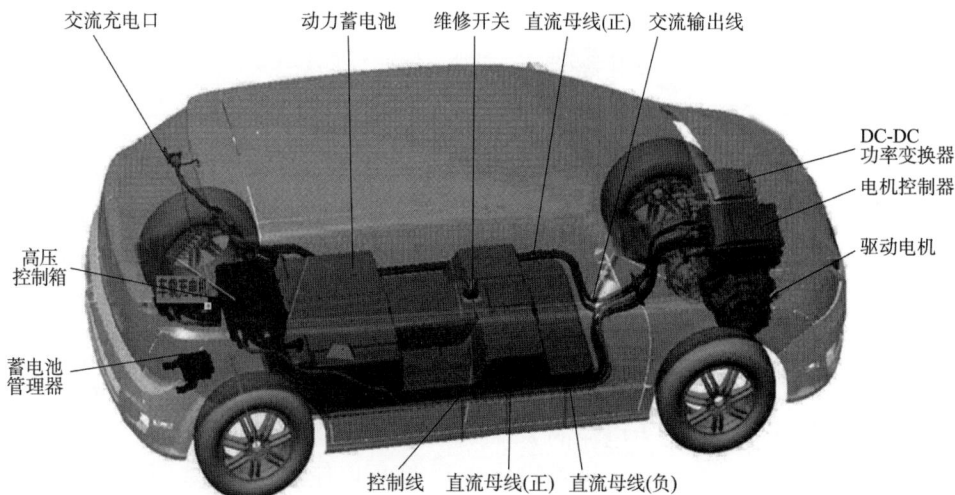

图 2-14　高压系统电器元件布置(比亚迪 E6)

六、纯电动汽车辅助系统

纯电动汽车辅助系统主要设备与内燃机汽车基本相同,所不同的主要是辅助系统的动力由电力驱动所替代。辅助系统包括辅助动力源、电动助力转向系统、电动助力制动系统、空调系统、照明、仪表以及收音机、照明和除霜装置等。

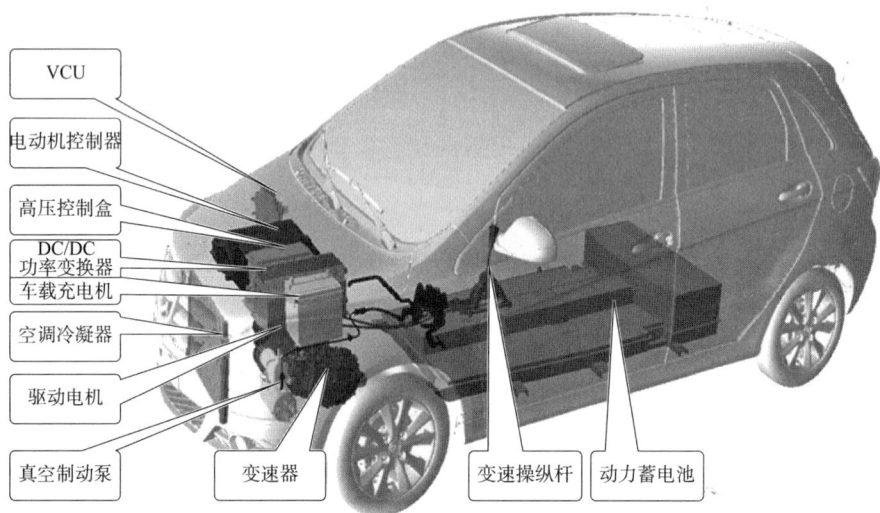

图 2-15　高压系统电器组件布置(北汽 E150EV)

(一)电动助力转向系统(EPS)

电动助力转向系统(Electric Power Steering,EPS)是一种直接依靠电动机提供辅助转矩的动力转向系统。电动转向控制系统 EPS 一般由转矩(转向)传感器、电子转向控制单元(ECU)、助力电动机、减速器、机械转向器及电源组成,如图 2-16 所示。

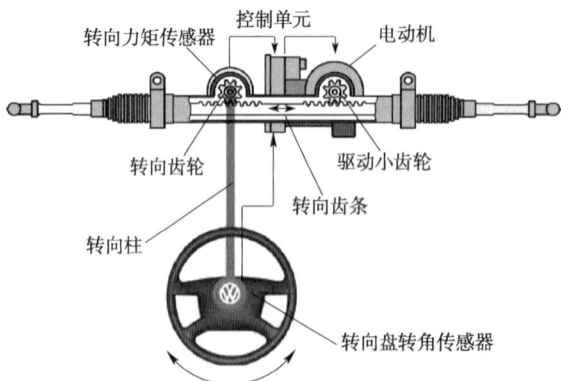

图 2-16　电动助力转向系统

电动助力转向系统的基本工作原理:转矩传感器与转向轴(小齿轮轴)连接在一起,当驾驶人在操纵转向盘进行转向时,转向轴转动,转矩传感器开始工作,把输入轴和输出轴在扭杆作用下产生的相对转动角位移变成电信号传给 ECU,ECU 根据车速传感器和转矩传感器的信号决定助力电动机的旋转方向和助力电流的大小,从而完成实时控制助力转向。因此它可以很容易地实现在车速不同时提供电动机不同的助力效果,保证汽车在低速转向行驶时轻便灵活,高速转向行驶时稳定可靠。

电动助力转向系统是在传统机械转向系统的基础上发展起来的。它利用电动机产生的动力来帮助驾驶人进行转向操作,系统主要由三大部分构成:信号传感装置(包括转矩传感器、转角传感器和车速传感器)、转向助力机构(电动机、离合器、减速传动机构)及电子控制装置。电动机仅在需要助力时工作。

1.转向控制单元

转向控制单元(ECU)是电动助力转向系统的核心部件。驾驶人在操纵转向盘时,转矩转角传感器根据输入转矩和转向角的大小产生相应的电压信号,车速传感器检测到车速信号,控制单元根据电压信号和车速的信号进行计算与逻辑分析,给出指令控制助力电动机运转,从而产生所需要的转向助力。同时控制离合器工作。

2.转矩传感器

转矩传感器(图 2-17)的功能是测量驾驶人转向时作用在转向盘上力矩大小以及方向,一般采用较多的是扭杆式电位计传感器,它是在转向轴位置加一根扭杆,通过扭杆检测输入轴与输出轴的相对扭转位移和转矩的。

3.转角传感器

转角传感器的作用是采集驾驶人施加在转向盘上的转向角度和角速度的信号。经处理后输入给 ECU,该信号是 EPS 的主要控制信号之一。

4.转向助力电动机

转向助力电动机是电动助力转向系统的动力元件。它根据转向电子控制单元的指令输出适宜辅助转矩。一般常用直流有刷电动机或直流无刷电动机。图 2-18 所示为直流有刷电动机和减速机构,直流电动机包括转子、定子和电动机轴。

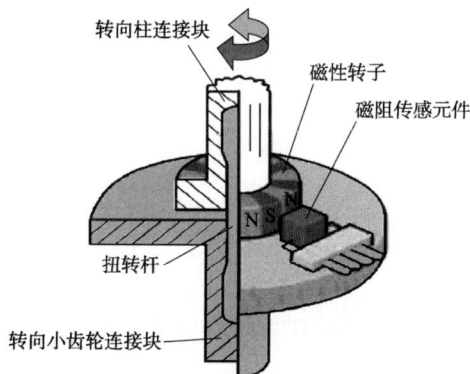

图 2-17 磁阻式转矩传感器

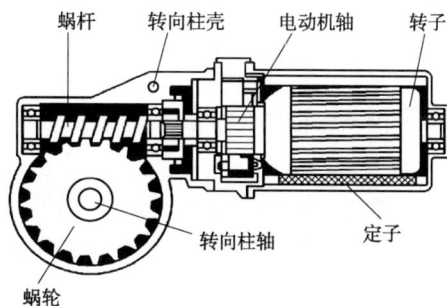

图 2-18 直流有刷电动机和减速机构

电动机产生的转矩通过联轴器传到蜗杆。然后,此转矩又通过蜗轮传送到转向柱轴。该机构通过蜗杆和蜗轮降低直流电动机的转速并将之传送到转向柱轴。永磁直流无刷电动机实物如图 2-19 所示。

5.电动助力转向系统的特点

相比传统液压动力转向系统,电动助力转向系统具有以下优点。

(1)只在转向时电动机才提供助力,可以显著降低燃油消耗。

传统的液压助力转向系统由发动机带动转向油泵,不管转向或者不转向都要消耗发动机部分动力。而电动助力转向系统只是在转向时才由电动机提供助力,不转向时不消耗能量。因此,电动助力转向系统可以降低车辆的能量消耗。

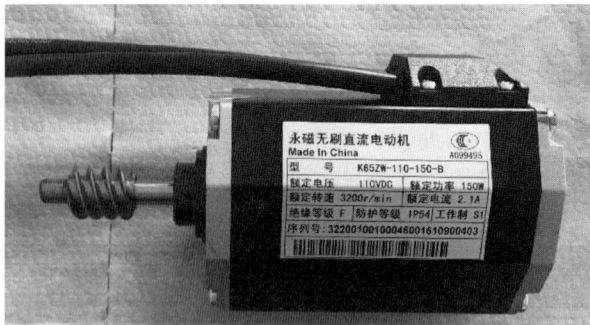

图2-19　永磁直流无刷电动机

(2)转向助力大小可以通过软件调整,能够兼顾低速时的转向轻便性和高速时的操纵稳定性,回正性能好。

传统的液压助力转向系统所提供的转向助力大小不能随车速的提高而改变。这样就使得车辆虽然在低速时具有良好的转向轻便性,但是在高速行驶时转向盘太轻,降低了高速行驶时的车辆稳定性和驾驶人的安全感。

电动助力转向系统提供的助力大小可以通过软件方便地调整。在低速时,电动助力转向系统可以提供较大的转向助力,提供车辆的转向轻便性;随着车速的提高,电动助力转向系统提供的转向助力可以逐渐减小,转向时驾驶人所需提供的转向力将逐渐增大,提高了车辆稳定性。

电动助力转向系统还可以施加一定的附加回正力矩或阻尼力矩,使得低速时转向盘能够精确地回到中间位置,而且可以抑制高速回正过程中转向盘的振荡和超调,兼顾了车辆高、低速时的回正性能。

(3)结构紧凑,质量轻,生产线装配好,易于维护。

电动助力转向系统取消了液压转向油泵、油缸、液压管路、油罐等部件,而且电动机及减速机构可以和转向柱、转向器做成一个整体,使得整个转向系统结构紧凑,质量轻,在生产线上的装配性好,节省装配时间,易于维护。

(4)通过程序的设置,电动助力转向系统容易与不同车型匹配,可以缩短生产和开发的周期。

由于电动助力转向系统具有上述诸多优点,因此近年来获得了越来越广泛的应用。

(二)电动真空助力制动系统

纯电动汽车的制动系统是车辆安全行驶的重要机构,制动系统的真空助力效果关系到汽车的行驶安全。车辆制动助力系统,其真空助力器获得真空度高低直接影响车辆的制动效果。传统内燃机轿车的制动系统真空助力装置的真空源来自于发动机进气歧管,真空度一般可达到 $0.05 \sim 0.07$ MPa。对于由传统车型改装成的纯电动汽车或燃料电池汽车,发动机总成被拆除后,制动系统由于没有真空动力源而丧失真空助力功能,仅由人力所产生的制动力无法满足行车制动的需要,因此需要对制动系统真空助力装置进行改制,而改制的核心问题是产生足够压力的真空源。为了产生足够的真空,除了具有一个足够排气量的电动真空泵外,还应该具有节能和可靠的性能,电动真空泵电动机也应该有一个合适的工作时间。传统内燃机汽车一般在 4～5s 内产生负 50kPa 以上的真空度,因而纯电动汽车制动系统的电动真空泵也需在 4～5s 产生负 50kPa 以上的真空度。

一般汽车制动系统采用真空助力或压力助力。真空泵产生的真空度越大,制动性能越好,驾驶人踩制动踏板也越省力。因此,对真空助力制动系统电动真空泵,在设计或选择上,应使真空度满足制动性能的要求。

通过研究表明,当电动真空泵最小真空度为 37.5kPa 时,可满足制动系统所要求的制动助力。

1. 真空助力器功能

真空助力器是利用真空(负压)来增加驾驶人施加于制动踏板上力的部件。真空助力器一般位于制动踏板与制动主缸之间,为便于安装,通常与主缸合成一个组件,主缸的一部分深入到真空助力器壳体内。真空助力器主要由真空伺服气室和控制阀组成。真空助力器是利用真空泵产生的真空和大气压力之差,将制动效果增高几倍,使踩制动踏板省力,车辆制动时只需要施加一个较小的制动力,提高了制动的操控性,保证车辆安全迅速制动,如图 2-20 所示。

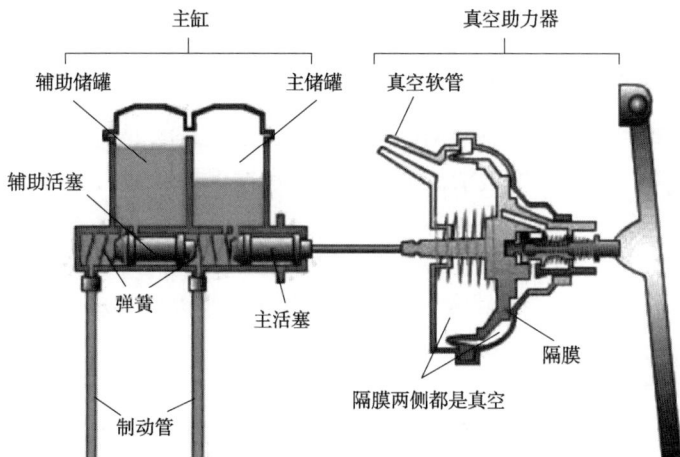

图 2-20　电动真空助力器

2. 电动真空泵的结构和原理

电动真空泵为电动汽车真空助力制动系统主要部件,如图 2-21 所示,替代了传统内燃机汽车真空助力的方式。它采用车载电源,通过电动机驱动提供动力,推进泵体内的活塞运动从而产生真空,为纯电动汽车、混合动力汽车、电动游览观光车、电动场地车等各种车型的液压制动系统提供唯一、可靠的真空来源,从而有效地提高了整车的制动性能。

3. 电动真空泵结构形式

电动真空泵按常用结构形式可分为:旋片式、活塞式和膜片式。

(1)旋片式电动真空泵。旋片式电动真空泵由偏心地装在定子腔内的转子、转子槽内的旋片和外壳定子组成。转子带动旋片旋转时,旋片借离心力紧贴定子内壁,把进、排气口分

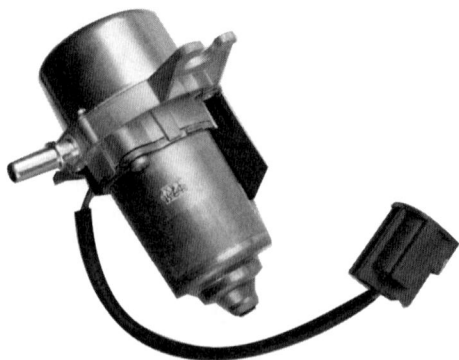

图 2-21 电动真空泵

割开来,并使进气腔容器周期性扩大而吸气,排气腔容积则周期性地缩小而压缩气体,借气体的压力推开阀排气,获得真空。

(2)活塞式电动真空泵。活塞式电动真空泵包含两个180°对置的工作腔。电动机主轴连接一个偏心轮,偏心轮驱动转轴及活塞做往复运动,在往复运动过程中,活塞会发生偏转摇摆。活塞的往复运动引起工作腔容积的变化,产生进气和排气的效果;摇摆活塞式真空泵活塞和缸体之间有相对滑动,工作时真空泵温度会升高,活塞上活塞环与缸体之间过盈量可以通过设计进行调整,其温升比旋片式真空泵低,磨损较慢,噪声也相对较低;由于摇摆活塞式真空泵采用双腔对置结构,当一腔失效时,摇摆活塞式真空泵仍可有一定的抽取真空能力。

(3)膜片式真空泵。膜片式真空泵包含两个180°角对置的工作腔,膜片由一个曲柄连杆机构驱动,此曲柄连杆机构包括一个偏心机构,上面装有两个偏心轴承,推动作用在膜片上的连杆,使膜片受到推力和拉力的作用引起变形。膜片的变形使工作腔容积变化,产生摩擦较小,温升速度低,可以使真空泵有较长的使用寿命和较低的噪声。

(三)纯电动汽车空调系统

电动汽车的出现也为电动汽车空调的研究开发提出了新的课题与挑战。汽车空调的功能就是把车厢内的温度、湿度、空气清洁度及空气流动性保持在使人感觉舒适的状态。在各种气候环境条件下,电动汽车车厢内应保持舒适状态,以提供舒适的驾驶和乘坐环境。

传统燃油汽车空调系统,制冷主要采用发动机驱动的蒸气压缩式制冷系统进行降温,而制热主要采用燃油发动机产生的余热。而对于纯电动汽车以及燃料电池汽车来说,没有发动机作为空调压缩机的动力源,也不能提供作为汽车空调冬天制热用的热源,因此无法直接采用传统汽车空调系统的解决方案。在电动汽车的开发过程中,必须研究适合电动汽车使用的新型空调系统。对于纯电动汽车来说,车辆拥有高压直流电源,因而,采用电动热泵型空调系统,压缩机采用电动机直接驱动,成为电动汽车可行的解决方案。

1. 热泵型空调系统制冷/制热

在热循环理论上,制冷循环逆转可以用于制热。但在环境气温低的情况下,制热性能会下降,无法满足在低温区具备高制热性能的汽车制热性能要求。利用电动压缩机压缩制冷剂并使其循环。行驶时,制冷剂在冷凝器中受风冷却。而且,在冬天,当冷凝器(制热时改为蒸发器)结霜时,制热性能也难以发挥。这就需要考虑增加为冷凝器(制热时为蒸发器)加温除霜的系统。

制热原本在某些情况下需要比制冷更高的性能。例如,在冬天制热行驶时,为防止车窗起雾一般会导入车外空气。汽车因要在行驶的同时向车外排放加热了的空气,此时制热需要比制冷更高的性能。

热泵型空调系统是在原有燃油汽车上进行改进的,压缩机是由永磁直流无刷电动机直接驱动,系统的工作原理图如图 2-22 所示。系统与普通的热泵空调系统并无本质区别,由于在电动汽车上使用,压缩机等主要部件有其特殊性。而且国外热泵技术具备了一定的基础,该技术最大的优点就是制冷、制热效率高。全封闭电动涡旋压缩机,是由一个直流无刷电动机驱动,通过制冷剂回气冷却,具有噪声低、振动小、结构紧凑、质量轻等优点。在测试条件为环境温度 40℃、车内温度 27℃、相对湿度 50% 的工况下,系统稳定时它能以 1kW 的能耗获得 2.9kW 的制冷量;当环境温度为 −10℃、车内温度 25℃,以 1kW 的能耗可以获得 2.3kW 的制热量。在 −10 ~ 40℃ 的环境温度下,均能以较高的效率为电动汽车提供舒适的驾乘环境。若能在零部件技术上得到改进,相应效率还可以得到提高。目前,热泵型电动汽车空调最大的问题是低温制热,这个难题已从以下几个角度得以解决:开发更高效的直流涡旋压缩机;开发控制更精准、更节能的硅电子膨胀阀;采用高效的过冷式平行流冷凝器;改善微通道蒸发器结构,使制冷剂蒸发更均匀。此外,电动汽车开门的次数以及在行车中受车速、光照、怠速等因素的影响,空调湿热负荷大,压缩机乃至整个空调系统都要适应这种多因素变化的工况。

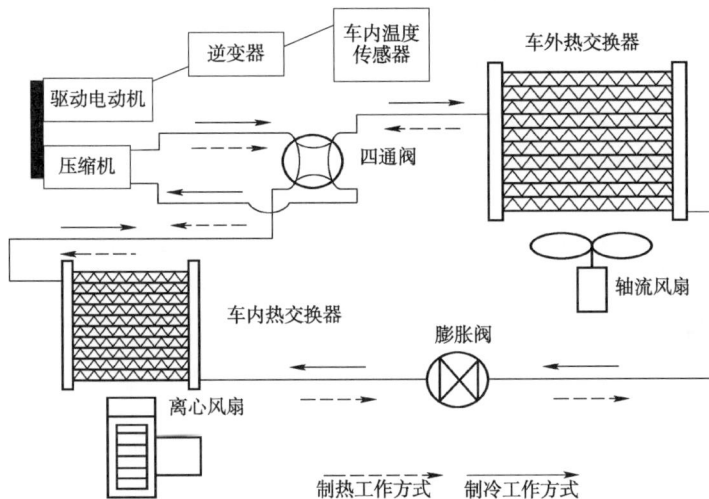

图 2-22 热泵型空调系统工作原理图

为防止制热时因除霜导致室内舒适性下降,采用了热气旁通不间断制热除霜方式。除霜时,运行原理基本与制热相同,只是将融霜电磁阀打开,让从压缩机出来的高温高压的过热气体有一部分被分流到室外换热器的入口,迅速把室外换热器的温度提高到 0℃ 以上,融掉室外换热器上的霜层,使换热器保持良好的换热效率。

2. PTC 加热器

PTC(Positive Temperature Coefficient)是正的温度系数,泛指正温度系数很大的半导体材料或元器件。通常人们提到的 PTC 是指正温度系数热敏电阻,简称 PTC 热敏电阻。PTC 热敏电阻是一种典型具有温度敏感性的半导体电阻,超过一定的温度(居里温度)时,它的电阻值随着温度的升高呈阶跃性的增高。

PTC 型陶瓷加热器采用 PTC 陶瓷发热组件与波纹铝条经高温胶粘组成。该类型 PTC 加热器有热阻小、换热效率高的优点,散热慢,热功率输出少,散热越快,输出的热功率越高,如图 2-23、图 2-24 所示。是一种自动恒温、省电的电加热器。它的一大突出特点在于安全性能上,任何应用情况下均不会产生如电热管类加热器的表面"发红"现象,从而避免引起烫伤,火灾等安全隐患。

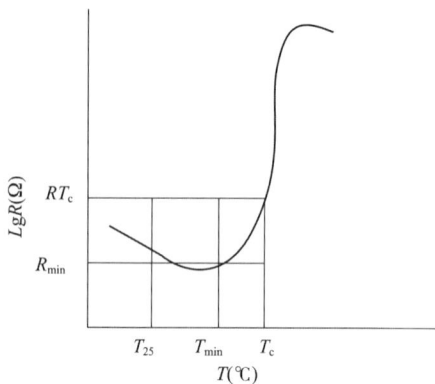

图 2-23　PTC 热敏电阻 $\rho—t$ 曲线

R_{min}-最小电阻;T_{min}-R_{min} 时的温度;RT_c-2 倍
R_{min};T_c-居里温度

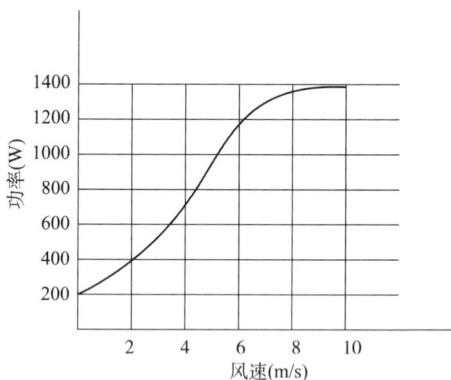

图 2-24　风速—功率曲线

电动汽车 PTC 加热器工作在空气流动的环境,温度扩散快,需要较大的电热功率,因而采用电动汽车高压电源,减小工作电流。

PTC 加热器的工作特点:

(1)PTC 型陶瓷加热器省成本,长寿命。不需要专门的温控器和热电阻热电偶等温度传感器进行温度反馈即能对加热器进行发热控制,它的温度调节是靠自身的材料特性,从而使产品具有远大于其他加热器的使用寿命。

(2)PTC 型陶瓷加热器安全,绿色环保。加热器本体的设计加热温度在 200℃ 以下的多档次,任何情况下本体均不发红且有保护隔离层,任何应用场合均不需要石棉等隔热材料进行降温处理,可放心使用,不存在对人体烫伤和引发火灾的问题。

(3)PTC 型陶瓷加热器节约电能。比较 PTC 型陶瓷加热器和电阻丝加热产品,PTC 是靠材料自身的特性,根据环境温度的改变来调节自身的热功率输出,所以它能将加热器的电能消耗优化控制在最小,同时高发热效率的材料也大幅提升了电能的利用效率。

七、纯电动汽车循环冷却技术

电动汽车循环冷系统是车辆辅助系统的核心技术之一,是动力、传动装置正常工作的重要技术保证,其技术水平及性能状态如何,将直接影响车辆性能指标的实现。电动汽车的性能特别是高温环境下的最大速度、最大爬坡度在很大程度上取决于冷却系统的热负荷特性。

(一)车辆热源

纯电动汽车工作原理与传统内燃机汽车不同,结构也有较大的区别。纯电动汽车主要由车载蓄电池提供电源,通过功率变换器、控制器等组件将电力输送给动力电机,动力电机驱动车辆行驶。由于蓄电池、电动机的能量的转换以及功率变换器和控制器长时间工作,这些电器会产生大量的热量。为了维持连续的工作,需要将其的过热零部件温度维持在一个合理的工作温度。因此,就需要对纯电动汽车建立一个循环冷却系统,对主要热源冷却降温。

纯电动汽车主要热源有三类:

(1)能量储存系统中的蓄电池。如蓄电池、燃料电池等。常用锂离子蓄电池的工作温度为 -20~60℃,一般采用自然冷却或强制通风冷却方式。

(2)电机控制器、功率变换器等功率组件。控制装置一般工作温度在 40~50℃。允许最高温度为 60~70℃。连续工作容易过热,须采取专门的冷却装置控制温度。通常采用循环水冷。

(3)驱动电机。汽车电动机的工作电流大,励磁绕组和电枢绕组在电磁感应的过程中产生大量的热量,加之电流磁通的变化会在定子和转子硅钢片内感应产生热量,因此必须合理控制温度,否则会出现绝缘下降、电动机退磁和效率降低等不良状况。驱动电机常用油或水作为冷却液,循环降温。

(二)结构原理

(1)纯电动汽车循环冷却系统主要分为两大部分:

①对动力电机、车辆控制器和功率变换器的冷却。

②对动力蓄电池和车载充电机的冷却。

(2)蓄电池组的冷却。

①动力蓄电池的冷却常用方法有两种:风冷、液体冷却。风冷又分为自然冷却和强制冷却。风冷方法结构简单,成本较低,风冷技术日益成熟。

②液体冷却有制冷剂冷却和水冷却。一般采用循环水冷却系统。该系统包括蓄电池冷却器、水泵和集成在动力蓄电池组内的冷却板及结构框架。能够有效地进行热交换,循环水冷效率高。

(3)电动机及控制器的冷却。驱动电动机及动力系统控制单元的冷却通常采用同一冷却回路,既驱动电动机冷却系统。冷却方式有自然冷却和强制水冷两种。通常采用循环水冷方式,如图2-25所示。由电动水泵、冷却液、循环回路、电风扇、散热器和温度传感器组成。

当冷却液流经驱动电机和控制器等高温热源时,高温热源通过热传导方式将热量传递给冷却液,冷却液温度升高,在流经散热器时再将冷却液的热量传递给散热器片,风扇吹风或自然风通过对流热交换带走散热片的热量,如图2-26所示。使冷却液温度降低,完成一个热循环。循环往复,冷却系统不断工作。

动力电池冷却的好坏,直接影响着电池的效率,也影响到电池的使用寿命,以及所有安全,其在轻量化、低能耗、高效率、低成本等方面的要求与传统车辆的冷却系统一致;不同的是纯电动汽车循环冷却系统针对的充电器组件受温度影响更加明显,所以对温度的控制要求更加精确。同时,由于纯电动汽车的动力系统和供电系统的电子部件耐受温度低、整车噪声低,使得纯电动汽车对冷却系统的散热性能和噪声的要求较传统汽车更为严格。

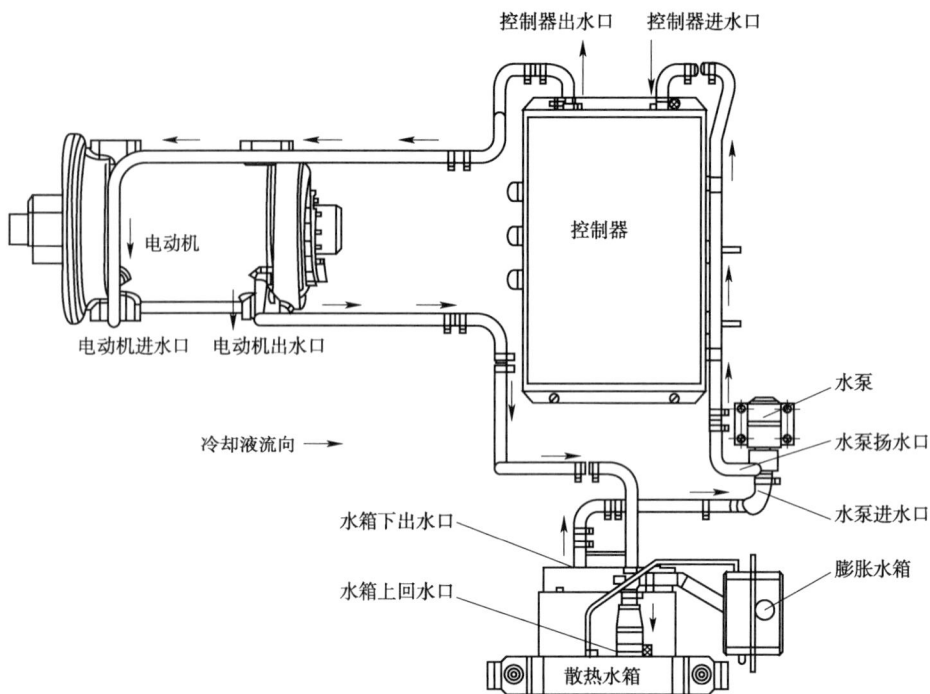

图 2-25 纯电动汽车循环冷却系统(部分车型)

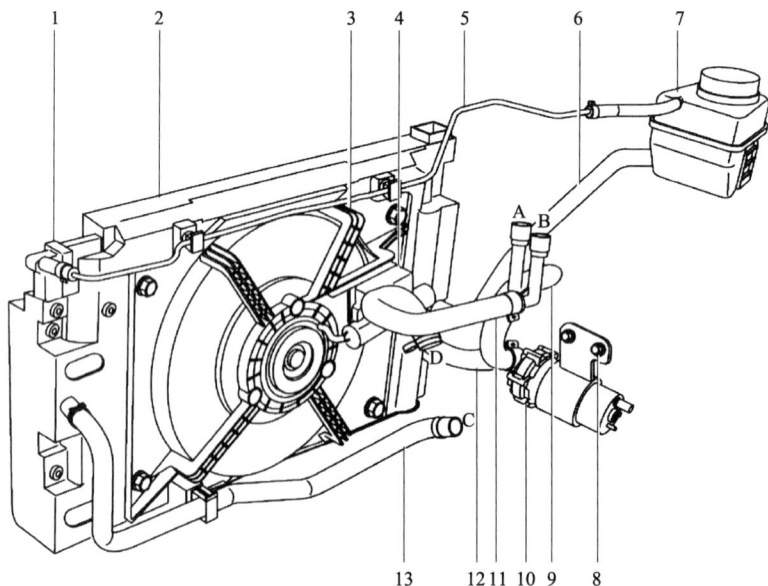

图 2-26 冷却系统散热器及风扇布置图

A-电力电子箱(PEB)进液口;B-电力电子箱(PEB)出液口;C-驱动电机出液口;D-驱动电机进液口;1-散热器;2-冷却风扇罩;3-冷却风扇;4-冷却风扇低速电阻;5-散热器溢流管;6-软管-膨胀水箱到散热器;7-膨胀水箱-驱动电动机;8-驱动电机冷却水泵安装支架;9-软管-水泵到PEB;10-冷却水泵-驱动电机;11-软管-PEB到驱动电机;12-软管-水泵到散热器;13-软管-驱动电机到散热器

八、纯电动汽车高压安全与防护

纯电动汽车与内燃机汽车的区别是运用高压电力作动力源,通过动力电机驱动车辆运行。动力驱动系统回路具有高电压和大电流是纯电动汽车的一个重要特征。为了满足车辆驱动动力要求,输出所需的功率和转矩,高压电气系统需要采用较高的电压和较大的电流,通常高压系统的电压超过300V,甚至达到600V以上。为了使动力电机在输出功率相同的情况下,尽量减小工作电流,从而降低高压系统线路阻抗损耗,便于高压电气系统的控制,减少电器组件的损耗。因而纯电动汽车动力驱动系统多采用较高的动力电压。

纯电动汽车驱动力来自动力电机,而高压电器的工作电流是非常大的,一般工作电流可达到数十安培甚至数百安培,瞬间短路电流更是成倍地增加。高电压和大电流对车上人员的人身安全造成巨大的威胁,同时还会影响电器组件和车辆控制器的正常工作。因而,纯电动汽车的高压电气系统不仅要满足车辆的动力驱动要求,还必须确保车辆运行安全、驾乘人员人身安全和车辆维修使用安全。

纯电动汽车安全管理工作是一项十分重要的工作,需要从技术手段、操作程序、保护措施,安全知识等多方面综合加以管理。树立安全意识,掌握基本的管理方法和操作技能,杜绝安全事故的发生。

(一)车辆高压互锁和漏电保护

1.高压互锁与漏电保护

(1)车辆高压系统设计有多处高压互锁装置(图2-27),主要包括结构互锁和功能互锁。

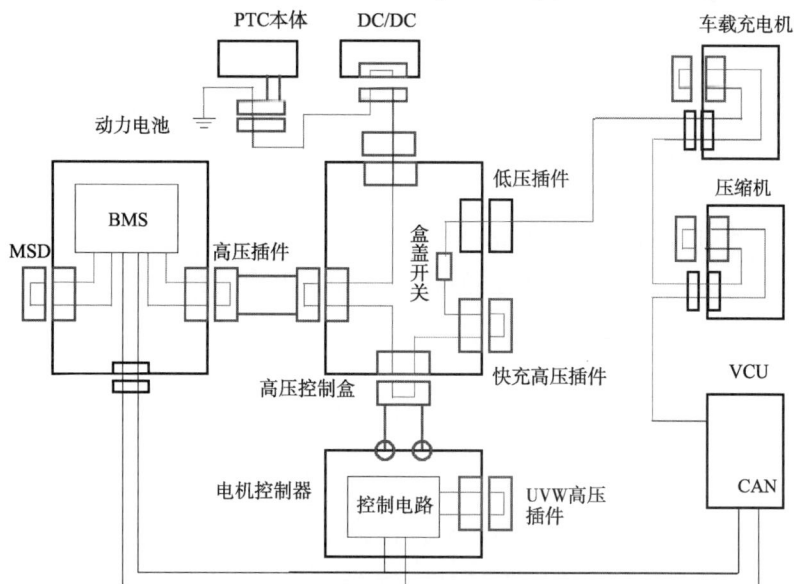

图2-27 高压互锁原理图

结构互锁:主要高压电器接插线插头和电器盒盖上都带有互锁回路,当某一电器被带电断开,VCU、ECU会检测到电路,立即报警并会断开母线高压回路,同时激活主动泄放电路电量。

功能互锁:当车辆在进行充电或插上充电枪时,会限制整车不能通过自身驱动系统驱动,以防止可能发生的充电线束拖曳或安全事故。

开盖检测:车辆高压器件具有开盖检测功能,当在整车高压回路联通的情况下打开盒盖时,会立即报警。高压互锁装置会自动断开主继电器,从而立即断开整车高压系统,并快速释放电动机控制器里的大电容电量。

(2)惯性开关会在车辆发生重大碰撞事故时,立即断开高压系统并释放大电容中的电量。当车辆发生碰撞时,BMS检测到碰撞信号大于一定阈值,会立即切断高压系统电源母线,同时激活MCU的高压母线主动泄放开关,释放高压系统的电量,使发生碰撞短路时,人员受到电击的危险降至最低。

(3)电池管理系统BMS和漏电保护器(绝缘电阻20MΩ)对整车进行持续的漏电检测。

准确、实时地检测高压电气系统对车辆车身、底盘绝缘性能,对保证乘客安全、电气设备正常工作和车辆安全运行具有重要意义。对电动汽车绝缘电阻的研究方法大同小异,主要是在直流母线正负极和电底盘之间接入电阻,通过电子开关或高压继电器接通电阻和车身、底盘,然后测量这些电阻上的电压或电流,再计算得到绝缘电阻的大小。

纯电动汽车要测量的绝缘电阻各支路都是由动力蓄电池供电,因此电动汽车直流高压母线(包括各支路)的绝缘电阻决定着高压系统的安全性能。如果高压回路的一端与底盘短接时,则产生的电流取决于短路一端对地(或车体)的电阻,显然这个电阻越小,则允许流过的电流就越大,产生的危害性就越大。参考电动汽车国家标准,如果人或其他物体构成高压电路与地之间的外部电路,最坏的情况下泄漏电流不允许超过2mA,这是人体没有任何感觉的阈值。

纯电动汽车绝缘性能检测装置主要完成测量、预警、显示和通信四大部分的功能。为实现整车功能控制和高压自动切断保护,在电动汽车的高压系统中必须配置可自动切断主回路的接触器,当系统检测到漏电电流超过设定限值,将断开主回路接触器,切断系统电源。根据整车设计需要,有些电动车辆的主回路上甚至有两个以上的相关部件,如果高压接触器发生闭合或断开失效,且不能及时采取有效措施,轻者会发生不能实现正常控制的情况,重者会产生重大安全事故,所以对高压接触器的执行状态进行有效、实时的监控,对电动汽车的安全、可靠运行有十分重要的意义。

2.绝缘电阻检测

纯电动汽车的运行过程是一个复杂的过程,车辆行驶中难免出现的冲击、颠簸、挤压、摩擦现象,导线绝缘层有可能出现破损,接线端子与周围金属可能出现搭铁短路,线路老化绝缘性能下降等状况,从而产生漏电、打火、热积累情况。因此,高压电气系统相对车身、底盘设置了电器绝缘性能和漏电实时检测控制技术,是纯电动汽车安全技术的核心内容。国际标准组织和欧、美、日本等国制定了严格的技术标准,我国对纯电动汽车也制定了技术标准。对于安全技术,规定高压电气系统必须具备高压互锁和漏电检测的自动断电保护功能。这对车辆设备和人员安全具有十分重要的意义。

绝缘体是相对导电体而言的,在直流电源系统中,定量描述一种介质绝缘性能和导电性能的物理量是电阻。导体的电阻小,绝缘体的电阻大,绝缘体电阻的大小表征了介质的绝缘性能,电阻越大,绝缘性能越好,反之亦然,称绝缘体电阻大的电阻为绝缘电阻。在纯电动汽车的高压电气系统中,利用电源的正极引线电缆、负极引线电缆以及电器组件和整个高压电气系统对车体的绝缘电阻来反映高压电气系统的绝缘性能。

绝缘电阻的测量可以运用绝缘电阻表(或数字绝缘电阻表)完成,如图 2-28 所示。绝缘电阻表(又称兆欧表、摇表)是检测电气设备绝缘强度的一种常用仪表。有指针式绝缘电阻表和数字绝缘电阻表,测量电压分一般有 50V、100V、250V、500V、1000V 几挡,当测量高压电气设备绝缘时,根据要求选取不同的挡位。测得的数值是指在所选的电压下的绝缘电阻的值。测量时应该切断被测电器的电源,方法如下:

(1)开启电源开关"ON",选择所需电压等级,如 500V 挡,对应指示灯亮,轻单击"高压"键,高压指示灯亮,开始测量绝缘电阻,当绝缘电阻值超过仪表量程的上限值时,LED 首位显示"1",后三位熄灭。

(2)关闭高压时只需再按下"高压"键,关闭整机电源时按下"OFF"键。

测量绝缘电阻时,线路"L"与被测物一端导电部分相接,搭铁"E"与被测物体外壳或搭铁部分相接,屏蔽"G"与被测物体保护遮蔽部分相接或其他不参与测量的部分相接,以消除表面泄漏所引起的误差。测量电气产品各组件之间绝缘电阻时,可将"L"和"E"端接在任一组线头上进行。如测量发电机相间绝缘时,三组可轮流交换,空出的各相应安全接地。

绝缘是相对的,基本绝缘体对低压是绝缘的,但对高压不一定是绝缘的,因此,用不同电压绝缘电阻表测出的绝缘电阻值是不同的。例如,某台有缺陷的被试品在同一时间同一环境温度下,当使用不同等级的绝缘电阻表对该试品测量绝缘电阻时,被试品的绝缘电阻值是随所使用绝缘电阻表电压的增高而降低的。

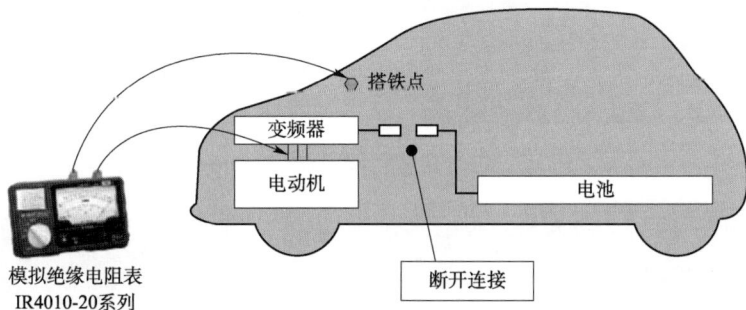

图 2-28　绝缘电阻表检测绝缘电阻

(二) 纯电动汽车维修开关

维修开关是纯电动汽车高压电气系统的安全保护组件。是维护纯电动汽车时,高压回路必须断开的安全防护手动开关组件。

1. 维修开关的位置设置

一般维修开关的设置有两种位置。一种是位于直流母线正极输出端,如图 2-29 所示。另一种位置是串联于电池组的中间,如图 2-30 所示。前者,电池正极直流母线与维修开关还有一定的距离,对该段导线应该处于人体不能接触的区域。断开维修开关后不能起到分压的作用,存有安全隐患。后者,断开维修开关后,首先是切断了高压直流母线,且能将电池组分为两个部分,起到对电池组分压的作用,降低了高压风险,有效地保证高压回路的安全。

图 2-29　电池正极一端紧急维修开关　　　　　图 2-30　电池中间设置紧急维修开关

2. 紧急维修开关操作

紧急维修开关设置在高压回路,如图 2-31 所示。对高压安全非常重要,应该按照规范操作,否则,可能引起高压电弧等危险。

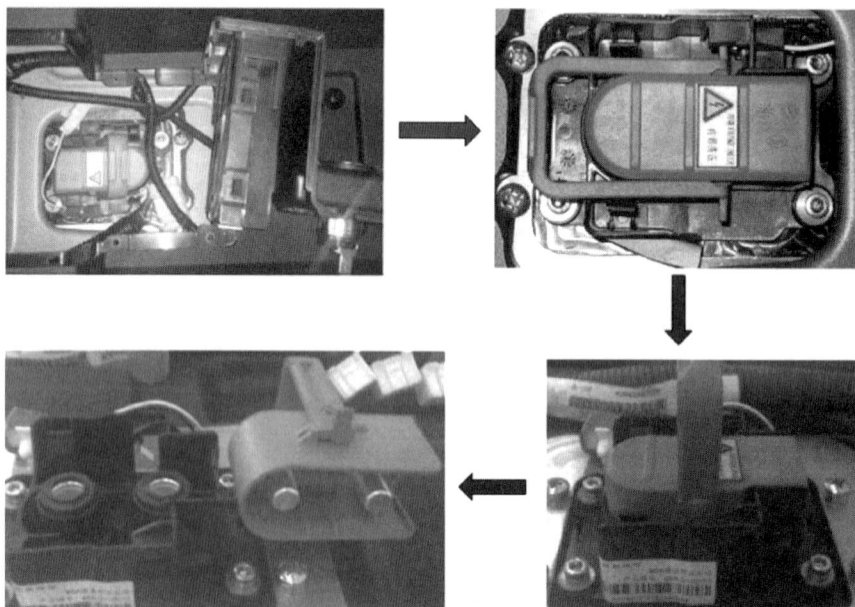

图 2-31　维修开关结构及插拔操作

(1)紧急维修开关的插拔操作应由专业人员进行操作,未经培训的人员不得操作。

(2)紧急维修开关是在车辆维修、检测、漏电等情况下切断高压回路的一种安全保护措施,只有在必要时才可进行操作。

(3)操作人员拔下紧急维修开关插件后,必须自己妥善保管,直到检修完毕。确认检测、维修完毕后,方可将紧急维修开关复位。

(4)拔下紧急维修开关后,必须等待 10min 以上的时间,让高压回路的电容器充分放电后,方可进行维修操作。

　　3.车辆维修断开紧急维修开关操作步骤

(1)断开点火开关,收藏好车钥匙。对于使用智能钥匙的车辆应将智能钥匙移开探测控制范围。

(2)断开低压蓄电池负极端子。

(3)确认绝缘手套不漏气,并佩戴好绝缘手套。

(4)断开紧急维修开关。

(5)将紧急维修开关保存于自己衣服口袋中。

(6)等待 10min,让高压回路的电容器充分放电后。

(7)进行纯电动汽车的维修操作。

九、医疗救护

触电急救应坚持迅速、就地、持续救护的原则。急救必须争分夺秒,对于无呼吸和心跳的触电者,立即就地采用心肺复苏法进行抢救,心肺复苏需要一个较长的时间,要求坚持长时间持续抢救,同时及时与医疗部门取得联系,争取医务人员尽早投入救护工作。

(一)脱离电源方法

(1)发生触电事故,应迅速关闭、断开高压系统电源,脱离事故现场,实施急救。

(2)使用绝缘工具、干燥的木板、木棍、竹竿、绳索等不导电东西,帮助触电者解脱,如图 2-32 所示。

(3)在确保救护者安全的情况下,用几层干燥的衣服将手包裹好,站在绝缘毯、木板上等绝缘体上抓住触电者的衣服(不要触碰触电者裸露的身体或其他带电体),拉触电者的衣服,使其脱离电源。

图 2-32　使用绝缘棒使触电者脱离电源

(二)对症救治

对于触电者,可按以下三种情况分别处理。

(1)对触电后神志清醒者,应使其平躺,严密观察,情况稳定后,方可正常活动;对轻度昏迷或呼吸微弱者,可针刺或掐人中、十宣、涌泉等穴位,并送医院救治。

(2)对触电后无呼吸但心脏有跳动者,应立即采用口对口人工呼吸;对有呼吸但心脏停止跳动者,则应立刻进行胸外心脏按压法进行抢救,如图 2-33 所示。

(3)如触电者心跳和呼吸都已停止,则须同时采取人工呼吸和仰卧胸外心脏按压法等措施持续进行抢救。用除颤仪进行电除颤抢救。

图 2-33　对触电者就地紧急抢救

技能实训

纯电动汽车主要高压电器认识

(一) 实训目的

认识纯电动汽车主要高压电气设备。

(二) 实训主要内容(以北汽 EV150 纯电动汽车为例)

认识高压电气主要零部件及控制设备。认识高压电器及控制设备的基本作用,认识高压系统电气设备的安装布置。

高压系统主要电气设备。包括驱动电机、动力电池、整车控制器、电机控制器、电池管理系统、功率变换器、充电机等零部件。

(三) 实训方法、步骤

(1)打开电机舱前必须将电门钥匙关闭,拧到"OFF"挡位,拔下钥匙(若为智能钥匙系统,则使车辆不在智能钥匙感应范围内,并且车辆处于非充电状态)。

(2)断开 12V 蓄电池负极。做好负极(电极)线的相关保护措施。

(3)拔出紧急维修开关(高压控制箱 PDU 控制电路 35 针插件,如图 2-34 所示),断开高压系统回路。并在 PDU 端安装安全密封塞。紧急维修开关拔下后,由专职监护人员保管,并确保在维修过程中不会有人将其插到高压配电箱上。

图 2-34　PDU 控制电路 35 针插件

（4）电机舱内有高压危险警示标志电器零部件,高压系统连接导线采用橙色管线,严禁身体直接触摸。低压管线为黑色。

（5）逐一认识、查看电机舱各电气设备。

（6）举升车辆。车辆支撑稳固,平稳举升车辆,升至所需高度,举升机落锁确保安全。

（7）查看驱动电机、动力电池。

（8）实训结束,清理车下及周围人员,将车辆安全从举升机上放下。举升机回位。

（9）取出 PDU 端的安全密封塞。恢复紧急维修开关。

（10）连接 12V 蓄电池负极。

（11）关闭电机舱盖。

（12）收回警示牌、隔离栏。实训完成。

（四）注意事项

（1）设置安全警戒隔离栏,放置安全警示牌（图 2-35）,放置绝缘防护垫。操作指导教师持国家强电低压"特种作业操作证"上岗。

图 2-35　安全警戒隔离栏

（2）穿戴好高压防护衣裤、高压绝缘手套、高压绝缘靴,护目镜等。

（3）应用电动汽车专用工具（表 1-9）。

（五）实训报告

完成实训,由学生填写实训报告,见表 2-3。

实 训 报 告　　　　　　　　　　　　　　表 2-3

学号		姓名		性别		班级	
实训项目				实训设备			
实训内容、方法							
技术、工艺 (参数、要点)							
自我 评价							
教师 评价							

20　年　月　日

模块小结

（1）纯电动汽车与传统内燃机汽车最大的区别是动力驱动系统。

（2）纯电动汽车的动力驱动系统包括电力驱动系统、电源管理系统、电子控制系统。

（3）DC/DC 的功能是将直流电流变为低压（或高压）直流电流。DC/AC 是将直流电变换为交流电。

（4）电动汽车循环冷系统是车辆辅助系统的核心技术之一，是动力驱动系统正常工作的重要技术保证。循环冷却系统技术水平及性能将直接影响纯电动汽车性能。

（5）辅助系统空调电动机采用高压电源，其余均采用低压电源。

（6）纯电动汽车存在高压风险，需要采取必要防护。维修防护必须先拔下紧急维修开关。

（7）触电急救应坚持迅速、就地、持续救护的原则。

思考与练习

（一）填空题

1. 纯电动汽车的英文缩写为_____。

2. 纯电动汽车动力驱动系统三大件：包括_____、_____、_____。

3. 整车控制器_____（英文缩写）。

4. 纯电动汽车的主要特性有：_____、_____、_____，动力电池成本较高，续航里程偏短。

5. 驱动电机具有_____和_____的两种功能。

6. 常用高压防护用具有：_____、_____、_____和_____及绝缘毯等。

（二）判断题

1. 纯电动汽车，驱动动力由发动机驱动或者电动机驱动。 （ ）

2. 燃料电池是通过燃烧可燃气体来获得电能。 （ ）

3. 纯电动汽车高压系统和低压系统是两个系统，但低压负极通过车身与高压负极相连。 （ ）

4. 维护纯电动汽车，应该穿戴高压防护服、防护手套，使用高压绝缘性能良好的工具。 （ ）

5. 触电急救应坚持迅速、就地、持续救护的原则。 （ ）

（三）简答题

1. 纯电动汽车的组成是什么？

2. DC/DC 功率变换器的主要功能是什么？

3. 电动机驱动系统的常用布置形式有哪些？

4. 车辆维修断开紧急维修开关操作步骤是什么？

一、纯电动汽车电源系统的组成

纯电动汽车电源系统主要由动力电源系统和辅助电源系统组成(图 3-1)。动力电源系统主要由电池管理系统、动力电池模组、监控、通信系统、保护装置等组成。

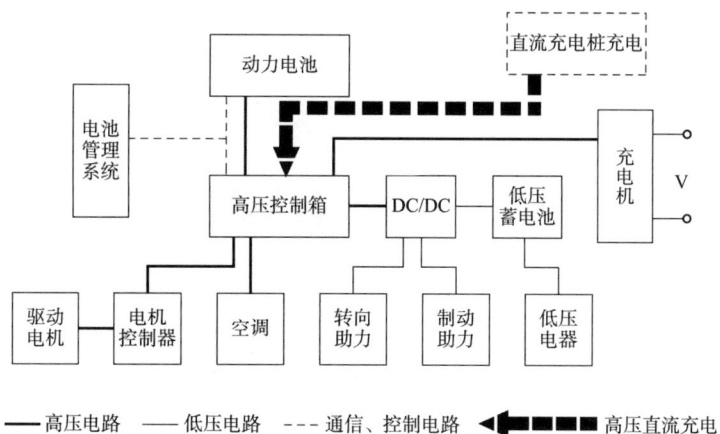

图 3-1　纯电动汽车电源系统组成

动力电源系统主要功能是向动力驱动系统和辅助电源系统提供电源。如向驱动电机提供动力电源,向空调系统、低压辅助蓄电池以及控制、辅助系统等提供电源。动力电源系统同时还具有监控电源使用情况以及控制充电机向动力电池充电的功能。

纯电动汽车辅助电源功能主要是提供低压系统所需电源。一般为12V或24V的直流低压电源,提供给低压控制系统、辅助系统(电动助力转向、电动真空助力制动)及仪表电器、无线电、导航、刮水器等设备的电源。

二、纯电动汽车动力电池

纯电动汽车的动力电池直接给动力电机提供电源,是纯电动汽车的唯一动力电源。其动力电池性能直接决定纯电动汽车性能。它除了提供给车辆驱动行驶所需的动力电源外,还提供给车辆上各辅助装置的工作电源。

(一)新能源汽车动力电池分类

1.按动力电池结构原理分类

纯电动汽车常用的动力电池按结构原理可以分为化学电池、物理电池和生物电池三大类。

1)化学电池

化学电池是将化学能直接转变为电能的装置。主要部分是电解质、电池隔膜、电解质中的正、负电极和连接电极的导线。化学电池按工作性质分为原电池、蓄电池、燃料电池和储备电池。

(1)原电池。是一种化学电池,不能充电,非蓄电池。它利用两个电极之间金属活性的不同,产生电势差,从而使电子的定向流动,产生电流。电极反应不可以逆转,只能是化学能转化为电能,如图3-2所示。

(2)蓄电池。蓄电池也称二次电池。是指电池在放电后可通过充电的方法使活性物质复原而继续使用的电池,而这种充放电可以从数百次到数千次循环。如铅酸蓄电池、锂离子电池、镍氢电池、镍镉电池等,如图3-3所示。

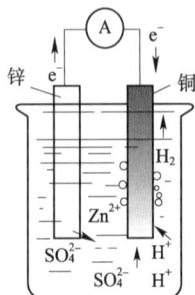

图3-2 原电池　　　　图3-3 铅酸蓄电池

(3)燃料电池。燃料电池是一种将存在于燃料与氧化剂中的化学能直接转化为电能的发电装置。可燃气体(燃料)和氧气通过两个电极分别送进燃料电池,经过氧化还原反应,产

生电流。它是一个"发电机",而不是蓄电池。不能"储电",如图3-4所示。

2)物理电池

物理电池是通过光、热、物理吸附等物理能量发电的电池。如超级电容器、太阳能电池等。太阳能光伏电池,通过光电效应或光化学效应直接把光能转化成电能的装置。如图3-5所示为光伏太阳能电池。

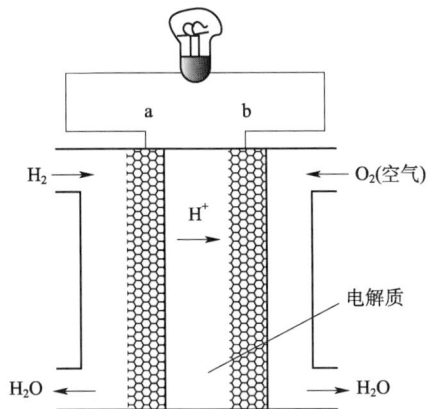

图3-4　燃料电池

图3-5　太阳能电池

3)生物电池

生物电池,是指将生物能直接转化为电能的装置,是绿色植物和光合细菌通过光合作用转化而来的,如图3-6所示。

图3-6　土豆制作的生物能电池

2. 按动力电池电解质分类

按动力电池电解质的不同,可将动力电池分为酸性电池、碱性电池、中性电池和有机电解液电池四类。

1)酸性电池

主要以硫酸水溶液为电解质。新能源汽车用蓄电池中属于酸性电池的主要是铅酸电池。

2)碱性电池

主要以氢氧化钾水溶液为电解质。新能源汽车用动力电池中的锌锰电池、镍镉电池、镍氢电池等均属于此类电池。

3）中性电池

以盐溶液为电解质。这种动力电池由于稳定性较差,目前在新能源汽车上还很少使用。

4）有机电解液电池

主要以有机溶液为电解质的动力电池有锂电池、锂离子电池等。

3.按动力电池所用正、负极材料不同分类

按照动力电池正极和负极材料的不同,可将动力电池分为锌系电池、镍系电池、铅系电池、锂系电池及金属空气(氧气)系列电池等。

一般驱动电机要求高压电源,选用的电机类型不同,其要求的电压等级也不同。为满足该要求,可根据需要将蓄电池串联成电池组,通过功率变换器,按需求提供相应的电压。

(二)动力电池基本组成和性能指标

1.动力电池的基本组成

目前纯电动汽车动力电池主要采用蓄电池作为动力电池。蓄电池其基本组成有正电极、负电极,电解质、电池隔膜(或隔板)和电池壳体。

1）正、负极板

不同的蓄电池采用的正极和负极的材料有所不同。正极与负极两电极还用于支撑和固定电池中参加化学反应的"活性物质"。电池在放电时,在电池内部,在电池发生氧化反应并失去电子的电极为阳极(负极),获得电子的电极为阴极(正极)。在电池外电路,电极与负载连接,外电路输出电子的电极为负极。获得电子的电极为正极。

2）电解质

电解质是促使电池进行电化学反应的物质,电解质一般有碱性电解质、酸性电解质、中性电解质和有机物电解质等。电解质的形态有固态、液态和胶质几种。

3）隔膜(隔板)

隔膜(隔板)是蓄电池内部正极和负极之间隔离物。其作用是防止电池内部短路。隔膜因蓄电池不同而不同,常用的有:化学纤维隔膜、网状隔膜、微孔塑料隔膜和硅胶等胶体隔膜等。

4）蓄电池壳体

动力蓄电池一般是将多个单体电池用串联或并联方法构成电池模块,用外壳进行固定包装。电池的壳体材料要求具有一定的机械强度、耐酸碱腐蚀性、化学性质稳定不参与化学反应的性能。通常用塑料壳体。

2.动力电池的性能指标

1）电动势

电池的电动势,又称电池标准电压或理论电压,为电池断路时正负两极间的电位差。电池的电动势可以从电池体系热力学函数自由能的变化计算而得。一般电池的开路电压与电池的电动势近似相等。

2）开路电压

开路电压是动力电池外电路处于开路状态下正、负极之间的实际电压。开路电压不等于电池的电动势。蓄电池在充足电状态下的开路电压最高,随着蓄电池放电程度的增加,蓄电池的开路电压会相应降低。

动力电池的电压(端电压)是指其正极与负极之间的电位差,单位为 V(伏特),是表示动力电池性能与状态的主要参数之一。

3)工作电压

工作电压指电池在某负载下实际的放电电压,通常这个电压是指一个电压范围。例如,铅酸蓄电池的工作电压为 2～1.8V;镍氢电池的工作电压为 1.5～1.1V;锂离子电池的工作电压为 3.6～2.75V。

工作电压 U_b 等于电池的电动势减去放电电流 I_b 与电池内阻 R_b 的积(内阻引起的电压降),即

$$U_b = E_b - I_b R_b$$

4)额定电压

额定电压(或公称电压),是指该化学体系的电池工作时公认的标准电压。例如,锌锰干电池为 1.5V,镍镉电池为 1.2V,铅酸蓄电池为 2V。

5)充电电压

充电电压是指外电路直流电对电池充电的电压。一般的充电电压要大于电池的开路电压,通常在一定的范围内。如锂离子电池的充电压为 4.1～4.2V;铅酸蓄电池的充电压为 2.25～2.5V。

6)放电终止电压

放电终止电压指放电终止时的电压值,视负载和使用要求不同而异。以铅酸蓄电池为例:电动势为 2.1V,额定电压为 2V,开路电压接近 2.15V,工作电压为 2～1.8V,放电终止电压为 1.8～1.5V(放电终止电压根据放电率的不同,其终止电压也不同)。

7)电池内阻

电池内阻是指电池的内部电阻,包括:电极板的电阻,电解液、隔板和连接体的电阻等。内阻的单位为 Ω(欧姆)。

8)容量

容量是指电池在允许放电范围内所能输出的电量,单位为库伦(C)或安时(Ah)。容量用来表示动力电池的放电能力。在不同条件下,动力电池所能输出的电量(容量)是不同的。

额定容量:是指生产电池时,动力电池在规定的条件下所能输出的电量。额定容量是制造厂标明的动力电池容量。

9)能量

动力电池的能量是指在一定的放电条件下,动力电池所输出的电能,单位为 W·h(瓦时)或 kW·h(千瓦时)。动力电池的能量表示其供电能力,是反映动力电池综合性能的重要参数。

(1)标称能量:是指在一定的放电条件下动力电池所能输出的电能。动力电池的标称能量是其额定容量与额定电压的乘积。

(2)实际能量:是指在一定的放电条件下动力电池所能输出的电能。动力电池的实际能量是其实际容量与放电过程的平均电压的乘积。

10)比能量

比能量即质量比能量。是指动力电池单位质量所能输出的电能,单位为 Wh/kg 或 kWh/kg。

11）能量密度

能量密度即体积比能量,是指动力电池单位体积所能输出的电能,单位为 Wh/L 或 kWh/L。动力电池的能量密度越高,新能源汽车的载质量和车内的空间就越大。

12）功率

动力电池的功率是指在规定的放电条件下,动力电池单位时间所能输出的电能,单位为 W 或 kW。动力电池的功率大小会影响新能源汽车的加速度和最高车速。

13）比功率

比功率即质量比功率,是指动力电池单位质量所能输出的功率,单位为 W/kg 或 kW/kg。动力电池的比功率越大,汽车的加速和爬坡性能就越好,最高车速也越高。蓄电池输出的电功率为

$$P = UI = U(E - U)/r$$

式中:P——电池组的功率,kW;

U——电池组的端电压,V;

I——电池组的电流,A;

E——电池组的电动势,V;

r——电池组的内电阻,Ω。

14）功率密度

功率密度即体积比功率,是指动力电池单位体积所能输出的功率,单位为 W/L 或 kW/L。动力电池的功率密度越高,新能源汽车的载质量和车内的空间就越大。

15）寿命

动力电池的寿命通常用使用时间或循环寿命来表示。动力电池经历一次充电和放电过程称为一个循环或一个周期。在一定的放电条件下,当动力电池的容量下降到某规定的限值时,动力电池所能承受的充放电循环次数称为动力电池的循环寿命。

不同类型的动力电池,其循环寿命有所不同。对于某种类型的动力电池,其循环寿命与充电和放电电流的大小、动力电池的温度、放电的深度等均有关系。

16）自放电

自放电是指电池开路时,电池经过储存一定时间后,其容量自行降低的现象称为自放电。

17）放电率

(1)时率:当电池按规定统一的放电电流 I 放电,在 n 小时内放出额定容量电量,此时放电率称为 n 小时时率。

例如:某个电池的额定容量为 30Ah,以 2A 的规定电流放电,则时率为 30Ah/2A = 15h,时率为 15 小时时率。

(2)倍率:电池按统一的放电电流强度放电,放电的容量为额定容量的 m 倍数,m 称为放电的倍率。

例如:某个电池的额定容量为 3Ah,以 6A 的电流强度放电,则放电倍率为 6A/3A = 2。放电倍率为 2。

(三)纯电动汽车常用动力电池

1.铅酸蓄电池

铅酸电池(Lead-acid Battery)自1859年发明以来,近160多年的使用历史,经过100多年的不断发展和完善,铅酸电池性能有了很大的改进。铅酸电池有:普通铅酸电池、阀控铅酸电池和铅布电池等形式。

1)铅酸蓄电池的结构

铅酸蓄电池的基本结构如图3-7所示。它由正极板、负极板、隔板、电解液、溢气阀、壳体等部分组成。极板是铅酸蓄电池的核心部件,正极板上的活性物质是二氧化铅,负极板上的活性物质为海绵状纯铅。隔板隔离正、负极板,防止短路。

铅酸蓄电池的基本单元是单体电池(Battery Cell),每个单体电池都是由正极板、负极板和装在正极板和负极板之间的隔板组成。每个单体电池的基本电压为2V,然后将不同容量的单体电池按使用要求进行组合,装置在不同的塑料外壳中,来获得不同电压和不同容量的铅酸蓄电池。铅酸蓄电池总成经过灌装电解液和充电后,就可以从铅酸蓄电池的接线柱上引出电流。

图3-7 铅酸蓄电池

2)铅酸电池的工作原理

(1)蓄电池的工作原理。

铅酸蓄电池工作原理包括电池充、放电两个过程中化学能和电能的相互转化过程。电池放电时化学能转化为电能,充电时电能转化为化学能,在这两个变换过程中,正、负电极的活性物质发生氧化还原反应,产生电子得失。工作原理如图3-8所示。活性物质化学变化过程是可逆进行的。

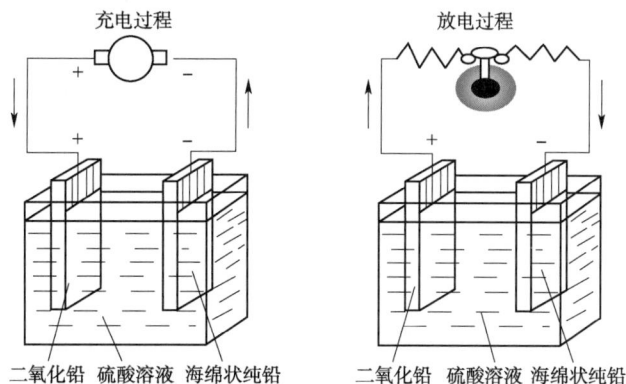

图3-8 铅酸蓄电池工作原理

当充电时,直流电源的正、负极分别与电池的正、负极相连接,充电电源的电压略高于电池的额定电压,在电场的作用下,电流从电池的正极流入,负极流出。正、负极板上的

$PbSO_4$ 分别还原成 PbO_2 和 Pb，电解液中的水逐渐还原为 H_2SO_4。这一过程中，电能转化为化学能。

当放电时，正极上的 PbO_2 和负极上 Pb 分别与电解质 HSO_4 溶液发生氧化反应生成 $PbSO_4$ 附着在正负极板上。随着连续的放电，氧化反应不断进行，H_2SO_4 浓度逐渐降低，最后变成水。这一过程中，化学能转化为电能。

其化学反应方程式为：

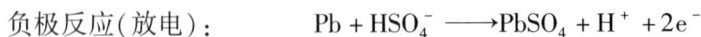

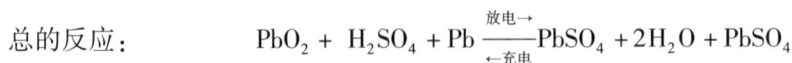

负极反应（放电）：$Pb + HSO_4^- \longrightarrow PbSO_4 + H^+ + 2e^-$

正极反应（放电）：$PbO_2 + 3H^+ + HSO_4^- + 2e^- \longrightarrow PbSO_4 + 2H_2O$

$$\quad\quad\quad 正极\quad\quad\quad\quad 负极\quad\quad 正极\quad\quad\quad 负极$$

总的反应：$PbO_2 + H_2SO_4 + Pb \underset{\text{←充电}}{\overset{\text{放电→}}{=\!=\!=\!=}} PbSO_4 + 2H_2O + PbSO_4$

（2）铅酸蓄电池的特点。

优点：

①铅酸蓄电池的电压最高为 2.0V。在常用蓄电池中，仅次于锂离子电池。

②高倍率放电性能良好，更适用于发动机起动。

③高低温性能良好，可在 −40～60℃ 条件下工作。电能效率高达 60%。

④没有"记忆"效应。易于识别荷电状态。可制作各种尺寸和结构的蓄电池，价格低廉。

缺点：

①充电时间长。比能量低，一次充电行驶里程短。

②环保性能差。存在重金属铅的污染。

③使用寿命短，使用成本高。

2. 锂离子电池

锂离子电池（Lithium-ionization）是一种二次电池（蓄电池），它主要依靠锂离子在正极和负极之间移动来工作。是由日本索尼公司在 1990 年首先研发的一种新型高能蓄电池，与其他蓄电池相比，锂离子电池高能量、高电压、长寿命、无记忆效应、无污染、快速充电、自放电率低工作温度范围和安全可靠等优点，是目前电动汽车较为理想的动力电源。

1）锂离子电池的分类

（1）按电解质材料不同，分为液态锂离子电池和聚合物锂离子电池两大类。区别在于电解质不同，所有正、负极材料相同，工作原理基本一致。

（2）按照锂离子电池正极的材料不同，可以分为：

①锰酸锂离子电池。

②磷酸铁锂离子电池。

③镍钴锂离子电池或镍钴锰锂离子电池。

第一代车用锂离子电池为锰酸锂离子电池，其生产成本低，安全性能较好，但是循环寿命欠佳，在高温环境下循环寿命更短。第二代为磷酸铁锂离子电池，是锂离子电池的发展方向。由于原材料价格低且磷、铁、锂的资源丰富，工作电压适中，充放电特性好，高放电功率，可快速充电、循环寿命长、高温和高热稳定性好，储能特性强，完全无毒。正极材料性能见表 3-1。

锂离子电池常用正极材料性能比较　　　　　　　　　表 3-1

项　目	单位	$LiCoO_2$	$LiMn_2O_4$	$Li(CoxNiyMnz)O_2$	$LiFePO_4$
能量密度	Wh/kg	一般	高	高	一般
比容量	mAh/g	140～160	110～120	130～220	160～170
密度	g/cm^3	5.01	4.28	4.69	3.6
电位 vs(Li/Li$^+$)	V	3.7	3.8	3.6～3.9	3.5
安全性		充电时在负极产生金属锂并放出氧气,可能引起失火或爆炸,高温时易短路,钴有毒性	过充时没有金属锂析出,也不产生氧气,较安全。锰无毒性	充电时在负极产生金属锂并放出氧气,可能引起失火或爆炸高温时易短路、镍无毒性	过充时没有金属锂析出,也不产生氧气,安全性较好,铁无毒性
耐受温度		低于-20℃或高于55℃则迅速衰退,稳定性极差	超过50℃则迅速衰退,稳定性差,可掺杂 Al 改善耐温性能	低于-20℃或高于55℃则迅速衰退,稳定性较差	耐受温度范围较宽,为-20～80℃
使用寿命		一般,不适合大倍率放电,平均循环寿命约500次	一般,平均循环寿命约500次。(按不同的放电倍率)	较好,不适合大倍率放电,平均循环寿命约大于500次	好,平均循环寿命可达2000次
成本比较		高	较低	较高	最低

目前,各国加强了对锂离子电池的开发研究。镍钴锂离子电池和镍钴锰锂离子电池,钴价格昂贵,成本较高,安全性比磷酸铁锂离子电池稍差,但循环寿命明显优于锰酸锂离子电池。

2)锂离子电池的结构

锂离子电池因正、负极材料不同而性能有所差异,目前常用的正极材料有钴酸锂、锰酸锂、磷酸铁锂和镍钴锰酸锂等材料,负极材料主要有碳材料,还有在研发的锡基、硅基合金类等材料。但锂离子电池结构基本相同,主要由电池正极、负极、隔板、电解液和安全阀等组成。圆柱形锂离子电池结构如图3-9所示。

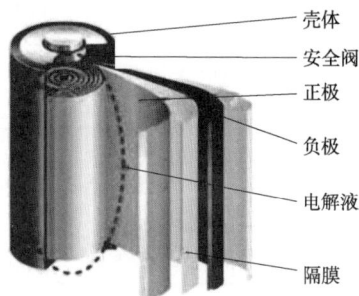

壳体
安全阀
正极
负极
电解液
隔膜

图3-9　圆柱形锂离子电池结构

(1)正极。正极材料在锰酸锂离子电池中以锰酸锂为主,磷酸铁锂离子电池中以磷酸铁锂为主,在镍钴锂离子电池中以镍钴锂为主,在镍钴锰锂离子电池中以镍钴锰锂为主。在正极活性物质中再加入导电剂、树脂黏结剂,在铝基体上涂覆为细薄层。

(2)负极。负极材料由碳材料与黏结剂的混合物,加上有机溶剂调和制成为糊状,并在铜基体上涂覆薄层形成。

（3）隔板。隔板起到关闭或阻断功能,大多使用聚乙烯或聚丙烯材料制成的微多孔膜。所谓关闭或阻断功能是在电池出现温度异常上升,阻塞或阻断作为离子通道的细孔,使蓄电池停止充放电反应。隔板可以有效防止因外部短路等引起的过大电流而使电池产生异常发热现象。这种现象即使产生一次,电池就不能正常使用。

（4）电解液。电解液是以混合溶剂为主体的有机电解液。为了使主要电解质成分的锂盐溶解,必须具有高电容率,并且具有与锂离子兼容性好的溶剂,即不阻碍离子移动的低黏度的有机溶液为宜,而且在锂离子蓄电池的工作温度范围内,必须呈液体状态,凝固点低,沸点高。电解液对于活性物质具有化学稳定性,必须适应充放电反应过程中发生的剧烈的氧化还原反应。由于使用单一溶剂很难满足上述严酷条件,因此电解液一般混合不同性质的几种溶剂使用。

（5）安全阀。为了保证锂离子电池的使用安全性,一般通过对外部电路的控制或者在蓄电池内部设异常电流切断的安全装置。但是,在实际使用过程中,仍可能因其他原因导致蓄电池内压异常上升,这时,通过安全阀释放气体,可以有效防止蓄电池破裂。安全阀实际上是一次性非修复式的破裂膜,一旦进入工作状态,保护蓄电池使其停止工作,因此是蓄电池的最后保护手段。

3）锂离子电池的工作原理

锂离子电池以含锂的化合物为电池正极,没有金属锂存在,化合物中只有锂离子。电池负极是以碳材料为主要材料。锂离子电池是以锂离子嵌入化合物为正极材料的电池的总称。锂离子电池的充放电过程,就是锂离子的脱嵌和嵌入的过程。在锂离子的脱嵌和嵌入过程中,同时伴随着与锂离子等当量电子的脱嵌和嵌入（习惯上正极用嵌入或脱嵌表示;负极用插入或脱插表示）。

工作原理,如图3-10所示。在放电过程中,锂离子从负极中脱插,通过电解质、隔膜（隔板）,向正极中嵌入;在充电过程中,锂离子从正极中脱嵌,通过电解质、隔膜（隔板）,向负极插入。充放电过程中,锂离子来回在正负极之间迁移,因而,锂离子电池又被称为"摇椅电池"。

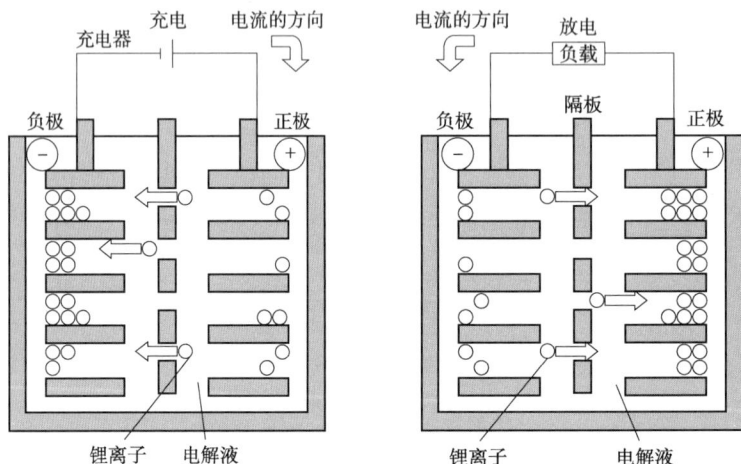

图3-10　锂离子电池工作原理示意图

锂离子电池的电极反应基本模式为（以 MO_2 作为锂离子电池正极材料）：

正极反应： $LiMO_2 \longrightarrow Li(1-x)MO_2 + xLi^+ + xe^-$

负极反应： $C + xLi^+ + xe^- \longrightarrow Li_xC$

$$\underset{负极}{Li_xC} + \underset{正极}{Li(1-x)MO_2} \underset{\xleftarrow{充电}}{\xrightarrow{放电}} \underset{负极}{C} + LiMO_2$$

总的反应：

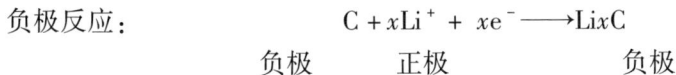

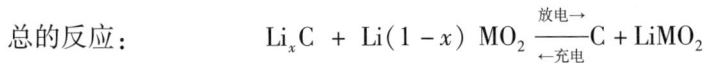

式中，M 代表 Co、Mn 或 Ni 等跃迁金属。

锂离子电池输出电压高，电池能量密度大，功率密度高。功率密度≥600～800W/kg，能量密度≥85～120Wh/kg，循环寿命≥1000～2000 次，安全性满足国家标准或规范。自放电小。

4) 锂离子电池的优缺点

（1）优点。

①锂离子电池单体工作电压高达到 3.7V，高于其他类型的蓄电池，是镍电池的 3 倍，是铅酸蓄电池的 2 倍。更能适合于电动汽车，是目前电动汽车主要的电源。

②锂离子电池的比能量高达到 150Wh/kg。能量密度高达 400Wh/L，功率密度达到 400～500W/L，比功率高达 1500～2000W/kg，功率密度达到 400～500W/L，是镍电池的 2 倍，是铅酸蓄电池的 4 倍。要比镍电池的体积和质量小 50% 左右。是铅酸蓄电池体积的 1/3～1/2，质量的 1/4。

③锂离子电池的负荷能力大，容量和功率方面均有很大的优势。可以连续大电流放电，适合于电动汽车的动力性能要求。

④充放电效率高，电池循环寿命可达 1000～2000 次。自放电率低，有较好的充、放电特性，没有记忆效应。

⑤锂离子电池有良好的稳定性，电池内部不存在金属。环保性好。

（2）缺点。

①锂离子电池快速充、放电的性能较差。需要配备专用充电设备。

②要求严格的安全措施，配备电池管理系统及电子保护电路，监测电池充放电过程，确保电池组的稳定性及各个单体电池之间的一致性，并防止过充、过放。

③电极材料成本较高，电池管理和使用较复杂。

3. 磷酸铁锂电池

磷酸铁锂电池（$LiFePO_4$）是磷酸铁锂离子电池的简称，也称为"锂铁（LiFe）动力电池"或"铁电池"。磷酸铁锂电池是指用磷酸铁锂作为正极材料的锂离子电池。与其他锂电池最大的区别是电池的正极加入了铁元素。铁锂是最近几年才刚开始研究的一种很有潜力的材料，其安全性能与循环寿命是其他材料所无法相比的，这些也正是动力电池最重要的技术指标。

目前用作锂离子电池的正极材料主要有：$LiCoO_2$、$LiMn_2O_4$、$LiNiO_2$ 及 $LiFePO_4$。这些组成电池正极材料的金属元素中，钴（Co）最贵，并且存储量不多，镍（Ni）、锰（Mn）较便宜，而铁（Fe）最便宜。采用 $LiFePO_4$ 正极材料做成的锂离子电池应是最便宜的，并且环保性能良好，对环境无污染。

1) 结构与工作原理

磷酸铁锂电池结构如图 3-11 所示。左边是橄榄石结构的 $LiFePO_4$ 作为电池的正极，由

正极
(铝箔)

电解质

Li^+
(Li-ion)
FeO_6
(iron)

PO_4
(磷化物)　聚合物隔膜　负极　磷
　　　　　　　　(铜箔)(石墨)

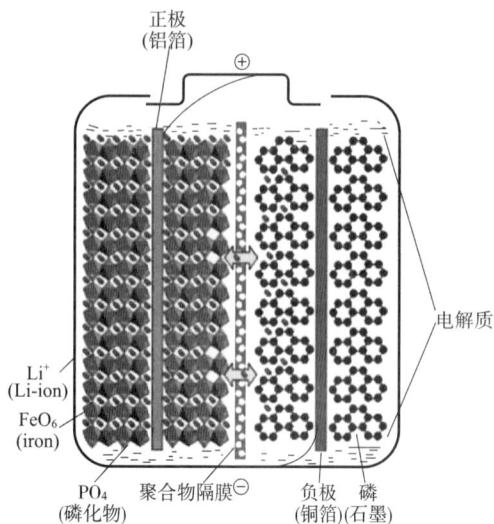

图3-11　磷酸铁锂电池

铝箔与电池正极连接,中间边是聚合物的隔膜,它把正极与负极隔开,但锂离子 Li 可以通过而电子 e^- 不能通过,右边是由碳(石墨)组成的电池负极,由铜箔与电池的负极连接。电池的上下端之间是电池的电解质电池由金属外壳密闭封装。

$LiFePO_4$ 电池在充电时,正极材料中的锂离子 Li^+ 脱嵌(脱出),经电解液穿过聚合物隔膜插入(进入)到负极材料中,完成迁移;在电池放电过程时,负极中的锂离子 Li^+ 脱插(脱出),经电解液,穿过聚合物隔膜嵌入(进入)到正极材料中,完成迁移。锂离子电池就是因锂离子 Li^+ 在充、放电时来回迁移而命名的。具体的迁移为:

(1)电池充电时,Li^+ 从磷酸铁锂晶体的010面迁移到晶体表面,在电场力的作用下,进入电解液,穿过隔膜,再经电解液迁移到石墨晶体的表面,然后嵌入石墨晶格中。与此同时,电子经导电体流向正极的铝箔集电极,经极耳、电池极柱、外电路、负极极柱、负极极耳流向负极的铜箔集流体,再经导电体流到石墨负极,使负极的电荷达至平衡。

(2)电池放电时,Li^+ 从石墨晶体中脱嵌出来,进入电解液,穿过隔膜,再经电解液迁移到磷酸铁锂晶体的表面,然后重新经010面嵌入到磷酸铁锂的晶格内。与此同时,电池经导电体流向负极的铜箔集电极,经极耳、电池负极柱、外电路、正极极柱、正极极耳流向电池正极的铝箔集流体,再经导电体流到磷酸铁锂正极,使正极的电荷达至平衡。

从以上工作原理得知,磷酸铁锂电池的充放电过程需要锂离子和电子的共同参与,而且锂离子的迁移速度与电子的迁移速度要达至平衡。这就要求锂离子电池的正负电极必须是离子和电子的混合导体,而且其离子导电能力和电子导电能力必须一致。为改善正、负极的导电性,需在电极中加入导电剂。

2)主要性能

$LiFePO_4$ 单体电池的标称电压为 3.2V,充电终止电压是 3.6V ,在放电终止电压是 2.0V。比能量可达到120Wh/kg,具有比功率高、耐高温、寿命长、环保性能好、快速充电、充放电性能优良,以及耐过充放电能力强等特点。

快速充电时间约 15min 达到80% 电量。工作温度在 $-20\sim65℃$,循环寿命可达 2000 次,是现代电动汽车的动力电池的主要选用电池。

与其他锂离子电池的正极材料相比,磷酸铁锂电池具有良好的稳定性和安全性能。不会发生起火或爆炸,并且没有毒性,价格也较低廉。但批量生产的磷酸铁锂动力电池存在单体电池之间的"不一致性",导致磷酸铁锂动力电池组的性能不稳定,因此需要加强对磷酸铁锂电池组的管理。

磷酸铁锂中所有的活性物质在自然界环境中能够被降解或被吸收,并且能够实现二次回收利用。

同一型号规格的磷酸铁锂电池,因电极材料、电解质及工艺存在的差异,电池容量有较大差异(10%～20%)。

3)磷酸铁锂的充电应用

由于磷酸铁锂动力电池具有上述特点,并且生产出各种不同容量的电池,很快得到广泛的应用。它主要应用领域有:

(1)纯电动汽车、油电混合动力汽车、景点游览车、高尔夫球车、铲车、电动自行车等。

(2)电动工具:电钻、电锯、割草机、医疗器械等。

(3)太阳能及风力发电的储能设备。

(4)UPS及应急灯、警示灯及矿灯(安全性最好)等。

4)磷酸铁锂电池与三元锂电池

(1)磷酸铁锂电池:其特色是不含钴等贵重元素,原料价格低且磷、铁存在于地球的资源含量丰富,不会有供料问题。其工作电压适中(3.2V)、单位质量下电容量大(170mAh/g)、高放电功率、可快速充电且循环寿命长,在高温与高热环境下的稳定性高。

磷酸铁锂电池至少具有以下五大优点:更高的安全性、更长的使用寿命、不含任何重金属和稀有金属(原材料成本低)、支持快速充电、工作温度范围广。

磷酸铁锂电池与三元锂电池相比,能量密度相对较低,低温性能较差;电池成品率低,电池组一致性差。

(2)三元聚合物锂电池:正极材料主要有镍钴锰酸锂[Li(NiCoMn)O_2]和镍钴铝酸锂等三元材料的锂电池。三元锂电池的标称电压达到3.7V,在容量上已经达到或超过钴酸锂电池水平。电池的能量密度优于磷酸铁锂电池。磷酸铁锂电池单体,能量密度为120Wh/kg,成组后为80Wh/kg;三元锂电池单体,能量密度为180Wh/kg,成组后能量密度为110Wh/kg。目前,随着配方的不断改进和结构完善性能逐步得到提高。

镍钴锰酸锂电池、镍钴铝酸锂等三元材料的锂电池,其高温结构不稳定。在200℃左右发生分解,导致高温安全性差,且pH值过高易使单体胀气,进而引发危险。而磷酸铁锂材料是在800℃左右,并且三元锂材料的化学反应更加剧烈,会释放氧分子,在高温作用下电解液迅速燃烧,发生连锁反应。比磷酸铁锂材料更容易着火。且造价较高。

磷酸铁锂电池技术相对比较成熟,是目前性能比较稳定的锂离子电池,而三元锂电池因其稳定性较差进而安全性受到质疑,近年来,随着三元锂电池技术和控制技术的发展,三元锂电池的安全性能得到一定程度的改善和提高。加上其能量密度高的优势,三元锂电池也得到广泛的应用。如在特斯拉、北汽E160、E200等纯电动汽车的应用。

锂离子电池的性能指标比较见表3-2。

锂离子电池的性能指标比较　表3-2

指标	三元材料电池		磷酸铁锂 （LFP）	锰酸锂 （LMO）	钴酸锂 （LCO）
	镍钴铝（NCA）	镍钴锰（NCM）			
分子式	LiNixCoyAl1－x－yo2	LiNixCoyMn1－x－yo2	LiFePO$_4$	LiMn$_2$O$_4$	LiCoO$_2$
克容量 （mAh/g）	160～190	160～190	130	90	145

续上表

指标	三元材料电池		磷酸铁锂（LFP）	锰酸锂（LMO）	钴酸锂（LCO）
	镍钴铝（NCA）	镍钴锰（NCM）			
电压平台（V）	3.7	3.6	3.2	3.8	3.7
现阶段比能量（Wh/kg）	>180	160～180	120～130	130～150	150～180
振实密度（g/cm³）	2.0～2.4	2.0～2.3	1.0～1.4	2.2～2.4	2.8～3.0
循环寿命	>2000次	>2000次	>2000次	500～800次	>1000次
高温性能（℃）	~65	~65	~75	~45	~80
低温性能（℃）	-30	-30	-20	-20	-20
成本	低	低	高	最低	较高
材料资源	钴资源缺乏	钴资源缺乏	丰富	丰富	钴资源缺乏
综合性能	优	优	良	差	良
优点	高能量密度,低温性能好	电化学稳定,循环性能好	高安全性,循环寿命长	锰资源丰富,价格较低,安全性好	充放电稳定,生产工艺简单
缺点	高温性能差,安全性差,生产技术门槛高	用到部分金属钴,价格昂贵	低温性能较差	能量密度低,电解质相溶性较差	钴价格高,循环寿命较低

4. 镍-镉电池

1）镍-镉电池组成

镍-镉（Ni-Cd）电池是一种碱性蓄电池。由正极板、负极板、电解质和隔板组成。镍-镉电池根据需要可将单体电池按不同的组合装置在不同壳体中,得到所需要的不同电压和不同容量的电池。也可以通过串、并联的方式组成镍-镉电池组总成。镍铬蓄电池如图3-12所示。

镍镉（Ni-Cd）电池,正极为氢氧化镍,负极为海绵状金属镉,电解液多为氢氧化钾、氢氧化钠碱性水溶液。

小型密封镉镍电池的结构紧凑、坚固、耐冲击和振动,成品电池自放电小,在使用上适合大电流放电,适用温度范围广（-40～60℃）。

图3-12 镍铬蓄电池

2）工作原理

镍镉蓄电池的正极材料为球形氢氧化镍,充电时为$NiOOH$,放电时为$Ni(OH)_2$。负极材料为海绵状金属镉或氧化镉粉以及氧化铁粉,氧化铁粉的作用是使氧化镉粉有较高的扩散性,增加极板的容量。电解液通常为氢氧化钾或氢氧化钠溶液,在充放电的过程中,电解液基本不会消耗。为了增加蓄电池的容量和循环寿

命,通常在电解液中加入少量的氢氧化锂(每升电解液加 15~20g)

镍镉电池电极充、放电反应如下。

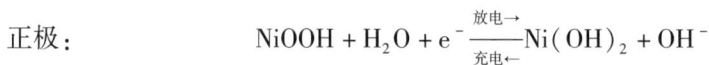

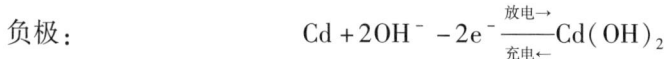

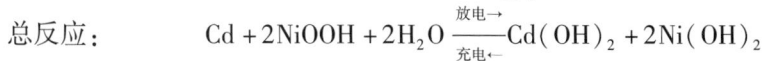

正极：

$$NiOOH + H_2O + e^- \underset{\text{充电←}}{\overset{\text{放电→}}{=\!=\!=}} Ni(OH)_2 + OH^-$$

负极：

$$Cd + 2OH^- - 2e^- \underset{\text{充电←}}{\overset{\text{放电→}}{=\!=\!=}} Cd(OH)_2$$

总反应：

$$Cd + 2NiOOH + 2H_2O \underset{\text{充电←}}{\overset{\text{放电→}}{=\!=\!=}} Cd(OH)_2 + 2Ni(OH)_2$$

充电时,随着 NiOOH 浓度的增大,Ni(OH)$_2$ 浓度的减小,正极的电势逐渐上升,而随着 Cd 的增多,Cd(OH)$_2$ 的减小,负极的电势逐渐降低,当电池充满电时,正极、负极电位均达到一个平衡值,两者电势之差即为电池之充电电压。

3)特点

镍铬蓄电池的工作电压较低,当标称电压为 1.2V,比能量为 55Wh/kg,比功率大于 225W/kg。工作温度在 −40~8℃自放电率低,充电能力强,充电 18min 即可用 40%~80% 容量。电池寿命长,理论上有 2000~4000 次的循环寿命。

镍镉电池中的镉是一种有害重金属,对环境存在污染,需回收管理。镍镉电池有记忆效应。成本高于铅酸蓄电池,为铅酸蓄电池 4~5 倍。

5.镍-氢电池

1)镍-氢电池结构

镍-氢电池(Ni-MH)也是一种碱性电池,电池组是由单体电池组合(串联或并联)而成,如图 3-13 所示。是在镍镉蓄电池的基础上发展出来的一款镍电池。镍-氢电池由正极、负极、电解质和隔膜组成。正极是活性物质氢氧化镍 Ni(OH)$_2$,负极是储氢合金,用氢氧化钾作为电解质,在正负极之间有隔膜。镍氢电池如图 3-14 所示。

图 3-13　电动汽车镍氢电池组

2)镍-氢电池的工作原理

镍-氢电池的正极,是球状氢氧化镍粉末与添加剂 Co 等金属、塑料和黏结剂等制成的涂膏涂在正极板上。在正极材料 Ni(OH)$_2$ 中添加钙(Ca)、钴(Co)、锌(Zn)或稀土元素,对稳定电极的性能有明显的改进。并采用镍粉、石墨等作为导电剂时,可以提高大电流时的放电性能。

镍-氢电池负极的关键技术是储氢合金,要求储氢合金能够稳定地经受反复的储气循环和放气循环。储氢合金用稀土系、锆系列、钛系列、镁系列的化合物为载体与钴、锰等金属元

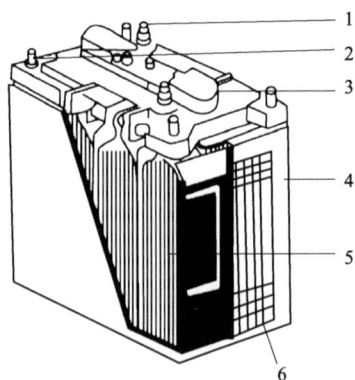

图3-14 镍氢电池结构

1-接线柱;2-冷却水;3-集中冷却循环系统;
4-塑料外壳;5-分层电极板;6-支撑隔板

素烧成的合金材料,是一种氢原子可以渗入或析出的多金属合金晶格基块。储氢合金的性能对镍氢电池的性能有直接的影响。负极储氢合金在充电或放电过程中既不溶解,也不再结晶,电极不会有结构性的变化,在保持自身化学功能的同时,还具有坚固的机械结构。通过热处理可以提高反腐性能,提升其电池的比能量、比功率和使用寿命。

电解质是水溶性氢氧化钾和氢氧化锂的混合物。当电池充电过程中,水在电解质溶液中分解为氢离子和氢氧离子,氢离子被负极吸收,负极从金属转化为金属氢化物。在放电过程中,氢离子离开了负极,氢氧离子离开了正极,氢离子和氢氧离子在电解质氢氧化钾中结合成水并释放电能。

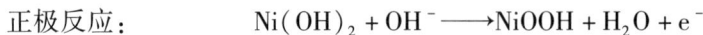

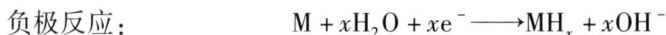

正极反应： $Ni(OH)_2 + OH^- \longrightarrow NiOOH + H_2O + e^-$

负极反应： $M + xH_2O + xe^- \longrightarrow MH_x + xOH^-$

正极　　负极　　正极

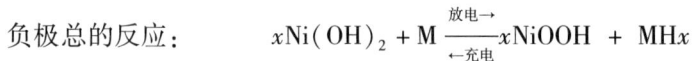

负极总的反应： $xNi(OH)_2 + M \underset{\leftarrow 充电}{\overset{放电\rightarrow}{\longrightarrow}} xNiOOH + MHx$

反应式中,M为储氢合金,MH为吸附了氢原子的储氢合金。

(1)优点。

镍-氢电池的比能量和比功率较高,比能量可达到 $70 \sim 80Wh/kg$,比功率可达 $200W/kg$ 。有高倍率的放电特性,短时间可以以 3C 放电,瞬时脉冲放电率很大。有良好的加速性能。镍金属氧化物电池的低温性能较好,循环寿命可达 1000 次以上。能够长时间存放,不会出现"记忆效应"。镍-氢电池环保性能好,电池中没有镉(Cd)和铅(Pb)等重金属元素。

(2)缺点。

镍-氢单体电池的电压为 1.2V 。充电过程中容易发热,对环境温度变化敏感。在高温状态下,正极板的充电效率变差,电荷急剧下降,并加速正极板的氧化,同时负极储氢合金也加速氧化,并使储氢合金平衡压力增加,储氢合金的储氢量减少,降低镍氢电池的性能,使电池的寿命缩短。镍金属氢化物电池在充电后期,会产生大量的氧气,如果安全阀不能及时开启,会有发生爆炸的危险。需要对蓄电池进行导热管理和蓄电池的安全管理。自放电损耗大,电池组在使用过程中各个单体电池的均匀性(不一致性)较差,特别是在高速率、深放电的情况下,各个单体电池之间的容量和电压差比较明显,不利于存放。成本为铅酸蓄电池的 $5 \sim 8$ 倍。

6. 超级电容器

超级电容器(Super Capacitor)又称电化学电容器(Electrochemical Capacitor, EC)、双电层电容器(Electrical Double-Layer Capacitor, EDLC)、黄金电容、法拉第电容,是通过极化电解质来储能的一种新型的储能元件。但在储能的过程中并不发生化学反应,具有超级储电能力,其储能过程是可逆的,可以反复充放电数十万次。其性能介于蓄电池和传统电容器之间,它兼有电池和物理电容器的特性,能提供比物理电容器更高的能量密度,比电池具有更高的功率密度和更长的循环寿命。

超级电容器是建立在德国物理学家亥姆霍兹(1821—1894)提出的界面双电层理论基础上的一种全新的电容器。众所周知,插入电解质溶液中的金属电极表面与液面两侧会出现符号相反的过剩电荷,从而使相间产生电位差。那么,如果在电解液中同时插入两个电极,并在其间施加一个小于电解质溶液分解电压的电压,这时电解液中的正、负离子在电场的作用下会迅速向两极运动,并分别在两个电极的表面形成紧密的电荷层,即双电层。超级电容器是一种电化学组件,在电极与电解液接触面间具有极高的比电容和非常大的接触表面积。

1)超级电容的结构组成

超级电容单体主要由电极、电解质、集电极、隔离膜连线极柱、密封材料和排气阀等组成。电极材料一般有碳电极材料、金属氧化物及其水合物电极材料、电导聚合物电极材料,要求电极内阻小、电导率高、表面积大、尽量薄;电解质需有较高导电性(内阻小)和足够电化学稳定性(提高单体电压),电解质材料分为有机类和无机类,或分为液态和固态类;集电极选用导电性能良好的金属和石墨等来充当,如泡沫镍、镍网(箔)、铝箔、钛网(箔)以及碳纤维等;隔离膜防止超级电容相邻两电极短路,保证接触电阻较小,尽量薄,通常使用多孔隔膜。有机电解质通常使用聚合物或纸作为隔膜,水溶液电解质可采用玻璃纤维或陶瓷隔膜。在电动汽车上广泛使用的主要是碳电极超级电容。

2)超级电容器的工作原理

超级电容器是利用双电层原理的电容器。当外加电压加到超级电容器的两个极板上时,与普通电容器一样,极板的正电极存储正电荷,负极板存储负电荷,在超级电容器的两极板上电荷产生的电场作用下,在电解液与电极间的界面上形成相反的电荷,以平衡电解液的内电场,这种正电荷与负电荷在两个不同相之间的接触面上,以正负电荷之间极短间隙排列在相反的位置上,这个电荷分布层称为双电层,电容量非常大,如图3-15所示。

图3-15 超级电容器结构原理

电容器极板上所储集的电量 q 与电压成正比。电容的计量单位为"法拉"(F)。当电容器充上1V电压,如果极板上存储1F电荷量,则该电容器的电容量就是1F。

$$C = \frac{\varepsilon A}{d}$$

式中:C——电容,F;

ε——电介质的介电常数,F/m;

A——电极表面积,m^2;

d——电容器间隙的距离,m。

3)超级电容的分类

超级电容可以按不同的方式进行分类。

(1)按照储能原理分类

因电荷分离而产生的双电层电容器,欠电位沉积或吸附电容而产生的法拉第准电容器,还有双电层与准电容混合型电容器。

(2)按照结构形式分类

两电极组成相同且电极反应相同,但反应方向相反,称为对称型;两电极组成不同或反应不同,称为非对称型。

(3)按照电极材料分类

以活性炭粉末、活性炭纤维、碳气凝胶、纳米碳管、网络结构活性炭为电极材料的超级电容;以贵金属二氧化钌、氧化镍、氧化锰为电极材料的超级电容;以聚吡咯、聚苯胺、聚对苯等聚合有机物为电极的超级电容。

(4)按照电解液类型分

水溶液体系超级电容器,这种电容器电导率高、成本低、分解电压低(1.2V);有机体系超级电容器,这种电容器电导率低、成本高、分解电压高(3.5V);固体物电解质超级电容器,这种电容器可靠性高、电导率低、无泄漏、高比能量与薄型化。

4)超级电容器的特点

超级电容器具有以下优点:

(1)超级电容的内阻小,功率密度高,可达300~5000W/kg,为蓄电池的5~10倍。

(2)循环寿命长。充电次数从数十万次到百万次,没有"记忆效应"。

(3)充电速度快。可以用大电流给超级电容充电,充电10s~10min可达到其额定容量的95%以上。

(4)工作温度范围宽。能在-40~60℃的环境温度中正常工作。

(5)简单方便。充放电线路简单,无须充电电池那样的充电电路,安全系数高,长期使用免维护;检测方便,剩余电量可直接读出。

(6)绿色环保。超级电容器在生产过程中不使用重金属和其他有害化学物质,因而在生产、使用、储存以及拆解过程均没有污染,是一种新型的绿色环保电源。

超级电容自身也存在一定的缺点:

(1)线性放电。超级电容线性放电的特性使它无法完全放电。

(2)低能量密度。目前超级电容可储存的能量比化学电源少得多。

(3)低电压。超级电容单体电压低,需要多个电容串联才能提升整体电压。

(4)高自放电。它的自放电速率比化学电源要高。

7.飞轮电池

飞轮储能电池是一种物理储能电池,起源于20世纪70年代,最初研发将其应用在电动汽车上,但限于当时的技术水平,并没有得到发展。直到20世纪90年代由于电路拓扑思想的发展,碳纤维材料的广泛应用,以及能源日趋紧缺和全球对环境污染的重视,这种新型电池又得到了高速发展。并且伴随着磁轴承技术的发展,这种电池显示出更加广阔的应用前景,现正迅速地从研发实验走向社会应用。目前欧美国家已出现实用化的产品,而我国对飞轮电池的研究才刚刚起步。

1)飞轮的组成

飞轮储能电池系统主要包括三个核心部分:一个飞轮,电机(电动机/发电机)和电力电子变换装置。飞轮电池结构如图3-16所示。

2)飞轮电池工作原理

电力电子变换装置从外部输入电能驱动电动机旋转,电动机带动飞轮旋转,飞轮储存动能(机械能),当外部负载需要能量时,用飞轮带动发电机旋转,将动能转化为电能,再通过电力电子变换装置变成负载所需要的各种频率、电压等级的电能,以满足不同的需求。飞轮电池工作原理如图3-17所示。飞轮电机由于输入、输出工作状态不同,且彼此独立的,因而,根据车辆的需要,电机工作在不同的状态(发动机和电动机状态),输入输出变换器也合并成一个,这样就可以大大减少系统的质量和体积。

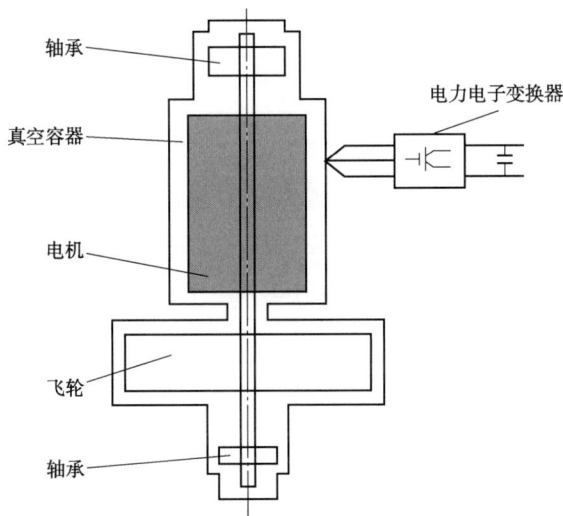

图3-16　飞轮电池结构示意图　　　　图3-17　飞轮电池工作原理

飞轮电池储能是基于飞轮以一定角速度旋转时,飞轮具有一定的转动惯量,可以将其以动能形式存储起来加以利用。飞轮作为储能的核心部件,飞轮电池存储能量 E 如下式计算:

$$E = \frac{j\omega^2}{2} \tag{3-1}$$

式中:j——飞轮的转动惯量,与飞轮的形状和质量有关;

ω——飞轮转动的角速度。

3)飞轮电池的特点

(1)优点。

①能量密度高:储能密度可达100~200Wh/kg,功率密度可达5000~10000W/kg。

②能量转换效率高:工作效率高达90%。

③体积小、质量轻:飞轮直径为20多cm,总重为十几千克。

④工作温度范围宽:对环境温度没有严格要求。

⑤使用寿命长:不受重复深度放电影响,能够循环几百万次运行,预期寿命20年以上。

⑥低损耗、低维护:磁悬浮轴承和真空环境使机械损耗可以被忽略,系统维护周期长。

(2)缺点。

①由于在实际工作中,飞轮的转速可达40000~50000r/min,一般金属制成的飞轮无法承受这样高的转速,容易解体,所以飞轮一般都采用碳纤维制成,制造飞轮的碳纤维材料目前还很贵,成本比较高。

②飞轮一旦充电,就会不停转动下去。当不用电时,飞轮还在那里转动,浪费了能量。例如给一辆飞轮电池汽车充电后,该汽车可以行驶3h,汽车行驶2h后,车主需要就餐30min,那么,这30min,飞轮就在那里白白转动。不过,也有人说,飞轮空转时,由于没有负载,能量损失不会太大,比目前存放一段时间不用的蓄电池损失的能量还要小。如果静止不动,几乎没有能量损失。解决的办法:给飞轮电池配备化学充电电池,当不需要用电时,可把飞轮转动的电能充进化学电池中。但是给飞轮电池配备化学电池带来的问题是,增加了汽车或设备的质量。

三、纯电动汽车电池管理系统

电池管理系统(Battery Management System,BMS),又称电源管理器,是用来对纯电动汽车蓄电池组进行安全监控及有效管理,提高蓄电池使用效率的装置。具有数据采集、安全预警与控制、剩余电量估算与指示、热管理、放电能量管理与过程控制、信息处理与通信等主要功能。

电池管理系统是连接车载动力电池和电动汽车的重要纽带。对于纯电动汽车而言,通过该系统对电池组充放电的有效控制,可以达到增加行驶里程,延长动力电池使用寿命,降低运行成本的目的,并保证动力电池组应用的安全性和可靠性。动力电池管理系统是纯电动汽车不可缺少的核心部件之一。

(一)电池管理系统结构原理

1.电池管理系统主要构成

电池管理系统主要由以下三部分构成,电池管理系统基本结构如图3-18所示。

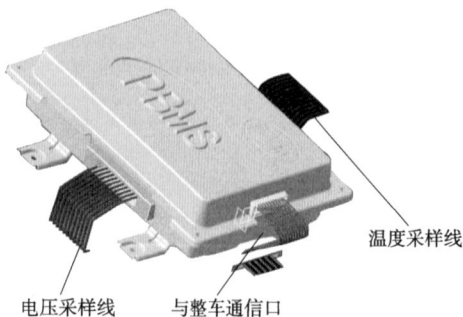

图3-18 电池管理系统(比亚迪E6)

(1)电池终端模块。通过传感器进行数据采集。如电流参数、电压参数、温度等。

(2)电池管理控制单元。主要监控电池组工作状态,并与整车控制系统进行通信协调控制充放电过程。

(3)人机交互模块及输入输出接口。主要进行数据呈现,数据、信息输入输出,实现人机交互。

2.功能原理

保证动力电池,高效安全的运行是电池管理系统的基本要求。随着电力电子技术和计算机技术的发展,电池管理系统的功能原理也得到了进一步发展。主要包括数据采集、电池荷电状态估算、能量管理、安全管理、均衡控制、热管理、通信功能与人机对接方面,如图 3-19 所示。

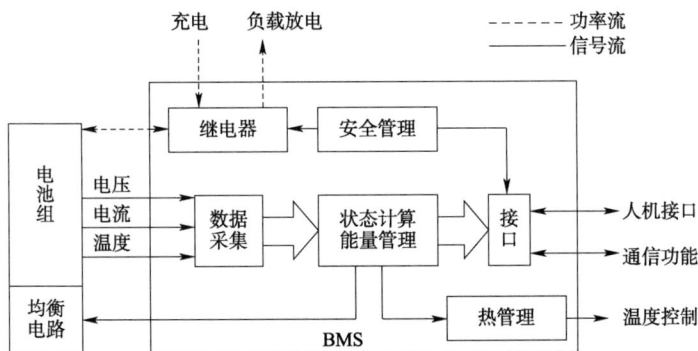

图 3-19 电池管理系统功能原理示意图

1)数据采集

精度和前置滤波特性是影响电池系统性能的重要指标。电动汽车电池管理系统的采样速率一般要求大于 $200Hz(50ms)$。

2)电池状态计算

电池状态的计算包括电池荷电状态(State of Charge,SOC)和电池组的健康状态(State of Health,SOH)两方面,SOC 提示动力电池的剩余电量,是计算和估算电动汽车续航里程的基础。SOH 用来提示电池技术状态,预计可用寿命等健康状态的参数。

3)能量管理

能量管理主要包括以电流、电压、温度、SOC 和 SOH 为输入进行充电过程控制,以 SOC、SOH 和温度等参数为条件进行放电功率控制两个部分。

4)热管理

在电池工作温度超过正常工作温度时,对其管理控制,进行冷却;在电池温度低于适宜的工作温度时,对其进行加热,使电池始终处以适宜的工作温度范围。并在电池组工作过程中总是保持电池单体间温度均衡,充分发挥电池的性能。对于大功率放电和高温条件下使用动力电池,其热管理尤为重要。

5)均衡控制

由于电池的一致性差异导致电池组的工作状态是由最差单体电池状态决定的,在电池组各个电池之间设置均衡电路,实施均衡控制是为了使各单体电池充放电工作情况尽量一致,提高整体电池组的工作性能。

6)漏电管理

电池组的漏电检测,由漏电检测传感器来检测电池组与车身间漏电电流。

7)通信功能

通过电池管理系统实现电池参数和信息与车载设备或非车载设备的通信,为充放电控制、整车控制提供数据依据是电池管理系统的重要功能之一,根据应用需要,数据交换可采用不同的通信接口,输入模拟信号、PWM 信号、CAN 总线或 I^2C 串行接口。

8）安全管理

监控电池电压、电流、温度是否超过正常范围,防止电池过充、过放。在整个监控过程中,不仅对电池组进行监控,而且对电池组的单体电池进行监控,以控制单体电池的过充、过放、过热、漏电等安全状况。

9）人机交换接口

根据实际需要设置显示信息以及控制按钮等。

10）信息存储

用于存储关键数据,如 SOC、SOH、SOF、SOE、累积充放电数、故障码和一致性等。

11）电磁兼容

由于电动汽车面临复杂电磁环境,要求 BMS 必须具有良好的抗电磁干扰能力,同时要求 BMS 对外辐射小。

（二）电池管理系统功能解析

（1）故障诊断与失效处理:故障诊断功能是 BMS 的重要组成部分,BMS 的故障诊断程序可以诊断和处理多达数百种各类故障。故障诊断可以在电池工作过程中,实时掌握电池的各种状态,甚至在停机状态下也能将电池故障信息定位到蓄电池系统的各个部分(包括电池模块)。BMS 根据故障原因对各种故障诊断分别设置了诊断程序的进入与退出条件,采用分时诊断流程,节约 CPU 的时间资源。

（2）热量管理功能:在所有的环境因素中,温度对电池的充放电性能影响最大,对蓄电池的很多特性都会产生影响。因为电池本身的化学材料比较复杂,所以为了计算方便可以将蓄电池结构进行内部电池(热源)和电池外壳的模型简化,进而进行散热仿真分析。

（3）电压采集功能:为了安全监控,电池组中的每个单体电池电压都需要采集。电动汽车动力电池组由上百节的单体电池串联,需要众多电压采样通道。测量单体电压时,存在着累积电势,且各节单体的累积电势各不相同,无法统一补偿或消除。可以采取"先集中后分布"的采集方案,提高可靠性。

（4）电流采集功能:电流的采样是估计电池剩余容量(SOC)的主要依据,因此必须选用响应速度快,具有优良线性度的高精度传感器作为电流采集单元。

（5）荷电状态(SOC)估计:目前,对 SOC 的研究已经基本成熟,SOC 算法主要分为两大类,一类为单一 SOC 算法,另一类为多种单一 SOC 算法的融合算法。单一 SOC 算法包括安时积分法、开路电压法、基于电池模型估计的开路电压法、其他基于电池性能的 SOC 估计法等。融合算法包括简单的修正、加权、卡尔曼滤波(或扩展卡尔曼滤波)以及滑模变结构方法等。

（6）电池循环寿命(SOH)估计:SOH 为电池的寿命,定义为标准状况下蓄电池可用容量占标准容量的百分比。耐久性是当前业界研究热点,表征电池寿命的主要参数是容量和内阻。一般地,能量型电池的性能衰减用容量衰减表征,功率型电池性能衰减用电阻变化表征。目前 SOH 估计方法主要分为耐久性经验模型估计法和基于电池模型的参数辨识方法。

（7）电池一致性与均衡管理:电池一致性是指同一规格型号的电池组成电池组后,各单体电池的电压、荷电量、容量及其衰退率、内阻及其随时间变化率、寿命、自放电率及其随时间变化率等参数存在一定的差别。在电池生产与成组过程中,特别是车用动力电池,如果制造环境较差,质量控制不得当,单体电池间会出现较大差异。随着使用时间的变化,车用动力电池的不一致性会变得越来越差,最终影响电池组的使用寿命。电池不一致性主要是由单体电池容量衰减差异和荷电量差异两者造成。单体电池容量的衰减是不可恢复的。而荷电量差异可以通过均衡方法来补偿。

四、动力电池的安装、连接

纯电动汽车动力电池是车辆的动力源,电源具有数百伏的直流高压,电池的安装、连接工作应该在电动汽车专业维修场所进行。电动汽车维修人员必须持证上岗(汽车维修工资质,且持有国家颁发的"强电低压"特种作业操作证),穿戴好高压防护装备,运用电动汽车专业维修工具(带绝缘防护),方可进行维修操作。

动力电池是电动汽车的核心部件之一,是纯电动汽车驱动能量的来源,直接关系到电动汽车的动力性能、续航能力,也与电动汽车的安全性直接相关。纯电动汽车的电池一般位于车辆底部前、后桥及两侧纵梁之间,这一位置碰撞安全性较高;还可以降低车辆重心,使车辆操控性更好,如图3-20所示。

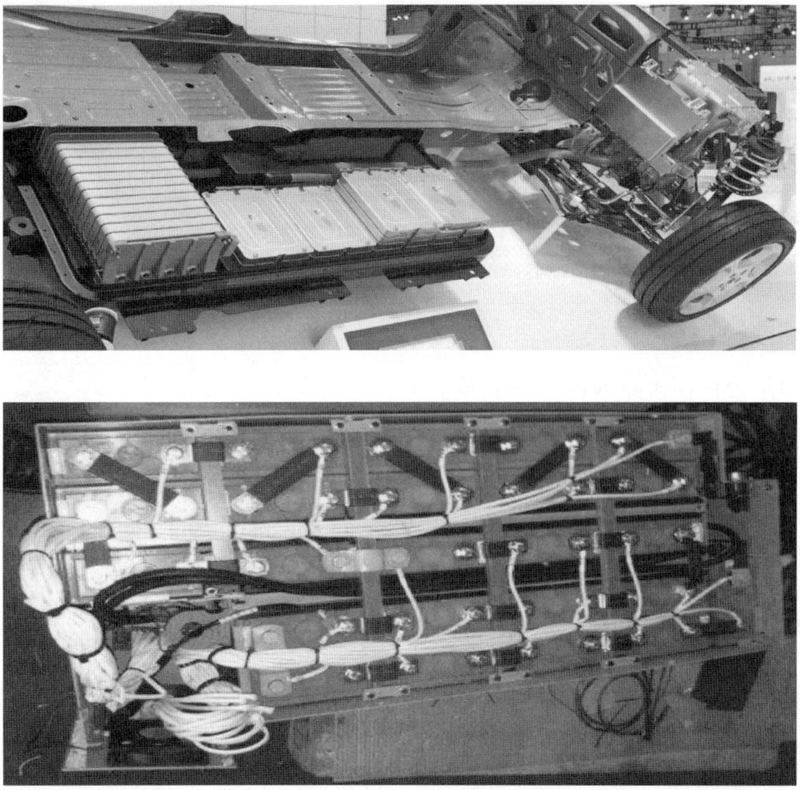

图3-20 纯电动汽车动力电池安装连接

纯电动汽车动力电池安装、连接由于车型不尽相同,维修人员必须查阅维修车辆指导手册,按要求进行操作。动力电池安装连接基本方法、步骤大体如下。

（一）上车安装前,先对电池单体及电池组进行检查及安装

（1）观察电池箱外观是否有破损等异常情况。

（2）观察电池箱的正负极与标识是否一致。

（3）检测电池箱的绝缘电阻及高压导线绝缘电阻。用绝缘电阻表（兆欧表、摇表），设置挡位为 AC1000V 时，测试箱体绝缘值，绝缘阻值应大于 50MΩ。

（4）用手持数据采集器检查电池电压，静置时同一箱内各单体电池电压差应小于 300mV。

（5）确定电池正常后揭开电池箱正负极柱的封条。

（6）根据电池组需要，连接（串、并联）单体电池为电池组（图 3-21），连接高压继电器、高压熔断器及电压传感器和温度传感器。

图 3-21　动力电池组

（二）电池组安装、调试

（1）检测是否存在短路或断路等故障。

（2）检测是否存在漏电现象。

（3）紧固安装螺栓，连接安装管路。

（4）连接电池组正负电极。

（5）连接电池管理器及控制线路。

（三）安装后检查、测试

（1）电池装车后，首先用专用万用表检测电池组的电压是否符合要求，确定电压正常后才可以打开高压开关。

（2）查看电动车仪表板显示屏的显示信息是否正常。如果存在电池故障提示信号，则需马上切断电动车电源，检查电池及电路，加以排除。

（3）通过检测信息码，查看电池箱数量、总电压以及电池温度（根据气温判定）是否正确。

（4）对比车辆信息显示屏上的单体电池电压和实际测量电压值，如果电压压差超过30mV，则需要更换、调试。

（5）单体电池电压、温度应该在车辆允许的均衡范围内。电源系统各参数均为正常时方可起动车辆。

（四）电池组安装调试中的注意事项

（1）按照电池箱的编号装配到电动车上对应的电池舱内，不得混装。

（2）将电池箱推入电池舱时应顺畅，注意位置要对正，防止将电池箱挤压变形.

（3）为防止高压触电，安装人员不得徒手接触电池的极柱。

（4）安装过程中，应断开电池组维修开关。

（5）要在无尘室内安装调试，以免遇到雨雪天气导致雨水进入电池系统。

五、动力电池组的使用、维护

（一）动力电池的使用（以锂电池为例）

相比于传统的内燃机汽车，纯电动汽车主要的差别在于动力驱动电机是车辆的唯一动力。驱动电机、动力电池、电机控制器和车载充电机是纯电动汽车动力系统的重要组成部分，与传统内燃机汽车有很大的区别。动力电池过充电，过放电，对电池的寿命和储存性能都会产生不良的影响。

使用纯电动汽车的时候，应该注意观察电动汽车电量状况，避免电池过度放电，及时为电池充电。如果长时间不使用车辆，也应该定期将电池充满电后储存。充电时应该避免过充。电池的荷电状态（SOC）可以由仪表板显示。而且使用车辆的时间越长，越能掌握纯电动汽车充电一次可行驶的里程。但要注意的是，尽量不要经常性的深度放电，以免影响电池性能及电池寿命。

一般来说，纯电动汽车每天使用后都应该及时充电，让电池浅循环，这样可以延长电池的使用寿命。同时，还可以定期对电池来一次完全放电和完全充电，这样也是很有必要性的，可以让电池更加耐用。

（二）充电电流与时间

在充电的过程中，充电电流和充电时间对电池性能有一定影响，把握充电电流和时间很重要。常规充电方式为交流慢充，此时充电电流较小。直流快充也称为应急充电，采用大电流快速充电。长期采用大电流充电会影响到电池的寿命。对于纯电动汽车所使用的锂离子电池应尽量采用常规充电方式充电。

（三）电池的存储

（1）长期存储前尽量保证电池或电池组的荷电状态 SOC≥60%，每间隔 3 个月应对电池进行一次充电，保证 SOC≥60%。

（2）存储在 -20~45℃ 的环境温度中。

（3）存储在干燥、通风、阴凉的环境中,避免阳光直射、高温、高湿、腐蚀性气体、剧烈振动等状况。

（4）禁止在连接着负载或隐性负载的状态下存储,即禁止在存储的时候有任何形式的放电行为。

（5）长期存储后若发现电池出现鼓胀、裂纹、电压值低于 2000mV 等异常状况,需要更换电池。

六、动力电源系统常见故障及检修

纯电动汽车电源系统故障主要涉及电池管理系统和动力电池组,但也与整车系统有着各种联系,相对其他系统,电池及电池管理系统的故障相对较多,也较难处理。

（一）故障检修的基本方法

1.观察法

当系统发生通信中断或控制异常时,观察系统各个模块是否有报警,显示屏上是否有报警图标,再针对得出的现象一一排查。

2.故障复现法

车辆在不同的条件下出现的故障是不同的,在条件允许的情况,尽可能在相同条件下让故障复现,对问题进行确认。排除法是当系统发生类似干扰现象时,应逐个去除系统中的各个部件,来判断是哪个部分对系统造成影响。

3.替换法

当某个模块出现温度、电压、控制等异常时,调换相同串数的模块位置,来诊断是模块问题或线束问题。

4.环境检查法

当系统出现故障时,如系统无法显示,先不要急于进行深入的考虑,因为往往人们会忽略一些细节问题。首先应该看看那些显而易见的东西:如有没有接通电源,开关是否已打开,是不是所有的接线都连接上了,或许问题的根源就在其中。

5.程序检查法

当新的程序输入后出现不明原因的故障,导致系统控制异常,可更换程序,重新输入前一版程序进行比对,来进行故障的分析处理。

6.数据分析法

当 BMS 发生控制或相关故障时,可对 BMS 存储数据进行分析,对 CAN 总线中的报文内容进行分析。

（二）电池管理系统常见主要故障及检修

1.系统供电后整个系统不工作

可能原因:供电异常、线束短路或是断路、DC/DC 无电压输出。

故障排除:检查外部电源给管理系统供电是否正常,是否能达到管理系统要求的最低工作电压,看外部电源是否有限流设置,导致给管理系统的供电功率不足;可以调整外部电源,使其满足管理系统的用电要求;检查管理系统的线束是否有短路或是断路,对线束进行修改,使其工作正常;外部供电和线束都正常,则查看管理系统中给整个系统供电的 DC/DC 是否有电压输出;如有异常可更换坏的 DC/DC 模块。

2.BMS 不能与 ECU 通信

可能原因:BMS(主控模块)未工作、CAN 信号线断线。

故障排除:检查 BMS 的电源 12V/24V 是否正常;检查 CAN 信号传输线是否退针或插头未插;监听 CAN 端口数据,是否能够收到 BMS 或者 ECU 数据包。

3.BMS 与 ECU 通信不稳定

可能原因:外部 CAN 总线匹配不良、总线分支过长。

故障排除:检测总线匹配电阻是否正确;匹配位置是否正确,分支是否过长。

4.BMS 内部通信不稳定

可能原因:通信线插头松动、CAN 走线不规范、BSU 地址有重复。

故障排除:检测接线是否松动;检测总线匹配电阻是否正确,匹配位置是否正确,分支是否过长;检查 BSU 地址是否重复。

5.绝缘检测报警

可能原因:电池或驱动器漏电、绝缘模块检测线接错。

故障排除:使用 BDU 显示模块查看绝缘检测数据,查看电池母线电压、负载母线对地电压是否正常;使用绝缘电阻表分别测量母线和驱动器对地绝缘电阻。

6.上电后主继电器不吸合

可能原因:负载检测线未接、预充继电器开路、预充电阻开路。

故障排除:使用 BDU 显示模块查看母线电压数据,查看电池母线电压,负载母线电压是否正常;检查预充过程中负载母线电压是否有上升。

7.采集模块数据为 0

可能原因:采集模块采集线断开、采集模块损坏。

故障排除:重新拔插模块接线,在采集线接头处测量电池电压是否正常,在温度传感器线插头处测量阻值是否正常。

8.电池电流数据错误

可能原因:霍尔信号线插头松动、霍尔传感器损坏、采集模块损坏。

故障排除:重新拔插电流霍尔传感器信号线;检查霍尔传感器电源是否正常,信号输出是否正常;更换采集模块。

9.继电器动作后系统报错

可能原因:继电器辅助触点断线,继电器触点粘连。

故障排除:重新拔插线束;用万用表测量辅助触点通断状态是否正确。

10.不能使用充电机充电

可能原因:充电机与 BMS 通信不正常。

故障排除:更换一台充电机或 BMS,以确认是 BMS 故障还是充电机故障;检查 BMS 充电端口的匹配电阻是否正常。

11. 车载仪表无 BMS 数据显示

可能原因:主控模块线束连接异常。

故障排除:检查主控模块线束是否有连接完备,是否有汽车正常的低压工作电压,该模块是否工作正常。

12. 部分电池箱的检测数据丢失

可能原因:整车部分接插件可能接触不良,或者 BMS 从控模块不能正常工作。

故障排除:检查接插件接触情况或更换 BMS 模块。

(三)动力电池组常见主要故障级检修

1. 电压类故障

1)电池电压高

满电静置后,电池单体或个别电池模块电压明显偏高,其他单体正常。

可能原因:

①采集误差;

②LMU 均衡功能差或失效;

③电芯容量低,充电时电压上升较快。

处理方法:

①单体电压显示值较其余单体偏高,测量单体实际电压值进行比对,若实际值较显示值低,且与其他单体电压相同,则以实际值为标准对 LMU 单体电压进行校准;若测量值与显示值相符,则人工对单体电池进行放电均衡。

②检查电压采样线是否断裂、虚接。

③更换 LMU。

2)电池电压低

满电静置后,电池单体电压明显偏低,其他单体正常。

可能原因:

①采集误差;

②LMU 均衡功能差或失效;

③电芯自放电率大;

④电芯容量低,放电时电压下降较快。

处理方法:

①单体电压显示值较其余单体偏低,测量单体实际电压值进行比对,若实际值较显示值高,且与其他单体电压相同,则以实际值为标准对 LMU 单体电压进行校准;若测量值与显示值相符,则人工对单体电池进行充电均衡。

②检查电压采样线是否断裂,虚接。

③更换 LMU。

④对故障电池包进行更换。

3）压差

动态压差/静态压差。充电时单体电压迅速至满电截止电压跳枪;踩加速踏板时,单体电压比其他串下降迅速;踩制动踏板时,单体电压比其他串上升迅速。

可能原因:

①连接电池铜牌紧固螺母松动;

②连接面有污物;

③电芯自放电率大;

④电芯焊接连接铜牌开焊(造成该串单体容量低);

⑤个别单体电芯漏液。

处理方法:

①对螺母进行紧固;

②清除连接面异物;

③对单串电池进行充/放电均衡;

④对问题电池包进行更换。

4）电压跳变

车辆运行或充电时,单体电压跳变。

可能原因:

①电压采集线连接点松动;

②LUM 故障。

处理方法:

①对连接点进行紧固;

②更换 LMU。

2．温度类故障

1）热管理故障

(1)加热故障(加热片):温度低于某一数值时,在充电时,加热不开启。

可能原因:

①加热继电器或 BMS 故障;

②加热片或继电器供电电路异常。

处理方法:

①修复或更换加热继电器或 BMS;

②检查修复供电电路。

(2)热故障(风扇):温度高于某数值后,风扇未工作。

可能原因:

①风扇继电器或 BMS 故障;

②风扇或继电器供电电路异常。

处理方法:

①修复或更换风扇继电器或 BMS 故障;

②检查修复供电电路异常。

2）温度高

电池系统中某几个单体电池温度点偏高,运行或充电中达到报警阈值。

可能原因:

①温度传感器故障;

②LMU 故障;

③电连接异常局部发热;

④风扇未开启,散热差;

⑤靠近电机等热源;

⑥过充电。

处理方法:

①测量温度传感器电阻值与显示值进行比对,若实际值较显示值低,且与其他温度值相同,则以实际值为标准对 LMU 温度值进行校准;

②紧固电连接点,清楚连接点异物;

③确保风扇开启;

④增加隔热材料与热源进行隔离;

⑤暂停运营进行散热;

⑥立即停止充电;

⑦更换 LMU。

3）温度低

电池系统中某个或者某几个温度点偏低,运行或充电中达到报警阈值。

故障原因:

①温度传感器故障;

②LMU 故障;

③局部加热片异常。

处理方法:

①测量温度传感器电阻值与显示值进行比对,若实际值较显示值高,且与其他温度值相同,则以实际值为标准对 LMU 温度值进行校准;

②检查修复加热片;

③更换 LMU。

3. 充电故障

1）直流充电故障

充电无法起动,充电跳枪,充电结束后 SOC 不复位。

可能原因:

①电池故障(电压、温度、绝缘等异常);

②BMS 故障(充电模块或充电 CAN 异常);

③主负、充电继电器异常;

④CC1 对地电阻、CC2 对地电压异常;

⑤PE 地异常。

处理方法：

①排除电池故障；

②修复/更换失效部件；

③截存充电报文,分析故障原因。

2)交流充电故障

故障原因：

①电池故障(电压、温度、绝缘等异常)；

②BMS 故障(充电模块或充电 CAN 异常)；

③主负、充电继电器异常；

④CC 对地电阻、CP 对地电压异常；

⑤PE 地异常。

处理方法：

①排除电池故障；

②修复/更换失效部件；

③截存充电报文,分析故障原因。

4.绝缘故障

故障原因：电池箱或插件进水,电芯漏液,环境湿度大,绝缘误报,整车其他高压部件(控制器、压缩机等)绝缘不佳。

处理方法：正极对地,如果有电压或绝缘阻值小于规定值,则判处负极电路漏电；负极对地,如果有电压或绝缘阻值小于规定值,则判处正极电路漏电。根据其漏电电压大小除以此时的单串电压值就可以计算出漏电点位,然后根据不同情况分析处理。

5.通信故障

BMS 通信故障或整车没有 BMS 信息。

故障原因：

①LMU/BMS 故障；

②LMU/BMS 供电电路或通信线路接触不良或故障；

③信号干扰。

处理方法：

①更换 LMU/BMS；

②检查修复供电电路/通信线路；

③检屏蔽查线,查找消除干扰源。

6.SOC 异常

现象：SOC 在系统工作过程中变化幅度很大,或者在几个数值之间反复跳变；在系统充放电过程中,SOC 有较大偏差；SOC 一直显示固定数值不变。

可能原因：电流不校准；电流传感器型号与主机程序不匹配；电池长期未深度充放电；数据采集模块采集跳变,导致 SOC 进行自动校准。

SOC 校准的两个条件：

①达到过充保护；

②平均电压达到设定电压以上。客户电池一致性较差,过充时,第二个条件无法达到。通过显示查看电池的剩余容量和总容量;电流传感器未正确连接。

故障排除:在触摸屏配置页面里校准电流;改主机程序或者更换电流传感器;对电池进行一次深度充放电;更换数据采集模块,对系统 SOC 进行手动校准,建议客户每周做一次深度充放电;修改主机程序,根据客户实际情况调整"平均电压达到设定电压以上"。设置正确的电池总容量和剩余容量的;正确连接电流传感器,使其工作正常。

7.电流异常

故障原因:

①霍尔及其输入输出电路;

②霍尔反装;

③直流充电时如果 BMS 需求电压或电流为 0 时,充电机按最小输出能力输出。

处理方法:

①更新 BMS 程序;

②修复/更换失效部件。

技能实训

动力电池组总成换电操作(以北汽 EV160 车型为例)

(一)实训目的

学会纯电动汽车更换电池的方法和步骤。

(二)主要实训内容

学习纯电动汽车电池总成更换的基本方法。学会纯电动汽车电池拆装、电池电路插口连接和电池断电/上电操作。学习更换电池的安全注意事项,学会操作要领。

(三)实训方法、步骤

(1)检查举升机并调校设备仪器,准备电动汽车维修专用工具。实施车辆防护,铺垫高压防护绝缘垫,监测工具、设备绝缘电阻值。

(2)车辆初步检查。

①检查车辆状态、确认已驻车制动,状况安全。确认车辆处于 N 挡状态,起动车辆,查看仪表板的显示有无故障。

②将电门钥匙保持在 ON 位置。连接故障诊断仪,用故障诊断仪读取故障码。

③填写任务单。记录故障问题。

④关闭电门开关,拔出钥匙装在衣袋内。

(3)高压系统断电及绝缘监测。

①断开 12V 蓄电池负极。做好负极(电极)线的相关保护措施。

②拔出(断开)高压控制箱 PDU 控制电路 35 针插件(图 3-22),断开高压系统回路。并在 PDU 端安装安全密封塞。

图 3-22　PDU 控制电路 35 针插件

③设置警示标志。

(4)举升车辆。

①车辆支撑稳固,平稳举升车辆,升至所需高度,举升机落锁确保安全。

②拆除动力电池护板。

③检查低压控制电路接口(黑色)及线束,并拔出插头。

④检查高压电路接口(橙色)及线束,并拔出插头,如图 3-23 所示。

⑤测量动力电池端插座母线正负输出端电压,如图 3-24 所示。

⑥用放电工装对高压负载端进行放电。

(5)动力电池拆卸。

①推入动力电池举升车。调整电池举升车,使之托住动力电池底部,如图 3-25 所示。

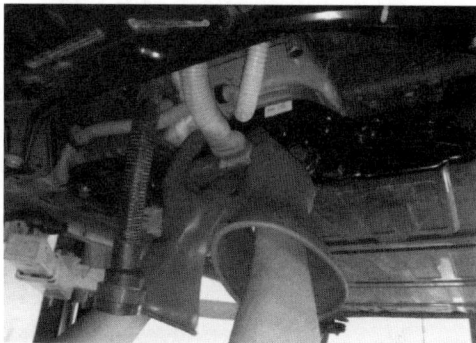

图 3-23　检查高压接口及线束

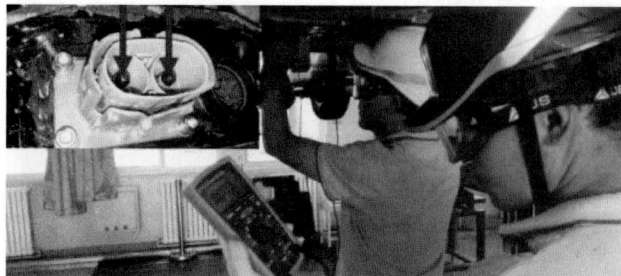

图 3-24　测量母线正负输出电压

②拆卸动力电池连接螺栓。放下动力电池。

③清洁动力电池外观。更换动力电池。

(6)动力电池安装。

①将待安装电池放置于电池举升车上,并将动力电池的举升车推入举升机托举起来待安装电池的车辆下方。

图 3-25　电池举升车托举电池

②升起电池举升车,并调整电池举升车位置,使动力电池定位销对准销孔,继续提升电池举升车高度,让动力电池定位销插入销孔,并紧贴安装架。

③拧紧连接螺栓、使其固定牢靠。

④连接动力电池外部高压插头和低压、控制线路插头。

⑤安装低压控制线束插件。

⑥装上动力电池护板。

⑦移除电池举升车,安全将车辆从举升机上放下。

⑧取出 PDU 端的安全密封塞。恢复 PDU 控制电路 35 针插件。

⑨连接 12V 蓄电池负极。

⑩打开电门,起动车辆,观察仪表板。仪表显示 READY,如图 3-26 所示。

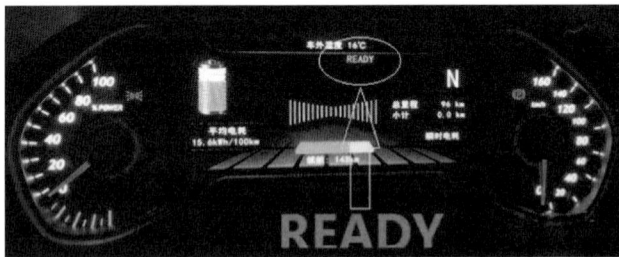

图 3-26　仪表显示 READY

⑪用故障诊断仪再次读取故障码,无故障码。充电验证,仪表显示正常,即完成电池更换。

⑫撤除警示标志。

(四) 注意事项

(1)设置安全警戒隔离栏,放置安全警示牌(图 2-35),放置绝缘防护垫。操作指导教师持国家强电低压"特种作业操作证"上岗。

(2)穿戴好高压防护衣裤、高压绝缘手套、高压绝缘靴,护目镜等。

(3)听从实训老师的管理、安排,严禁学生擅自拆装电器零部件。

(五)实训报告

完成实训,由学生填写实训报告,见表3-3。

实 训 报 告　　　　　　　　　表3-3

学号		姓名		性别		班级	
实训项目				实训设备			
实训内容、方法							
技术、工艺 (参数、要点)							
自我 评价							
教师 评价						20　年　月　日	

模块小结

(1)纯电动汽车电源系统主要由动力电源系统和辅助电源系统组成。动力电源系统主要由电池管理系统、动力电池模组、监控、通信系统、保护装置等组成。动力电源系统主要功能是向动力驱动系统和辅助系统提供电源。

(2)纯电动汽车的动力电池直接给动力电机提供电源,是纯电动汽车的唯一动力电源。纯电动汽车常用的动力电池按结构原理可以分为化学电池、物理电池和生物电池三大类。

(3)目前纯电动汽车动力电池主要采用蓄电池作为动力电池。蓄电池其基本组成有正电极、负电极、电解质、电池隔膜(或隔板)和电池壳体。

(4)纯电动汽车常用动力电池:铅酸蓄电池、磷酸铁锂电池、三元锂电池、镍-镉电池、镍-氢电池结构、超级电容器、飞轮电池等。

(5)电池管理系统(Battery Management System,BMS),又称电源管理器,是纯电动汽车电池系统的参数检测及控制装置,具有数据采集、安全预警与控制、剩余电量估算与指示、热管理、放电能量管理与过程控制、信息处理与通信等主要功能。

思考与练习

(一)填空题

1.动力电源系统主要由_____、_____、_____和保护装置等组成。

2.纯电动汽车常用的动力电池按结构原理可以分为_____、_____和_____三大类。

3.动力电源系统主要功能是向_____和_____提供电源。

4.$LiFePO_4$单体电池的标称电压为_____V,充电终止电压是_____V,在放电终止电压是_____V。

5.电池管理系统主要由_____、_____、_____三部分构成。

6.铅酸蓄电池正极板上的活性物质是_____,负极板上的活性物质为_____。

(二)判断题

1.开路电压是动力电池外电路处于开路状态下正、负极之间的实际端电压。　　　(　　)

2.动力电池电解质是促使电池进行电化学反应的物质。　　　(　　)

3.锂离子电池以含锂的化合物为电池负极,没有金属锂存在。　　　(　　)

4.电池管理系统BMS是用来对纯电动汽车蓄电池组进行安全监控及有效管理,提高蓄电池使用效率的装置。　　　(　　)

5.维修电动汽车蓄电池组,需要由汽车维修专业人员进行。　　　(　　)

(三)简答题

1.锂离子电池的工作原理是什么?

2.超级电容器的工作原理是什么?

3.简述充电电流与时间对动力电池的影响。

模块四 驱动电机系统与检修

学习目标

1. 认识纯电动汽车驱动电机工作原理及控制技术;
2. 认识纯电动汽车常用电机结构原理、性能特点及主要零部件;
3. 了解驱动电机控制器及相关技术;
4. 了解纯电动汽车特殊结构电机;
5. 了解驱动电机系统常见故障,学会常见检修方法。

建议课时:8课时。

一、驱动电机系统概述

纯电动汽车驱动电机系统是纯电动汽车三大核心系统之一,是车辆动力驱动系统中的电力驱动系统。其特性决定了车辆的主要性能指标,直接影响纯电动汽车动力性、操控性、经济性。

驱动电机系统主要由驱动电机、驱动电机控制器(MCU)构成,通过高低压线束、冷却管路与整车其他系统连接,如图4-1所示。

整车控制器(VCU)根据加速踏板、制动踏板、挡位等信号通过CAN网络向电机控制器(MCU)发送指令,实时调节驱动电机的转矩输出,以实现整车的怠速、加速、能量回收等功能。

电机控制器能对自身温度、电机的运行温度、转子位置进行实时监测,并把相关信息传递给整车控制器(VCU),进而调节水泵和冷却风扇工作,使电机保持在理想温度下工作。

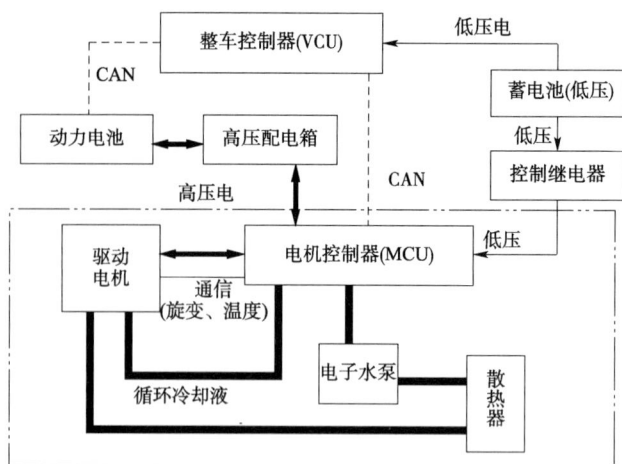

图 4-1 驱动电机系统结构

二、驱动电机

什么是电机？电机(Electrical Machine)是将电能转换成机械能或将机械能转换成电能的装置,它具有能做相对运动的部件,是一种依靠电磁感应而运行的电气装置。

驱动电机,也称为动力电机,是纯电动汽车一种专用电机,担负着纯电动汽车的驱动功能,是纯电动汽车的心脏。驱动电机同时具有电动机的驱动功能,也具有发电机的发电功能,驱动电机能根据车辆工作状态实时调整其功能状态。驱动电机的性能直接影响着纯电动汽车的性能。

(一)纯电动汽车三个主要性能

评定电动汽车性能的优劣,主要考虑以下三个性能指标:

(1)最大行驶里程(km):电动汽车在电池充满电后的最大行驶里程。

(2)加速能力(s):电动汽车从静止加速到一定的时速所需要的最小时间。

(3)最高时速(km/h):电动汽车所能达到的最高时速。

(二)驱动电机的基本要求

根据纯电动汽车的使用要求和特点,相比于普通工业用电机有着很大的不同,纯电动汽车应用的条件和工况决定对于其驱动电机有一些特殊要求:

(1)电动汽车驱动电机通常要求可以频繁地起动/停车、加速/减速,对转矩控制的动态性能要求较高。

(2)为了减少整车的质量,通常取消多级变速器,这就要求在低速或爬坡时,电机可以提供较高的转矩,通常来说要能够承受4~5倍的过载。

(3)要求调速范围尽量大,同时在整个调速范围内还需要保持较高的运行效率。

(4)电机设计时尽量设计为高额定转速,同时尽量采用铝合金外壳,高速电机体积小,有利于减少电动汽车的质量。

(5)电动汽车应具有最优化的能量利用,具有制动能量回收功能,再生制动回收的能量一般要达到总能量的 10% ~ 20% 。

(6)电动汽车所使用的电机工作环境更加复杂、恶劣,要求电机有很好的可靠性和环境适应性,同时还要保证电机生产的成本不能过高。

三、驱动电机结构原理与控制

(一)纯电动汽车常用驱动电机

电机驱动系统主要由电动机、功率器件和控制系统组成。电动机将电能转化成机械能驱动车辆,并在车辆制动时把车辆的动能再生为电能反馈到动力电池中实现车辆的再生制动。功率器件用来对电动机提供相应的电压和电流。控制系统一般包括中央处理器、检测单元、中间连接单元。它通过控制功率器件调整电动机的运行,以产生特定的转矩和转速。

车辆在行驶时电动机处于电动状态,由电源提供电能,通过电动机带动车辆行驶,在车辆制动时,车辆惯性的动能拖带电动机转动,电动机处于发电状态,将所发出的电能回馈到储能式电池中,这是电动汽车的重要的节能方法。

实际上电动汽车在滑行或下坡的过程中,汽车惯性所产生的能量,一部分消耗于保持电动汽车继续行驶时克服空气阻力行驶的一段距离,另一部分转换为电动机发电反馈的电能。实际可回收转换为电能并储存到动力电池组的为 10% 左右。

根据驱动电机的性能特点,和纯电动汽车的使用要求,纯电动汽车通常选用的驱动电机主要有:直流电动机、交流感应电动机、永磁同步电动机和开关磁阻电机。几种电机的主要性能比较见表4-1。

纯电动汽车常用电机的性能比较 　　　　　表 4-1

项　　目	直流电动机	交流感应电动机	永磁电动机	开关磁阻电动机
转速范围(r/min)	4000 ~ 6000	9000 ~ 15000	4000 ~ 10000	可以达 15000
功率密度	低	中	高	较高
功率因数(%)	—	82 ~ 85	90 ~ 93	60 ~ 65
峰值效率(%)	85 ~ 89	94 ~ 95	95 ~ 97	85 ~ 90
负荷效率(%)	88 ~ 91	79 ~ 85	90 ~ 92	78 ~ 86
10%负荷时的效率(%)	88 ~ 91	79 ~ 85	90 ~ 92	78 ~ 86
最高效率(%)	85 ~ 89	94 ~ 95	90 ~ 97	90
过载能力(%)	200	300 ~ 500	300	300 ~ 500
恒功率区比例	—	1:5	1:2.25	1:3
功率因数(%)	—	82 ~ 85	90 ~ 93	60 ~ 65
电动机质量	重	中	轻	轻
电动机外形尺寸	大	中	小	小

续上表

项　目	直流电动机	交流感应电动机	永磁电动机	开关磁阻电动机
可靠性	一般	好	较好	好
安全性	中	高	低	高
控制操作性能	最好	好	好	好
结构的坚固性	差	好	一般	优良
电动机成本	高	低	高	较高
控制器成本	高	高	高	一般
单位输出功率相对成本	1.0 元/kW	0.8 ~ 1.2 元/kW	1 ~ 1.5 元/kW	0.6 ~ 1.0 元/kW

(二) 驱动电动机基本性能指标

(1) 额定功率 P_e(kW)。电动机在额定条件运行时其轴上输出的机械功率,计算公式为

$$P_e = U_e \cdot I_e \cdot \eta_e$$

式中: U_e——额定电压,V;

$\quad\quad I_e$——额定电流,A;

$\quad\quad \eta_e$——效率,%。

(2) 峰值功率 P_{max}(kW)。电动机在额定转速运行时,电动机轴上输出的最大机械功率;电动机的峰值功率为额定功率的 2 ~ 3 倍。

(3) 额定电压 U_e(V)。电动机在额定运行时,电动机定子绕组应输入的线电压值。

(4) 额定电流 I_e(A)。电动机在额定电压下,电动机轴上输出的机械功率为额定功率时,电动机定子绕组通过的线电流值。

(5) 频率 f(Hz)。交流电的频率。我国交流电的标准频率为 50Hz,国外多采用 60Hz 的三相电流。

(6) 额定转速(r/min)。电动机在指定的频率(我国为 50Hz)时,电动机在额定电压下,电动机输出额定功率时电动机的转速。电动汽车电动机的转速:低速 3000 ~ 6000r/min;中速 6000 ~ 10000r/min;高速 10000 ~ 15000r/min。

(7) 额定转矩:电动机在额定功率和额定转速下的输出转矩。

(三) 纯电动汽车驱动电机

1. 直流电动机(DC Motor)

电动汽车发展的早期,纯电动汽车多采用直流电动机作为驱动电机,这类电机技术较为成熟,有着控制方式容易,调速优良的特点,曾经在调速电动机领域内有着最为广泛的应用。但是由于直流电动机有着复杂的机械结构,例如:电刷和机械换向器等,导致它的瞬时过载能力和电动机转速的进一步提高受到限制,而且在长时间工作的情况下,电动机的机械结构会产生损耗,提高了维护成本。

1）直流电动机的结构、分类

直流电动机主要由定子和转子两大部分组成。它主要包括主磁极、换向极、机座、端盖、电刷装置等。转子主要包括电枢铁芯、电枢绕组和换向器、轴、风扇等，如图4-2所示。转子上用来感应电动势而实现能量转换的部分称为电枢。

直流电动机分为绕组励磁式直流电动机和永磁式直流电动机。在新能源汽车所采用的直流电动机中，小功率电动机采用的是永磁式直流电动机，大功率电动机采用的是绕组励磁式直流电动机。绕组励磁式直流电动机根据励磁方式可分为他励式、并励式、串励式和复励式4种类型，如图4-3所示。

（1）他励式直流电动机。他励式直流电

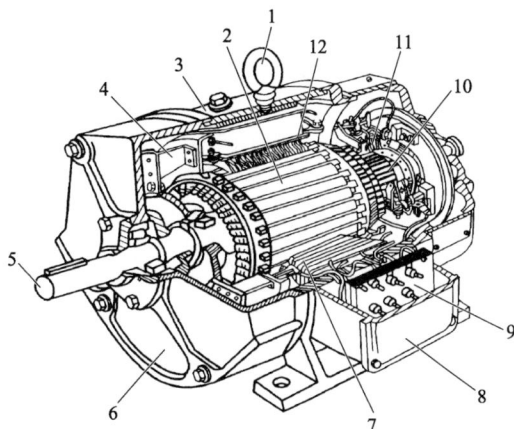

图4-2　直流电动机结构

1-吊环；2-电枢；3-外壳、机座；4-风扇；5-输出轴；6-端盖；7-换向极；8-接线盒；9-接线板；10-换向器；11-电刷架；12-主磁极

动机的励磁绕组与电枢绕组无连接关系，而由其他直流电源对励磁绕组供电。因此励磁电流不受电枢端电压或电枢电流的影响。

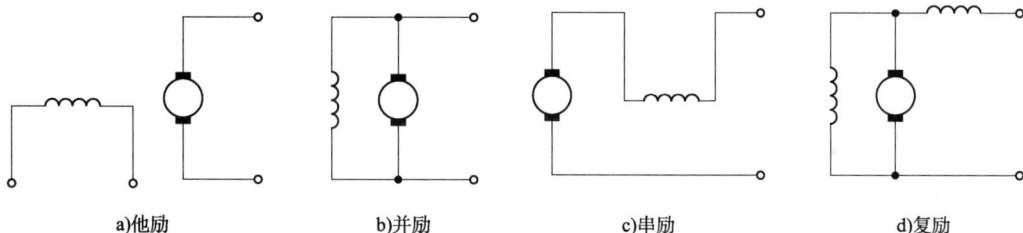

　　a)他励　　　　　　　b)并励　　　　　　　c)串励　　　　　　　d)复励

图4-3　直流电动机励磁方式

（2）并励直流电动机。并励直流电动机的励磁绕组与电枢绕组并联，共享同一电源，性能与他励直流电动机基本相同。

（3）串励直流电动机。串励直流电动机的励磁绕组与电枢绕组串联后，再接于直流电源，这种直流电动机的励磁电流就是电枢电流。

（4）复励直流电动机。复励直流电动机有并励和串励两个励磁绕组，电动机的磁通由两个绕组内的励磁电流产生。

2）直流电动机的结构原理、特点

工作原理：如图4-4所示，当直流电经过电刷导入电枢绕组（转子），且电枢绕组处于励磁磁场中，电枢绕组则受到电磁力的作用，形成电磁转矩，其方向根据左手定则确定（图4-5），力的大小为

$$F = Bil \quad (N)$$

式中：F——励磁绕组所受电磁力，N；

　　　B——载流导体所处的磁通密度，Wb/m^2；

l——载流导体长度,m;

i——导体电流,A。

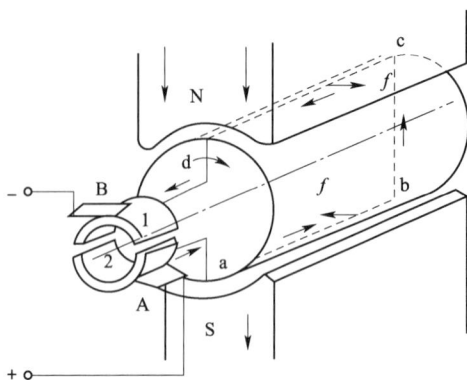

图 4-4　直流电动机工作原理　　　　　　图 4-5　左手定则

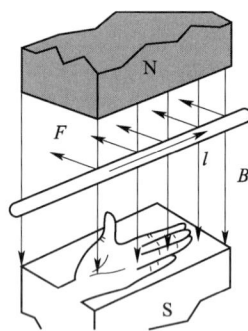

直流电动机的主要特点:

(1)无级调速,性能优良。直流电动机可以在重负载条件下,实现均匀、平滑的无级调速,而且调速范围较宽。

(2)均匀起动,转矩大。可以均匀而经济地实现转速调节,因此,凡是在重负载下起动或要求均匀调节转速的机械,例如大型可逆轧钢机、卷扬机、电力机车、电车等,都可用直流电动机拖动。

(3)控制相对比较简单。一般用斩波器控制,它具有高效率、控制灵活、质量轻、体积小、响应快等优点。

(4)电刷、换向器易损。由于存在电刷、换向器等易磨损器件,所以必须进行定期维护或更换。多用于1kW以下电动机驱动。

(5)成本高,高温存在磁衰退。纯电动汽车专用的驱动电动机和其他通用的电动机相比,应在耐高温性、抗振动性损耗性、抗负载波动件以及小型轻量化、免维护性等方面给予充分考虑。除此之外,新能源汽车用直流电动机大多在较低的电压下驱动,同时是大电流电路,因而限制了电动机转矩质量比的进一步提高。鉴于直流电动机存在以上缺陷,在新研制的电动汽车上已基本不采用直流电动机。

3)直流电动机的控制

直流电动机的转速控制主要采用电枢控制和励磁控制。

(1)控制电枢电压调速。当直流电动机电源的励磁电流 *I* 为额定值时,电动机的磁通不变,均匀地调节电枢电压 *U*,控制直流电动机实现"恒转矩"的无级调速平滑过渡,调速幅度达6~10倍。

(2)控制磁通量(调磁)调速。当直流电动机电源的电压 *U* 为额定值时,在电动机的励磁电路上装置一个调节电阻 *R*,用改变励磁电流 *I* 来改变磁通 *Φ*。直流电动机实现"恒功率"的无级调速平滑过渡,调速幅度可达3~4倍,以上方法控制方便,机械特性稳定。

电动机正、反转控制:控制直流电动机的旋转方向,就要控制其电磁力的方向。改变电磁力的方向,电动机的旋向就会改变。可以改变电枢绕组电流方向,也可以改变励磁绕组电流的方向。

2.交流异步电动机

交流异步电动机是目前应用十分广泛的一类电动机,其特点是定子、转子由硅钢片叠压而成,两端用铝盖封装,定子、转子之间没有相互接触的机械部件,结构简单,运行可靠耐用,维修方便。交流异步电动机与同功率的直流电动机相比效率更高,质量轻了1/2左右。如果采用矢量控制的控制方式,可以获得与直流电动机相媲美的可控性和更宽的调速范围。由于有效率高、比功率较大、适合于高速运转等优势,交流感应异步电动机是大功率电动汽车上应用最广的电动机。目前,交流异步电动机已经大规模化生产,有着各种类型的成熟产品可以选择。但在高速运转的情况下电动机的转子发热严重,工作时要保证电动机冷却,同时异步电动机的驱动、控制系统很复杂,电动机本体的成本也偏高,相比较于永磁式电动机和开关磁阻电动机而言,异步电动机的效率和功率密度偏低,对于提高电动汽车的最大行驶里程不利。

1)交流异步电动机的结构原理

(1)交流异步电动机的结构。交流异步电动机主要由定子和转子两大部分组成,此外,还有端盖、轴承、外壳和风扇等部件。结构如图4-6所示。

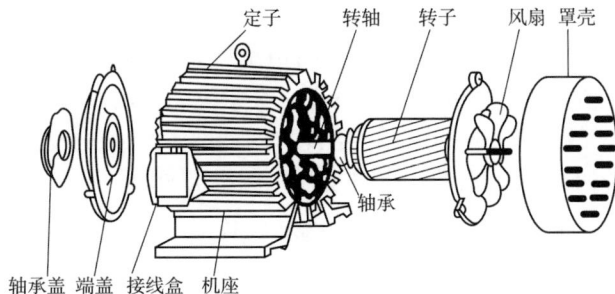

图4-6　交流电动机结构图

定子主要由定子铁芯、定子绕组和外壳构成。其作用是通入三相交流电后产生旋转磁场。

转子主要由转子铁芯和绕组构成,转子绕组分为笼型和绕线式两种形式,如图4-7所示。

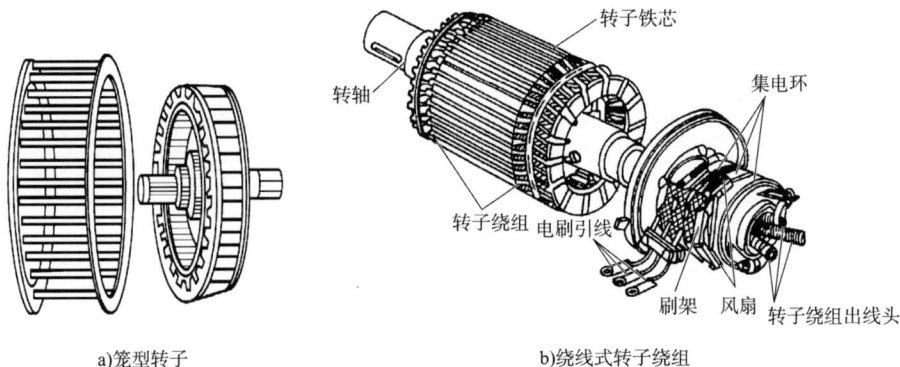

a)笼型转子　　　　　b)绕线式转子绕组

图4-7　交流异步电动机转子绕组

(2)工作原理。交流异步电动机,当三相正弦交流电输入到定子绕组中时,因三相交流电存在相位差,就会在电动机内部形成一个旋转磁场。在这个旋转磁场的作用下,转子绕组切割磁力线而产生感应电动势,并形成感应电流。当转子绕组通电后,在磁场中受电磁力的作用而产生电磁转矩,并使转子沿着定子旋转磁场的旋转方向转动,如图4-8所示。

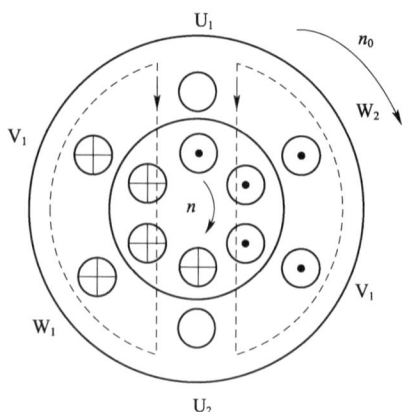

图 4-8　三相交流电动机工作原理

由三相交流异步电动机电磁转矩产生的工作原理可知,只有当转子的转速 n 低于定子旋转磁场的转速 n_0 时,转子与定子间产生相对运动时,转子绕组才会切割磁力线而产生感应电动势并产生感应电流,才能产生电磁力并形成电磁转矩,从而使转子转动起来。也就是说,电动机能够工作的基本条件是 $n < n_0$。因此,这种电动机被称为交流异步电动机。

三相异步电动机同步转速 n_0 与转子转速 n 之差 $(\Delta n = n_0 - n)$ 称为转差;转差与同步转速的百分比称为转差率,用 s 表示,电动机在额定状态下 $s_N = (2 \sim 6)\%$。

$$s = (n_0 - n)/n_0 \times 100\%$$

$$n = (1 - s)n_0 = (1 - s) \times 60f_1/p \quad (\text{r/min})$$

由以上分析可知转子转速 n 与同步转速 n_0 相差很小,电动机工作在电动状态 $n \leqslant n_0$,电动机工作在发电制动状态 $n > n_0$。改变转子转速 n 可以通过改变电源电压频率 f_1,或者改变定子磁极对数 p 实现。值得注意的是当 $s = 0$ 时,电动机以同步转速运行,也就是说同步电动机转速为 $60f_1/p$,我国标准交流电频率为 50Hz。

(3)磁极对数 p:三相异步电动机的极数就是旋转磁场的极数,旋转磁场的极数与三相绕组的安排有关。

每相绕组只有一个线圈,绕组的始端之间相差 120° 空间角时,产生的旋转磁场具有一对极,即 $p = 1$。当每相绕组为两个线圈串联,绕组的始端之间相差 60° 空间角时,产生的旋转磁场具有两对极,即 $p = 2$。同理,如果要产生三对极,即 $p = 3$ 的旋转磁场,则每相绕组必须有均匀安排在空间的串联的三个线圈,绕组的始端之间相差 40° $(120°/p)$ 空间角。极数 p 与绕组的始端之间的空间角 θ 的关系为

$$\theta = \frac{120°}{p}$$

(4)转速 n。三相异步电动机旋转磁场的转速 n_0 与电动机磁极对数 p 有关,它们的关系为

$$n_0 = \frac{60f_1}{p} \tag{4-1}$$

由式(4-1)可知,旋转磁场的转速 n_0 决定于电流频率 f_1 和磁场的极数 p。

电动机磁极对数与转速见表 4-2。

电动机磁极对数与转速　　　　　　　　　　　　　　　　　　表 4-2

项目	二极电动机	四极电动机	六极电动机	八极电动机
磁极对数 p	1	2	3	4
同步转速 n_0	3000	1500	1000	750
电动机转速 n	\multicolumn{4}{c	}{$n = (1 - s) \times 60f_1/p$}

2）交流异步电动机特点

优点：

（1）效率较高：交流异步电动机的效率高于直流电动机，这一特点对于车载能量有限的电动汽车来说格外重要。

（2）结构简单、体积较小、质量轻：相比于直流电动机，交流异步电动机转子的结构简单，尺寸小，质量轻。

（3）工作可靠、使用寿命长：交流异步电动机无电刷和换向器，不存在换向火花问题，因而工作可靠性较高，使用寿命也较长。

（4）免维护：不存在换向火花问题，无电刷磨损问题，因而在使用中无须维护。

缺点：

（1）调速性能相对较差：由于转子的转速与定子旋转磁场的旋转速度存在转差率，因而调速性能较差。

（2）配用的控制器成本较高：交流异步电动机的控制相对较为复杂，配用的控制器成本较高。

3）交流异步电动机的控制

交流异步电动机的控制大体分为两种：矢量控制（FOC）和直接转矩控制（DTC）。

（1）矢量控制。矢量控制的思想是模拟直流电动机，求出交流电动机电磁转矩与之对应的磁场和电枢电流，并分别加以控制。其特点如下：

①可以从零转速开始进行控制，调速范围很宽。

②转速控制响应速度快，且调速精度较高。

③可以对转矩实行较为精确的控制，电动机的加速特性也很好。

④系统受电动机参数变化的影响较大，且计算复杂，控制相对烦琐。

目前矢量控制理论比较完善，并日趋成熟，可基本满足电动汽车的动力性要求。

（2）直接转矩控制。在定子坐标下，通过检测电动机定子电压和电流，计算电机的磁链和转矩，并根据与给定值比较所得差值，实现磁链和转矩的直接控制。不受转子参数随转速变化而变化的影响，简化了控制结构，动态响应快，因此受到了广泛的关注。其特点如下：

①调速精度较高，响应速度快。计算简单，而且控制思想新颖，控制结构简单，控制手段直接。

②信号处理的物理概念明确，动静态性能均佳。

③调速范围较窄，低速特性有脉动现象。

在技术实现上，直接转矩控制往往很难体现出优越性，调速范围不及矢量控制宽，其根源主要在于其低速时，转矩脉动的存在以及负载能力的下降，这些问题制约了直接转矩控制进入实用化的进程。

3. 永磁电动机

永磁电动机的一个特征是转子采用永磁材料制造的，常用的永磁电动机主要有三种形式：

（1）永磁同步电动机 PMSM（Permanent Magnet Synchronous Motor）。

（2）永磁无刷直流电动机 BDCM（Brushless DC Motor）。

（3）混合式永磁电动机 HSM（Hybrid Synchronous Motor）。

永磁同步电动机输入交流正弦波电流或近似交流正弦波电流，采用转子连续位置反馈信号来控制调速或换向；永磁直流无刷电动机输入交流矩形脉冲波电流，采用转子离散位置反馈信号来控制调速或换向；混合式永磁电动机的转子，既有永磁体又有励磁绕组，永磁磁体嵌入转子铁芯中，并有励磁绕组固定在转子上，通过调节直流励磁电流和控制气隙磁通，来控制永磁电动机的调速或换向。

永磁同步电动机与永磁直流无刷电动机转子的永磁磁极的布置和结构有所不同，在定子绕组感应产生电动势的波形和定子与转子之间气隙的气密波形也会不同。经过脉宽调制，逆变器可以输出不同频率、不同大小和不同波形的电压，不同波形的电压作用时，会使得定子绕组产生不同的波形。永磁直流无刷电动机为矩形脉冲波电流，永磁同步电动机为正弦波电流，不同波形电动机的转矩有不同的算法，并产生不同的电磁转矩。不同的转矩随时间的变化也不同。永磁电动机定子绕组有集中绕组与分散绕组两种形式。

永磁式电动机的控制系统相比于交流异步电机的控制系统来说更加简单。但是由于受到永磁材料工艺的限制，使得永磁式电动机的功率范围较小，一般最大功率只有几十千瓦，这是永磁电机最大的缺点。同时，转子上的永磁材料在高温、振动和过电流的条件下，会产生磁性衰退的现象，所以在相对复杂的工作条件下，永磁式电机容易发生损坏。而且永磁材料价格较高，因此整个电机及其控制系统成本较高。

1）永磁同步电动机

永磁同步电动机 PMSM（Permanent Magnet Synchronous Motor）具有高效、高控制精度、高转矩密度、良好的转矩平稳性及低振动噪声的特点，通过合理设计永磁磁路结构能获得较高的弱磁性能，它在新能源汽车驱动方面具有很高的应用价值，受到国内外新能源汽车界的高度重视，在纯电动汽车得到广泛的应用。

（1）永磁同步电动机结构原理。

同感应电机和直流电机相似，永磁同步电动机也是由转子及定子两大部件所构成，定子结构与普通感应电动机基本相同，采用叠片结构以减小电动机运行时的铁耗。转子铁芯可以做成整体实心的，也可由叠片叠压而成，三相交流绕组在定子上，永磁体在转子上，如图4-9所示。

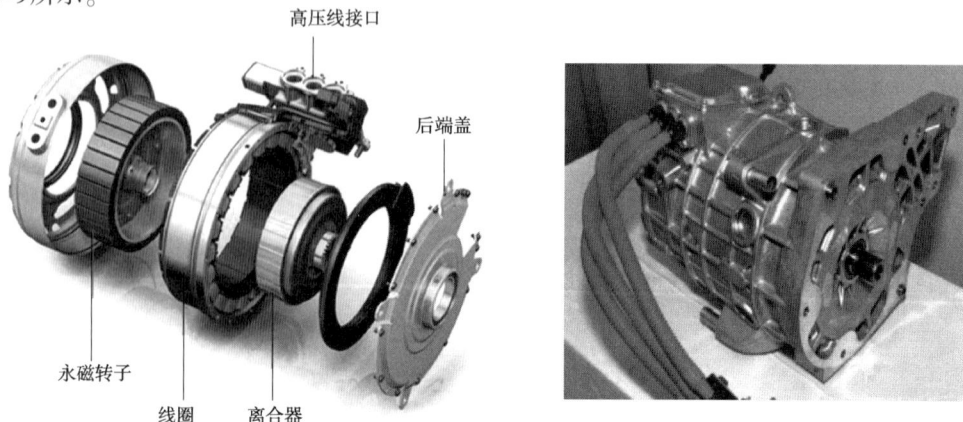

图4-9　永磁同步电动机结构

工作原理:永磁同步电动机与交流电动机相似,当定子绕组输入三相正弦交流电时,会产生一个旋转磁场,该磁场与转子的永磁体磁场相互作用,使转子产生电磁转矩,并随着定子的旋转磁场转动,由于转子的转动与旋转磁场同步,故而称之为交流同步电动机。由于同步电动机的转速 n 与定子的旋转磁场同步,因此,电动机的转速可表示为

$$n_0 = \frac{60f_1}{p}$$

式中:n_0——同步转速,r/min;

f_1——电源频率,Hz;

p——电机磁极对数。

(2)性能特点。

永磁同步电动机,其永磁材料的主要特性通常与温度有关,一般永磁体随温度的增加而失去剩磁,如果永磁体的温度超过居里温度(居里温度,是指磁性材料可以在铁磁体和顺磁体之间改变的温度,即铁磁体从铁磁相转变成顺磁相的相变温度)。则其磁性为零。退磁特性曲线也随温度变化,在一定温度范围内,其变化是可逆的,且近似线性。永磁同步电动机的特点是,永磁体在气隙中产生的磁场空间上按照正弦分布,定子三相绕组为正弦分布绕组,电动机的反电动势及电动机定子电流均为正弦波。永磁同步电动机通常采用矢量控制策略,其定子电流的直轴分量为零,其交轴电流在磁场的作用下产生电磁转矩,利用矢量控制算法可以实现宽范围的恒功率弱磁调速。永磁同步电动机的优点是效率高、体积小、质量轻、控制精度高、转矩脉动小等。但是控制器较复杂,因此造成其目前成本偏高。

(3)永磁同步电动机的控制

相对于永磁无刷直流电动机,永磁同步电动机的控制较为复杂。为了使永磁同步电动机有直流电动机那样的优良控制特性,永磁同步电动机的控制如同交流异步电动机,先后提出了多种控制方法,比如:恒压频比开环控制、矢量控制、直接转矩控制、自适应控制、滑模变结构控制、模糊控制、神经网络控制等。但由于永磁同步电动机和交流异步电动机的转子结构不同,电动机的工作方式也不一样,因而其数学模型也不同,即使采用同样的恒压频比开环控制、矢量控制、直接转矩控制等控制方法,其控制的算法及控制器电路也均会有所差别。与交流异步电动机一样,为了提高电动机的控制性能和控制精度,永磁同步电动机也应用了模糊控制、神经网络控制等智能化的控制技术。在智能化的电动机控制系统中,可将控制系统理解为多环结构,智能控制用于外环的速度控制,而内环的电流控制、转矩控制仍为传统的控制方法。

2)永磁无刷直流电动机

(1)结构原理。

永磁无刷直流电动机 BDCM(Brushless DC Motor)是在传统直流电动机基础上发展起来的,其电磁结构和传统直流电动机一样,但是无刷直流电动机的电枢绕组放在定子上,转子则是采用永磁材料制成的永磁体。永磁无刷直流电动机以电子换向器取代了机械电刷和换向器,消除了电刷的滑动接触机构。

永磁无刷直流电动机主要由电动机本体、电子换向器和转子位置传感器等零部件组成。本体主要有定子和转子两部分。结构如图 4-10 所示。

电枢绕组　定子　永磁体　永磁转子　　传感器定子　传感器转子

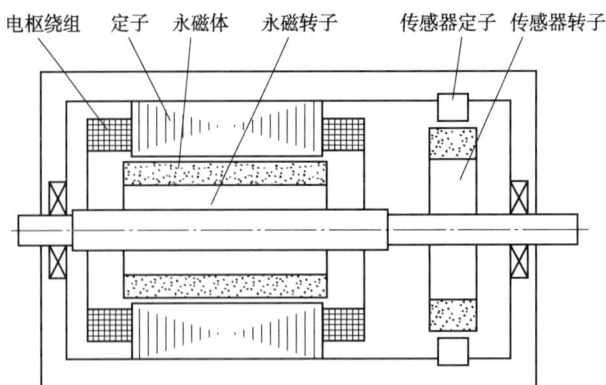

图 4-10　永磁无刷直流电动机结构示意图

定子主要由定子铁芯和电枢绕组构成。定子是固定静止不动的,转子是电动机旋转部分,是产生激磁磁场的部件,主要由永磁体、导磁体和支撑固定零件组成。基本结构如图 4-11 所示。

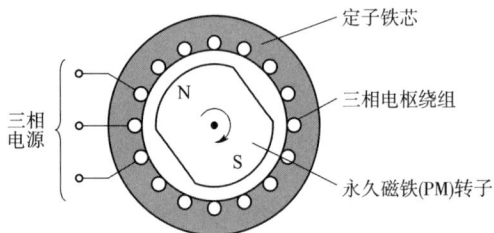

图 4-11　定子与转子结构示意图

电子换相器由功率开关和位置信号处理电路构成,主要用来控制定子各绕组通电的顺序和时间。永磁无刷直流电动机本质上是自控同步电动机,电动机转子跟随定子旋转磁场运动,因此,应按一定的顺序给定子各相绕组轮流通电,使之产生旋转的定子磁场。

永磁无刷直流电动机本体的三相绕组中通过的电流是 $120°$ 的方波(实际上是顶宽不小于 $120°$ 的梯形波),绕组在持续通过恒定电流的时间内产生的定子磁场在空间是静止不动的。而在开关换相期间,随着电流从一相转移到另一相,定子磁场随之跳跃了一个电极相位。连续换相形成旋转磁场。而转子磁场则随着转子连续旋转。这两个磁场的瞬时速度不同,但是平均速度相等,因此能保持"同步"。

位置传感器分为电磁式位置传感器、光电式位置传感器、磁敏式位置传感器等。霍尔效应磁敏传感器,简称霍尔传感器,如图 4-12 所示。其功能是检测转子磁极位置,为功率开关电路提供正确的换相信息,即将转子磁极的位置信号转换成电信号,经位置信号处理电路处理后控制定子绕组换相。由于功率开关的导通顺序与转子转角同步,因而位置传感器与功率开关一起,起着与传统有刷直流电动机的机械换向器和电刷相类似的作用。

电磁式位置传感器具有输出信号大、工作可靠、寿命长等优点,但其体积比较大,信噪比较低且输出为交流信号,需整流滤波后才能使用。光电式位置传感器性能比较稳定,体积小、质量轻,但对环境要求较高。磁敏式位置传感器的基本原理为霍尔效应和磁阻效应式,对环境适应性很强,成本低廉,但精度不高。

图 4-12　永磁电动机位置传感器

工作原理:永磁无刷直流电动机的定子有对称布置的三相绕组,并通过电子开关控制三相定子绕组及时换向。在电动机通电后,电子开关使某相定子绕组通电而产生磁场,使转子受电磁力的作用而转动起来;转子位置传感器将转子的位置转换为相应的电信号,并输入电子开关;电子开关根据转子位置传感器的信号控制电枢绕组依次通电,使定子产生的磁场旋转;旋转磁场的磁力作用于转子,使电动机转子持续转动,从而驱动车辆运行,图4-13所示。

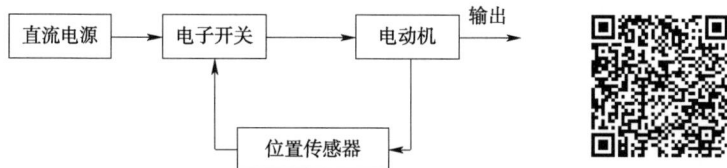

图 4-13　永磁直流无刷电动机工作原理框架图

(2)控制原理。

永磁无刷直流电动机的控制原理:是将转子磁极的位置信息转换为电子信号,为电子换相短电路提供正确的换相信息,以此控制电子换相电路中的功率开关管的开关状态,保证电动机各相按顺序导通,在空间形成跳跃式的旋转磁场,驱动永磁转子连续不断地旋转。控制方法可分为有位置传感器控制和无位置传感器控制两种。

设有位置传感器电动机可以直接通过位置传感器检测转子位置,并将位置信号转换为电信号提供给换相电路。无位置传感器的电动机可通过软、硬件间接获得转子磁极位置信号,再将位置信号转换为电信号。后者应用更加广泛。

(3)电动机的特点。

①优点:

a.电动机体积小、质量轻、比功率大,可有效地减轻质量、节省空间。

b.电动机具有低速大转矩特性,能够提供大的起动转矩,过载能力强,较高的效率。

c.无机械换向器,采用全封闭式结构,防尘好,调速范围宽泛,可靠性高。

d.制动再生能源效果好,控制系统比交流异步电动机简单。

②缺点:

a.定子磁场换向的不连续性,永磁无刷直流电动机与有刷直流电动机和交流异步电动机相比电磁转矩呈现出较大的波动性。

b.电磁转矩波动较大。

c.电动机采用了永磁体,控制器的电子元器件也相对较多,因而电动机的成本较高。

d.转子为永磁体,弱磁调节能耗较大,铜损较大。

e.需设置转子位置传感器。增加电动机结构的复杂性和故障的概率。

4.混合式永磁电动机

混合式永磁电动机 HSM(Hybrid Synchronous Motor)和永磁直流电动机一样,主要由定子部分和转子部分构成。不同的是永磁混合式电动机是在永磁直流电动机的永磁体转子基础上,增加了附加励磁绕组(图4-14),使电动机转子同时具有永磁体和附加转子绕组。因而,永磁混合式电动机加宽了转速范围。特别是能更好地控制励磁电流,在高速恒功率区运行时,对永磁体产生的气隙磁场进行弱磁控制。由于既有永磁体又用励磁绕组,所以称为永磁混合式电动机。

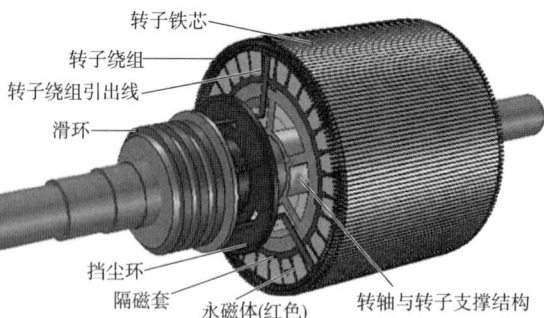

图4-14 永磁混合式电动机转子结构

永磁混合式电动机一般采用串联和并联结构。由于永磁体磁导率低,串联结构通常要求感应电动势比较高,所以没有并联结构受人们欢迎。永磁混合式电动机具有体积小、性价比高、可靠性好,运行平稳、定位准确、易于控制的特点。缺点是结构相对较复杂。

此外,混合式电动机具有如下特性:

(1)转子结构由永磁体和附加励磁绕组构成。励磁绕组固定于定子内圈,漏磁较小,结构更紧凑。

(2)电动机既有励磁绕组产生的磁场又有永磁体和附加励磁绕组产生的磁场,气隙磁通密度和功率密度都较高。通过采用磁通集中排列来安装永磁体,使其气隙磁通密度高于单独安装的永磁体。

(3)通过调节直流励磁电流的方向和大小,气隙磁通可以灵活调节,因此,转矩-转速特性能满足电动汽车驱动的特殊要求。

(4)调节电源电压和直流励磁电流,可调整、优化电动机驱动整个运行范围的效率,提高电动汽车驱动性能。如爬坡时低速大转矩和高速巡航时小转矩工作区的效率。调节励磁电流可减弱永磁电动机的气隙磁通,使恒功率运行的速度范围显著提高。

(5)永磁磁路和电励磁磁路相对独立。一般不会有永磁体不可逆转的退磁危险。

(6)永磁混合式电动机结构复杂,电励磁绕组散热困难。

5.开关磁阻电动机

开关磁阻电动机SRM(Switched Reluctance Motor)作为一种新型电动机,相比其他类型的驱动电机而言,开关磁阻电动机的结构最为简单,定子、转子均为普通硅钢片叠压而成的双凸极结构,转子上没有绕组,定子安装有集中绕组。基本结构如图4-15所示。开关磁阻电动机功率密度高,转矩-转速特性好,有较高的起动转矩和较低的起动功率,效率可以达85%～93%。转矩、转速在较宽的转速范围内,可灵活地控制,调速控制较简单,最高转速可以达15000r/min。具有结构简单坚固、可靠性高、质量轻、成本低、效率高、温升低、易于维修等诸多优点。而且它具有直流调速系统的可控性好的优良特性,同时适用于恶劣环境,非常适合作为电动汽车的驱动电机使用。

1)开关磁阻电动机的结构与工作原理

(1)开关磁阻电动机的结构。

图 4-15 开关磁阻电动机

开关磁阻电动机的定子和转子都是由硅钢片叠片组成,定子和转子采用"凸极"结构形式,也称为双凸极结构。开关磁阻电动机的定子和转子凸极有多种组合方式,开关磁阻电动机的定子凸极数量为偶数,转子凸极也是偶数,一般比定子凸极少两个,共同组成不同极数的开关磁阻电动机。

电动机的转子凸极上没有绕组,定子凸极上安装有简单的集中励磁绕组,结构互相对称的两个定子凸极上的定子绕组互相串联,构成一相。定子铁芯和定子绕组产生励磁磁场。定子励磁绕组的端部凸极形成磁极,磁通量集中于磁极区,各相磁路的磁阻是随转子位置不同而变化。开关磁阻电动机的转子上,没有滑环、绕组的导体和永久磁铁等。

最常见的三相开关磁阻电动机的定子上有 6 个凸极,转子上有 4 个凸极。四相开关磁阻电动机的定子上有 8 个凸极,转子上有 6 个凸极,如图 4-16 所示。

(2)工作原理。

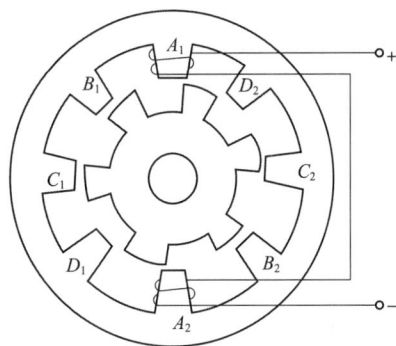

图 4-16 开关磁阻电动机定子、转子结构示意图

开关磁阻电动机是基于"磁阻最小"的原理设计的新型具有凸极结构转子的电动机。工作机理是基于电动机定子、转子回路"磁阻最小"的原理。也就是磁通总是沿磁导最大的路径闭合的原理。当定子、转子凸极中心线不重合、磁导不为最大时(磁阻不为最小),磁场就会产生电磁拉力,形成磁阻转矩,使转子转到磁导最大(磁阻最小)的位置。定子绕组不是同时三相一起通电,而是单相依次通电,当向定子各相绕组中依次通入电流时,电动机转子凸极将成对的逐极的与相应的定子凸极形成电磁回路,并在电磁力(磁阻力)的作用下,按降低磁阻阻力(增加导磁能力)的方向旋转。逐相逐步地沿着上述步骤进行,周而复始,连续转动。实现电动机的运转。如果改变定子凸极励磁绕组的通电次序,电动机将改变转子的转向。但相电流通电方向的改变是不会影响转子的转向的。

现在以三相6/4凸极结构(定子 6 个凸极,转子 4 个凸极)的开关磁阻电动机为例,具体阐述开关磁阻电动机的工作原理。图中定子磁极有三相绕组,图中仅画了 A-A' 绕组,如图 4-17 所示。

为三相6/4凸极结构的开关磁阻电动机的截面图,有 6 个定子磁极,每相对的两个定子磁极的绕组互相串联成为一相绕组(A-A'绕组、B-B'绕组和C-C'绕组)。转子沿圆周有4个均匀分布的转子磁极(1-3、2-4),转子磁极上没有线圈。定子磁极与转子磁极之间有气隙。

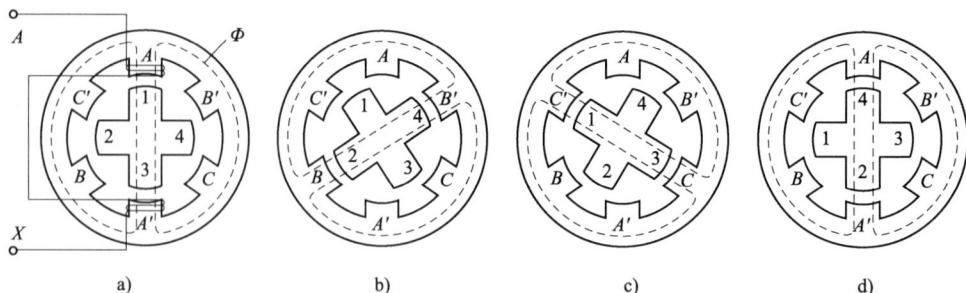

图4-17 开关磁阻电动机的工作原理

①图4-17a),当转子凸极1-3与A-A'相定子凸极对齐时,转子凸极2-4与B-B'相定子凸极相差一个角度θ($\theta = 30°$),当B相绕组单独通电,A、C相绕组不通电时,就在B相定子中建立一个以B-B'为磁极轴线的对称磁场。磁通经过定子磁轭、磁极、气隙到转子磁极和转子磁轭等处闭合,B-B'对称磁场产生的弯曲的磁力线沿旋转方向的切向产生磁阻拉力的转矩,作用于转子磁极轴2-4上,力图将转子向B-B'轴线方向拉动,迫使转子产生逆时针方向转动。在转子转动时,转子凸极2-4的磁极轴线逐渐向定子凸极的磁极轴线B-B'靠拢,当转子转过一定角度θ时,即当转子凸极2-4与定子凸极B-B'对齐时,磁场的切向磁拉力完全消失,转子达到稳定平衡位置,转子就不再转动(此时,断开B相绕组电源,以免产生相反的拉力)。

②图4-17b),当转子凸极2-4被拉动与定子B-B'凸极对齐时,转子凸极1-3与C-C'相定子凸极之间相差一个角度θ。当C相绕组单独通电,A、B相绕组不通电时,就在C相定子中建立一个以C-C'为磁极轴线的对称磁场。C-C'对称磁场产生的弯曲的磁力线沿旋转方向的切向产生磁阻拉力的转矩,作用于转子磁极轴线1-3上,力图将转子向C-C'轴线方向拉动,迫使转子继续产生逆时针方向转动。在转子转动时,转子凸极1-3的磁极轴线逐渐向定子凸极的磁极轴线C-C'靠拢,当转子转过一定角度θ时,即当转子凸极1-3与定子凸极C-C'凸极对齐时,磁场的切向磁拉力完全消失,转子再度达到稳定平衡位置(此时,断开C相绕组电源,以免产生相反的拉力)。

③图4-17c),当转子凸极1-3被拉动与定子C-C'凸极对齐时,转子凸极2-4与A-A'相定子凸极之间相差一个角度θ。当A相绕组单独通电,B、C相绕组不通电时,就在A相定子中建立一个以A-A'为磁极轴线的对称磁场。A-A'对称磁场产生的弯曲的磁力线沿旋转方向的切向磁拉力产生的转矩,作用于转子磁极轴线2-4上,力图将转子向A-A'轴线方向拉动,迫使转子继续产生逆时针方向转动。在转子转动时,转子凸极2-4的磁极轴线逐渐向定子凸极的磁极轴线A-A'靠拢,当转子转过一定角度θ时,即当转子凸极2-4与定子凸极A-A'凸极对齐时,磁场的切向磁拉力完全消失,转子再度达到稳定平衡位置,此后,不断地往复按顺序接通和断开B-B'、C-C'、A-A'……正相电流的开关时,电动机的转子即按逆时针方向连续转动。如果,定子励磁电流开关接通次序反过来,按A-A'、C-C'、B-B'……次序,电动机的转子即反向旋转。

开关磁阻电动机的旋转方向,决定于定子绕组通电次序,改变定子磁极绕组的通电方向的顺序,就可以改变开关磁阻电动机转子转动的方向。电动机的转矩大小和转速快慢则决定于定子绕组电流的大小。改变定子绕组电流的强弱就改变电动机转矩的大小和转速的快慢。

2) 开关磁阻电动机的特点

(1) 开关磁阻电动机转子上没有绕组,定子线圈的端部凸极很短,制造方便,线圈的发热量小散热性好,从而可以提高电磁负荷,电动机制造成本较降低。

(2) 开关磁阻电动机不仅效率高,而且在很宽的调速范围内都可以保持高效率,这是其他类型的电动机驱动系统难以媲美的。由于转子无线圈绕组,转动惯量小,具有较高的转矩/惯量比,适应于电动汽车高速运行。

(3) 开关磁阻电动机的转矩是靠定子、转子的凸极效应产生,绕组中相电流是单向的,同时与转矩方向无关,可以只用一个主开关器件来满足电动机运行状态。每相绕组中通入的可以是单方向的电流(脉冲),无须交变。这样不但可以使控制每相电流的功率开关组件数量减少一半,而且可以避免一般电压型逆变器中最危险的上、下桥臂组件直通的故障,不但显著降低控制装置的成本,而且大大提高了系统的安全可靠性。

(4) 开关磁阻电动机驱动系统的功率变换器电路与电动机的励磁绕组直接串联,各相电路独立供电,即使电动机的某相绕组或者控制器发生故障,只需使该相停止工作即可,不会造成更大的影响。无论电动机本体还是功率变换器都十分安全可靠,比交流异步电动机更适合用于恶劣环境。

3) 开关磁阻电动机的控制

(1) 开关磁阻电动机的控制系统组成。

开关磁阻电动机是一种新型的电动机,从结构和原理上有别于其他常用的电动机,因而,其控制方法也有别于其他电动机。开关磁阻电动机的控制系统包括:转子位置(角位移)检测器、电流检测器、转子速度检测器,它们将检测的开关磁阻电动机转子的位置信号、转子旋转速度和定子励磁绕组的电流强度,并将测得信号源转换为电信号,输送到驱动控制器 CPU,并汇合驾驶人的操作等信号,通过 CPU 控制器运算处理,通过功率变换器控制电动机转速和转矩,实现对电动机的控制,如图 4-18 所示。

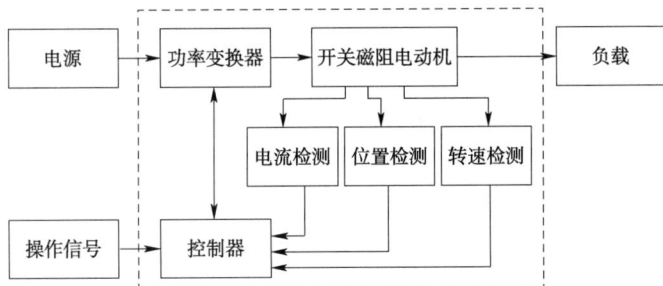

图 4-18 开关磁阻电动机控制图

(2) 定子电流和转子位置的检测。

开关磁阻电动机的工作原理决定了其定子励磁电流和转子位置检测与控制的重要性和必要性。开关磁阻电动机的电流检测是通过电流检测器完成的,常用的开关磁阻电动机的电流检测器有:电阻式电流检测器、霍尔式电流检测器和磁敏感式电流检测器等形式。电流检测器将电动机定子上各相的励磁电流强度传输到控制系统的 CPU,经过运算处理,向功率变换器发出指令,控制开关磁阻电动机定子电流的变换,从而控制转子速度和转矩的变换。

转子位置(角位移)检测器有光电式、电磁式、磁敏感式等形式。通过转子位置检测器精确地测定转子与定子的相对位置。四相开关磁阻电动机的光电式转子位置检测器,检测器齿盘开槽数与转子的开槽数相同,检测器齿盘装在开关磁阻电动机一端的轴上,在检测器齿盘随转子转动时,光源的光线被检测器齿盘的齿断续的遮断,当光线透过齿隙时,光电耦合开关导通,当光线被轮齿遮挡时,光电耦合开关截断,作为开关磁阻电动机转子位置变化的原始信号,并将位置的信号传输到控制系统的 CPU,经过运算处理,向功率变换器发出指令,控制功率变换器的功率开关的触发转换。

四、特殊驱动电机

轮毂电机技术又称为车轮内装式电机技术,是一种将电机、传动系统和制动系统融为一体的轮毂装置技术。从各种驱动技术的特点和发展趋势来看,采用轮毂电机技术是电动汽车的最终驱动形式。

1900 年,保时捷就首先制造出前轮装配轮毂电机的电动汽车,在 20 世纪 70 年代,这一技术在矿山运输车等领域得到应用。在欧美国家,轮毂电机已在载货汽车、环卫车、观光车以及商用车上有少部分应用。而对于乘用车所用的轮毂电机,日系厂商对于此项技术研发开展较早,目前处于领先地位,包括通用、丰田在内的国际汽车巨头也都对该技术有所涉足。国内目前对于轮毂电机驱动技术的研究尚不成熟,尤其是在高转矩轮毂电机开发方面,与国外先进产品仍有一定差距。

轮毂电机可采用永磁无刷、直流无刷、开关磁阻等电机类型。由于电机处于车轮轮毂内,受体积限制,要求电机为扁形结构,即电机短而粗。

(一)内、外转子轮毂电机结构

轮毂电机驱动系统根据电机的转子形式主要分成两种结构形式:内转子式和外转子式(图 4-19)。其中外转子式采用低速外转子电机,电机的最高转速在 1000 ~ 1500r/min,无减速装置,电机的外转子与车轮的轮辋固定或者集成在一起,车轮的转速与电机相同;而内转子式则采用高速内转子电机,配备固定传动比的减速器,为获得较高的功率密度,电机的转速可高达 10000r/min。随着更为紧凑的行星齿轮减速器的出现,内转子式轮毂电机在功率密度方面比低速外转子式轮毂电机更具竞争力。

1. 内转子轮毂电机

内转子外定子轮毂电机分散驱动式驱动系统布置形式采用一般的高速内转子外定子电机(图 4-20),其转子作为输出轴与固定减速比的行星齿轮变速器的太阳轮相连,而车轮轮毂通常与其齿圈连接,它能提供较大的减速比,来放大其输出转矩。驱动电机装在车轮内,形成轮毂电机,可进一步缩短从驱动电机到驱动轮的传递路径;采用高速内转子电机(转速约 10000r/min),需装固定速比减速器来降低车速,一般采用高减速比行星齿轮减速装置,安装在电机输出轴和车轮轮缘之间,且输入和输出轴可布置在同一条轴线上。高速内转子电机具有体积小、质量轻和成本低的优点,但它需要加行星齿轮变速机构。

2. 外转子轮毂电机

内定子外转子轮毂电机分散驱动式驱动系统布置形式采用低速内定子外转子电机(图

4-21、图4-22），其外转子直接安装在车轮的轮缘上，可完全去掉变速装置，驱动电机转速和车轮转速相等，车轮转速和车速控制完全取决于驱动电机的转速控制。由于不通过机械减速，通常要求驱动电机为低速大转矩电机。低速内定子外转子电机结构简单，无须齿轮变速传动机构，但其体积大、质量大、成本高。

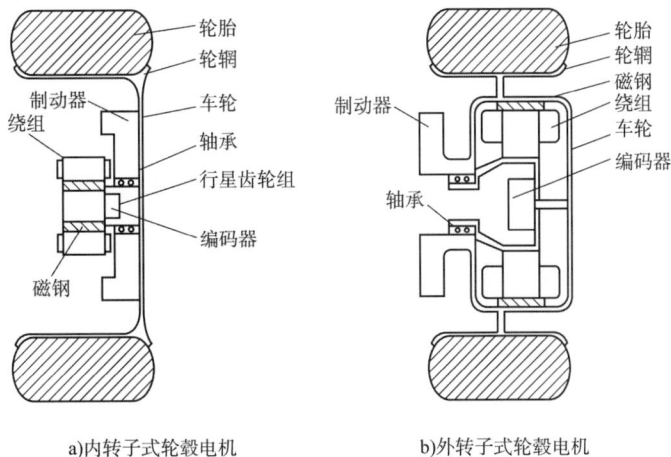

a)内转子式轮毂电机　　　　　　b)外转子式轮毂电机

图4-19　轮毂电机结构示意图

图4-20　内转子轮毂电机

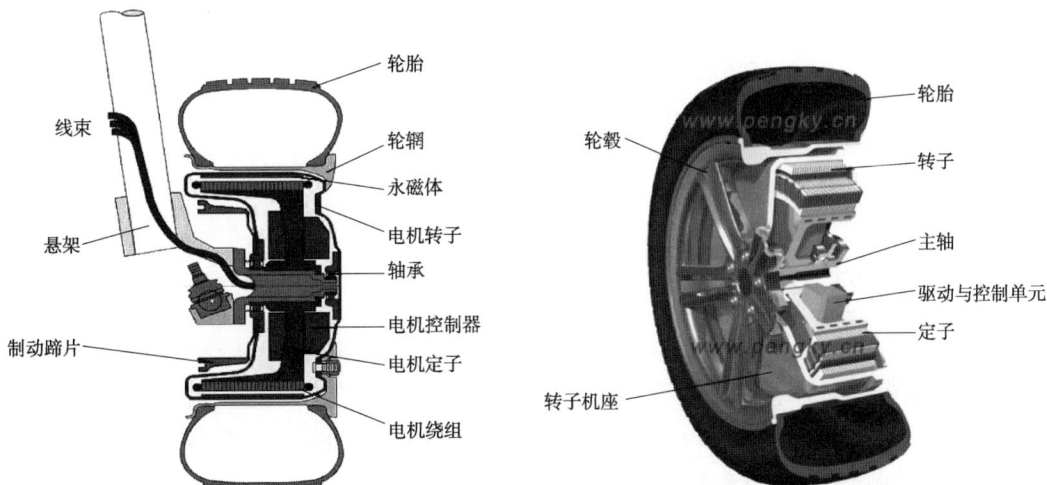

图4-21　外转子轮毂电机

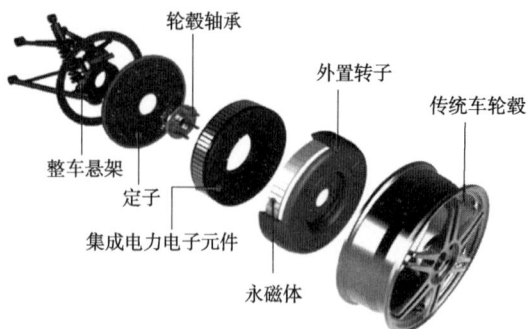

图4-22　轮毂电机结构分解图

（二）轮毂电机的特点

1.优点

（1）轮毂电机结构简单、紧凑，省略部分传动部件。轮毂驱动电机结构更为简单紧凑，采用轮毂电机驱动的车辆，省略了离合器、变速器、传动轴、差速器和分动器等部件，底盘空间较大，布置更加灵活。可以获得更好的空间利用率。

（2）轮毂电机技术可实现多种复杂的驱动方式。轮毂电机具备单个车轮独立驱动的特性，因而，比较轻松地实现前驱、后驱和四驱形式。全时四驱在轮毂电机驱动的车辆上非常容易实现，同时轮毂电机可以通过左右车轮的不同转速甚至反转实现类似履带式车辆的差动转向，大大减小车辆的转弯半径。

（3）汽车底盘主动控制性能好。轮毂电机驱动形式的动力传动链比较短，各车轮独立控制的，汽车底盘的主动控制性能好，电机的控制响应快、精度高，并且每个驱动轮由各自的控制器控制，可以实现底盘主动控制的功能，如果能在四轮中均采用轮毂电机，可以实现最理想的控制效果

（4）轮毂电机驱动适应电动汽车。电动汽车以电源为动力源，轮毂电机驱动也就派上了大用场。无论是纯电动汽车还是燃料电池电动车，都可以用轮毂电机作为驱动力；并能利用制动能量回收技术轻松回收能源。

2.缺点

（1）增大簧下质量和轮毂的转动惯量，对车辆的操控有所影响。轮毂电机较大幅度地增大了簧下质量，同时也增加了轮毂的转动惯量，这对于车辆的操控性能是不利的。

（2）电制动性能有限，维持制动系统运行需要消耗一定电能。轮毂电机系统的电制动容量较小，不能满足整车制动性能的要求，需要电动真空泵来提供制动助力，但也就意味有着更大的能量消耗。

（3）轮毂电机工作的环境恶劣，面临水、灰尘等多方面影响，在密封方面也有较高要求，同时在设计上也需要为轮毂电机单独考虑散热问题。

五、驱动电机控制器

（一）电机控制器的组成

电机控制器MCU（Motor Control Unit）就是控制主电源与驱动电机之间能量传输的装置。电机控制器是动力电机驱动系统的控制中心，又称智能功率模块。是由外界控制信号接口电路、电机控制电路和驱动电路组成。包括DSP电动机控制板、IGBT驱动电路板、IGBT（IPM）模块、控制电源、散热系统，如图4-23所示。

a)北汽EV160控制器
b)比亚迪E6控制器

图4-23 电机控制器

1. DSP 电机控制器作用

接受整车控制器的指令并反馈信息;检测电机系统内传感器信息;根据指令及传感器信息产生驱动 IGBT 的开关信号。

2. IGBT 驱动电路

接收 DSP 的开关信号并反馈相关信息;放大开关信号并驱动 IGBT;提供电压隔离和保护功能。

IGBT 模块的工作原理:IGBT 模块根据控制器主板的指令,将输入的直流电逆变成电源、频率可调的三相交流电,供给配套的三相永磁同步电机。在能量回收工况时,将驱动电机发出的交流电转换成直流电,对动力电池充电。IGBT 电路原理图如图4-24 所示。

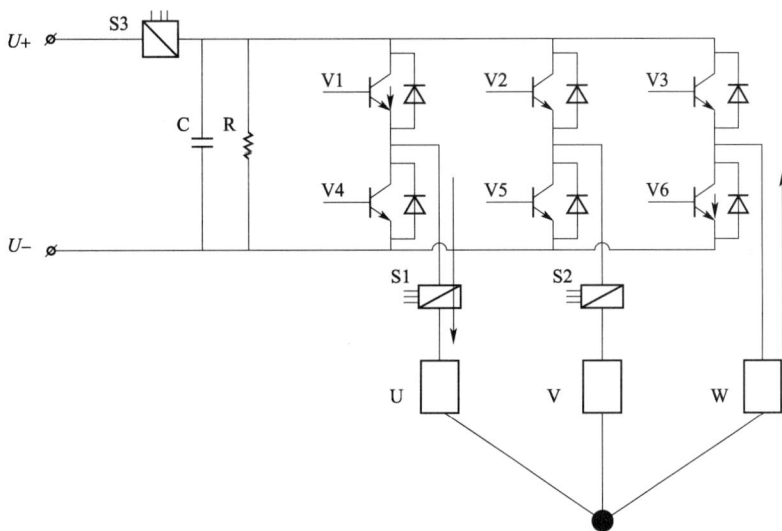

图4-24 IGBT 工作原理图(比亚迪 E6)

3. 控制电源

为 DSP 提供电源;为驱动电路提供多路相互隔离的电源。

4. 散热系统

为电力电子模块散热。通常采用冷却液循环散热。

(二)驱动电机控制器的分类

1.直流电机驱动系统

电机控制器一般采用脉宽调制(PWM)斩波控制方式,控制技术简单、成熟、成本低,但有效率低、体积大等缺点。

2.交流感应电机驱动系统

电机控制器采用PWM方式实现高压直流到三相交流的电源变换,采用变频调速方式实现电机调速,采用矢量控制或直接转矩控制策略实现电机转矩控制的快速响应。

3.交流永磁电机驱动系统

包括正弦波永磁同步电机驱动系统和梯形波无刷直流电机驱动系统,其中正弦波永磁同步电机控制器采用PWM方式实现高压直流到三相交流的电源变换,采用变频调速方式实现电机调速;梯形波无刷直流电机控制通常采用"弱磁调速"方式实现电机的控制。由于正弦波永磁同步电机驱动系统低速转矩脉动小且高速恒功率区调速更稳定,因此比梯形波无刷直流电机驱动系统具有更好的应用前景。

(三)电机控制器的原理

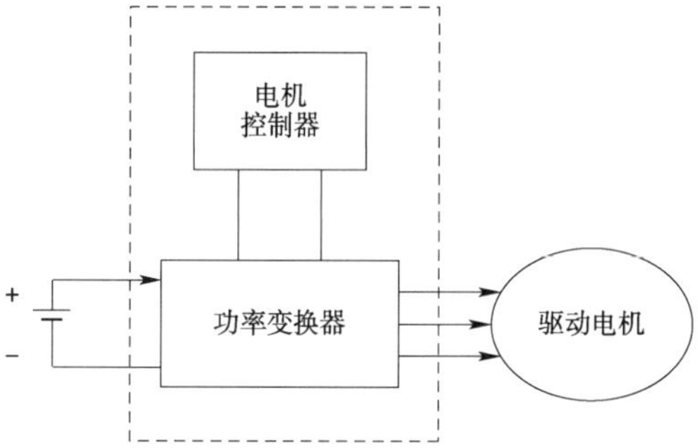

图4-25 汽车电机控制器原理示意图

电机控制器作为整个驱动系统的控制中心,它由功率变换器和控制器两部分组成。功率变换器接收电池输送过来的直流电电能,变换成驱动电机所需要的电源(如三相交流电)给汽车电机提供电源。控制器接受电机转速、旋变等信号反馈,信息也可在仪表显示。当发生制动或者加速行为时,控制器控制变频器频率的升降,从而达到加速或者减速的目的。控制原理如图4-25所示。

(四)双向逆变充放电式电机控制器 VTOG(比亚迪E6)

控制器类型为电压型逆变器,利用IGBT将直流电转换为交流电,额定电压为330V,主要功能是控制电动机和发电机等根据不同工况控制电机的正反转、功率、转矩、转速等。即控制电机的前进、倒退、维持电动车的正常运转,关键零部件为IGBT,IGBT实际为大电容,目的是控制电流的工作,保证能够按照人们的意愿输出、输入合适的电流参数。

控制器总成包含上中下三层,上下层为电动机、充电控制单元,中层为水道冷却单元,总成还包括信号接插件。包含12V电源,CAN线、挡位、加速、制动、旋变等信号,电机过温信号线,预充满信号线等。

主要功能有:

(1)控制电机正向驱动、反向驱动、正转发电、反转发电。

(2)控制电机的动力输出,同时对电机进行保护。

（3）通过 CAN 与其他控制模块通信,接收并发送相关的信号,间接地控制车上相关系统正常运行。

（4）制动能量回馈控制。

（5）自身内部故障的检测和处理。

（6）可以通过电机控制器直接从充电网上对车辆进行交流充电。

六、驱动电机系统常见故障及检修

电机的故障有机械故障与电气故障两大类,机械故障比较容易发现,而电气故障就要通过测量其电压或电流进行分析判断了。

电动汽车存在危险,注意高压安全。

（一）电机常见故障的检测与排除方法

1.电机的空载电流大

当电机的空载电流大于极限数据时,表明电机出现了故障。电机空载电流大的原因有:电机内部机械摩擦大,线圈局部短路,磁钢退磁。我们继续往下做有关的测试与检查项目,可以进一步判断出故障原因或故障部位。

电机的空载/负载转速比大于 1.5,打开电源,转动转把,使电机高速空载转动 10s 以上。等电机转速稳定以后,测量此时电机的空载最高转速 N_1。在标准测试条件下,行驶 200m 距离以上,开始测量电机的负载最高转速 N_2。空载/负载转速比 $= N_2/N_1$。当电机的空载/负载转速比大于 1.5 时,说明电机的磁钢退磁已经相当厉害了,应该更换电机里面整套的磁钢,在电动车的实际维修过程中一般是更换整个电机。

2.电机发热

电机发热的直接原因是电流大,电机的电流为 I,电机的输入电动势为 E_1,电机旋转的感生电动势为 E_2(又称反电动势),与电机线圈电阻 R 之间的关系是:$I = (E_1 - E_2)/R$,电流 I 增大,说明电阻 R 变小或 E_2 减少了。R 变小一般是线圈短路或开路引起的,E_2 减少一般是磁钢退磁引起的或者线圈短路、开路引起的。在电动车整车的维修实践中,处理电机发热故障的方法,一般是更换电机。

3.电机在运行时内部有机械碰撞或机械噪声

无论高速电机还是低速电机,在负载运行时都不应该出现机械碰撞或不连续不规则的机械噪声。不同形式的电机可运用不同的方法进行维修。

4.整车行驶里程缩短、电机乏力

车续行里程短与电机乏力(俗称电机没劲)的原因比较复杂。但是当我们排除了以上 4 种电机故障之后,一般说来,整车续行里程短的故障就不是电机引起的了,这和电池容量的衰减,充电器充不满电,控制器参数漂移(PWM 信号没有达到 100%)等有关。

5.无刷电机缺相

无刷电机缺相一般是由无刷电机的霍尔元件损坏引起的。我们可以通过测量霍尔元件输出引线相对霍尔地线和相对霍尔电源的引线的电阻,用比较法判断是哪只霍尔元件出现故障。

　　为保证电机换相位置的精确,一般建议同时更换所有的三个霍尔元件。更换霍尔元件之前,必须弄清楚电机的相位代数角是120°还是60°,一般60°相角电机的三个霍尔元件的摆放位置是平行的。而120°相角电机,三个霍尔元件中间的一个霍尔元件是呈翻转180°位置摆放的。

(二)直流电机零部件检修

1. 电机解体修理

　　(1)检测电机的绝缘性能。采用绝缘电阻表测量绝缘阻值,检测电压设定为1000V,测定绝缘阻值应大于0.5 MΩ。

　　(2)检测壳体外壳。观察壳体是否有破损。

　　(3)检测电机定子和转子的气隙大小。

　　(4)拆开刷架,拆下后先做好位置记号,检查电刷状况。

　　(5)抽出转子,抽转子时应注意转子与定子的间隙,不得碰伤铁芯及线圈。

　　(6)拆下的零件,应妥善保管,做好记录。

2. 转子检修

1)电枢绕组检查

　　(1)绕组线圈装配稳固,表面应光滑,无破裂、磨损及烧伤等现象。

　　(2)绝缘电阻表用1000V电压测量电枢线圈,绝缘电阻,其值不应低于0.5MΩ。

2)电枢铁芯检查

　　(1)铁芯应清洁、紧固,无松动、变形。

　　(2)通风沟应清洁、畅通。

3)电枢绑线检查

　　(1)绑线清洁,无松动。

　　(2)焊锡无熔化、开焊现象。

　　(3)绑线下所垫的绝缘材料应完好。

4)检查风扇

　　(1)风扇应清洁,无灰尘、油垢。

　　(2)风扇叶片安装牢固,无破裂变形。

3. 定子检修

　　(1)检查定子外壳。定子外壳无破损,接线柱连接稳固牢靠,绝缘完好。

　　(2)检查磁极线圈的安装、连接和绝缘性能。绝缘性能测量采用绝缘电阻表,测量电压设定为1000V,绝缘阻值应大于0.5MΩ。

　　(3)检查磁极铁芯。磁极铁芯应干净清洁,无松动和过温现象,无锈蚀脱漆现象。

4. 刷架及刷握检修

1)检查刷架及刷握

　　(1)刷架应无破损、裂纹,刷握内表面光滑且无烧伤、变形,固定螺钉完好。

　　(2)刷架引线绝缘及接线鼻子应完好,连接螺栓紧固。

2)检查电刷

电刷磨石是否光滑有无夹砂和灼烧痕迹,并检查电刷与整流子接触情况,作为电刷调整时参考。

5.整流子检修

(1)整流子表面应清洁、干净、无黑斑,保护整流子表面的氧化膜(紫褐色)不受损伤。

(2)整流子表面应为圆柱形,如表面不光滑可用玻璃砂纸打磨至光滑(但不能用金刚砂纸打磨),打磨完后应吹净碎屑。

(3)整流子间云母沟深 1~1.5mm,整流片与线圈焊接处无过热松动、脱焊等现象。

(4)整流子的偏心值应不大于 0.05mm 或 0.07mm (1500r/min)。

6.启动调整装置检修

(1)清扫磁场变阻器内各处灰尘、油垢。

(2)检查磁场变阻器。磁场变阻器的电阻线应无断裂,各部分螺栓应紧固,滑动接点与固定接点的接触良好,调整装置转动灵活,无长涩现象。

(3)测量磁场可变电阻器绝缘电阻和直流电阻,绝缘电阻应不低于 0.5MΩ,直流电阻在规定范围内。

7.安装

(1)安装电机前应检查机内,不得遗留任何异物。

(2)安装转子、端盖,转矩螺栓。

(3)组装刷架,调整电刷。按原有记号装好刷架、调整刷握,安装电刷。

(4)接线,按原有记号将电机端子各出线连接好,接线时要求接触良好、紧固牢靠。

(5)测量绝缘电阻。电机安装完毕,用绝缘电阻表测量绝缘阻值,1000V 电压下,阻值应大于 0.5MΩ。

(6)电气试验及验收。电机安装完成后接着对电机作耐压值检测:绕组外加 1000V 交流电压,保持 60s,观察是否有击穿现象,没有即可验收。

(三)纯电动汽车驱动电机检修拆装工艺(以荣威 E50 为例)

警告:禁止未参加该车型高压系统知识培训的维修人员拆卸高压系统(包括手动维修开关、高压电池包、驱动电机、电力电子箱、高压配电单元、高压线束、电空调压缩机、交流充电口和交流充电线、快速充电口、电加热器、慢速充电器)。

警告:拆卸或装配高压配件前,必须断开 12V 电源和高压电池包上的手动维修开关。

警告:在开始维修作业前,维修人员必须穿戴好劳保用品:戴好绝缘手套,穿好高压绝缘鞋。在戴绝缘手套前,必须检查绝缘手套是否有破损的地方,要确保手套无绝缘失效。

注意:首先工作人员应该穿戴好高压防护用品,戴上绝缘手套,使用电动汽车专用维修工具。在安装和拆卸的过程中,应防止制动液、洗涤液、冷却液等液体进入或飞溅到高压部件上。

1.拆卸

(1)关闭点火钥匙,断开低压蓄电池负极搭铁,断开维修开关。车辆静置 10min 以上,才可进行拆卸作业。(注意:正常情况下,在钥匙开关关闭后,高压系统还存在高压电,这是因为电机控制器中高压电容的存在造成的。需要经过一段时间的等待,高压电容中的电能才能完全释放)。

(2)蓄电池盒支架的拆卸。

(3)冷却系统排空。

(4)回收空调系统制冷剂。

(5)手动维修开关的拆卸。

(6)前保险杠的拆卸。

(7)拆下电力电子箱(PEB)总成。

(8)高压配电单元的拆卸。

(9)拆下将电池膨胀水箱固定在 PEB 托盘上的 2 个螺栓。

(10)拆下将电力电子模块及高压配电单元托盘固定到前横梁总成上的 5 个螺栓,拆下托盘。

(11)拆下前舱熔断丝盒。前舱熔断丝盒拆卸。

(12)拆下将驱动电机线支架固定到 PEB 横梁上的 2 个螺栓,移开高压线。

(13)拆下 PEB 横梁上的低压线束卡钉。

(14)从车架的膨胀箱架上拔出电机膨胀箱,放置一旁。

(15)拆下 PEB 横梁下部的管夹。

(16)拆下将 PEB 横梁固定在车身上的 4 个螺栓,拆下 PEB 横梁。

(17)松开卡箍,从电机上断开 PEB 到电机软管的连接,拆下 PEB 到电机软管。

(18)在举升机上举升车辆。

警告:不能在只有千斤顶支撑的车辆下工作。必须把车辆支撑在安全的支撑物上。

(19)从电机上拆下蓄电池负极电缆。

(20)从减速器上断开换挡操纵机构拉锁。

(21)松开卡箍,从电机上断开散热器到电机软管的连接。

(22)拆下将驱动电机接线盒盖固定到电机上 4 个螺栓。

(23)拆下将驱动电机接线固定到驱动电机接线盒内的 3 个螺栓。

(24)拆下将驱动电机接线固定到驱动电机接线盒外壳上的 2 个螺栓,取下驱动电机线。

(25)降低车辆。

(26)用起吊机固定驱动电机。

(27)拆下将驱动电机固定到减速器上的 6 个螺栓。

(28)拆下将动力总成固定到驱动电机侧悬置上的 3 个螺栓。

(29)拆下将驱动电机侧悬置固定到车身右纵梁上的 2 个螺栓,拆下驱动电机侧悬置。

(30)向右移动驱动电机,使驱动电机与减速器分开。

(31)慢慢用起吊机将驱动电机吊出。

2.安装

警告:在高压系统、高压电池包、电驱动变速器、电力电子箱、高压线束、电空调压缩机、车载充电器、交流充电口和交流充电线全部安装(包括所有连接器的连接)完成之前,必须确保蓄电池的负极电缆始终处于断开状态,手动维修开关处于断开位置。

注意:更换驱动电机后,必须使用售后诊断仪进行驱动电机初始角度自学习。

(1)将密封圈安装于减速器槽中。

(2)用起吊机将驱动电机吊入机舱。

(3)将驱动电机与减速器轴心、定位销位置对正,然后结合面结合,装上 6 个螺栓,拧紧到 26～30N·m,并检查力矩。

(4)将驱动电机侧悬置固定到车身右纵梁上,装上 2 个螺栓拧紧到 90～110N·m,并检查力矩。

(5)将驱动电机安装孔固定到驱动电机侧悬置上,装上 3 个螺栓拧紧到 55～65N·m,并检查力矩。

(6)拆下固定驱动电机的起吊机。

(7)在举升机上举升车辆。

(8)将驱动电机线固定到驱动电机接线盒外壳上,装上 2 个螺栓,拧紧到 9～11N·m,并检查力矩。

(9)将驱动电机线固定到驱动电机接线盒内,装上 3 个螺栓,拧紧到 21～25N·m,并检查力矩。

(10)将驱动电机线盒盖固定到电机上,装上 4 个螺栓,拧紧到 2.2～2.8N·m,并检查力矩。

(11)将散热器到电机的软管连接到电机上,并用卡箍固定。

(12)将换挡操纵机构拉锁装到减速器上。

(13)将蓄电池负极线固定到电机上。

(14)将 PEB 到电机的软管装到电机上,并用卡箍固定。

(15)降低车辆。

(16)将 PEB 横梁固定在车身上,装上 4 个螺栓,拧紧到 19～25N·m,并检查力矩。

(17)装上 PEB 横梁下部的管夹。

(18)将膨胀箱固定到车架的膨胀水箱架上。

(19)将车身线束卡钉固定到 PEB 横梁上。

(20)将电机高压线固定到 PEB 横梁上,装上 2 个螺栓,拧紧到 9～11N·m,并检查力矩。

(21)装上前舱熔断丝盒。

(22)将 PEB 托盘固定到车身上,装上 5 个螺栓,拧紧到 19～25N·m,并检查力矩。

(23)将膨胀箱固定到 PEB 托盘上,装上 2 个螺栓,拧紧到 7～10N·m,并检查力矩。

(24)高压配电单元的安装。

(25)装上 PEB 总成。

(26)装上前保险杠。

(27)装上手动维修开关。

(28)加注空调系统制冷剂。

(29)蓄电池盒支架的安装。

(30)连接蓄电池负极。

(31)加注电机冷却液。

技能实训

永磁同步电机认识及拆装

(一)实训目的

了解同步电机结构,学习电机拆装基本操作。

(二)实训主要内容

在理实一体教室,进行电机总成的拆装。

图4-26 永磁同步电机总成(比亚迪 E6)

实训拆装电机为脱离电源的永磁同步电机总成(不带电,以比亚迪 E6 纯电动汽车电机为例)。

实训的内容为:按程序、步骤拆卸电机,拆开以后,认识、了解电机结构,之后,安装恢复电机总成。

永磁同步电机(比亚迪 E6)总成如图4-26所示。

使用电动汽车专用工具有梅花扳手、套筒扳手、活络扳手、电笔、螺丝刀、绝缘胶带、铁丝、绝缘电阻表、记号笔。

(三)实训方法、步骤

(1)永磁电机总成如图4-27所示。解体前先测量修前电机绝缘及三相直流电阻值,做好数据记录。

动力电机(75kW)

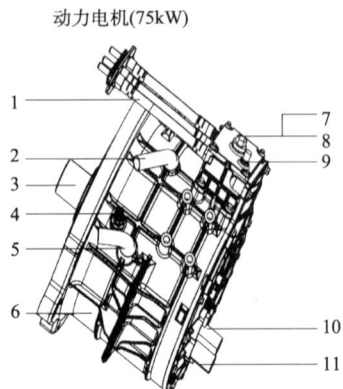

1	BYDe6-2103600	75kW 电机三相线交流线束总成
2	BYDe6-2103217B-C1	出水管
3	BYDe6-2103411B-A1	轴
4	476Q-4D-1300800	冷却液温度传感器
5	BYDe6-2103216B-C1	进水管
6	BYDe6-2103211B-C1	机壳
7	BYDF3DM-1701525	注油塞
8	BYDF3DM-1701526	注油塞垫片
9	BYDF3DM-170154	通气管组件
10	接插件_8282-4472-30_中间侧	温度开关接插件(黑色)
11	接插件_8282-4472-30_中间侧	旋变接插件(棕色)

图4-27 永磁电机总成结构图

(2)打开电机接线盒,拆掉三个接线柱上定子绕组接线,做好位置记号。

（3）拆卸电机两端端盖。

（4）取出电机转子和定子铁芯及绕组，如图4-28、图4-29所示。

图4-28　永磁电机定子铁芯、励磁绕组

（5）拆下旋变传感器外圈。标记安装位置和接线柱接线位置。

（6）拆下转子轴承，如图4-30所示。

图4-29　电机定子铁芯绕组及转子　　　　图4-30　永磁电机总成结构图

（7）拆下旋变传感器内圈。

（8）观察电机结构。如永磁转子、励磁绕组、旋变传感器、电机冷却液水道等。

（9）结合教材，了解其功能原理。

（10）完成电机的拆卸，接下来要安装复原。

（11）安装旋变传感器。

（12）安装电机定子。

（13）安装轴承。

（14）安装转子及端盖。

（15）连接绕组线圈端线与接线柱固定。

（16）完成实训项目。

（四）实训注意事项

（1）学生必须听从老师实训课的管理，严禁学生擅自拆装电器零部件。

（2）电动汽车维护应使用电动汽车专用维修工具。

（3）注意实训安全。

（五）实训报告

实训完毕，由学生根据实训内容填写实习报告，见表4-3。

实 训 报 告 表4-3

学号		姓名		性别		班级	
实训项目				实训设备			
实训内容、方法							
技术、工艺 （参数、要点）							
自我 评价							
教师 评价							20　年　月　日

模块小结

（1）纯电动汽车驱动电机系统是纯电动汽车三大核心系统之一，是车辆动力驱动系统中的电力驱动系统。直接影响纯电动汽车动力性、操控性、经济性。

（2）驱动电机同时具有电动机的驱动功能,也具有发电机的发电功能,驱动电机能根据车辆工作状态实时调整其功能状态。

（3）纯电动汽车常用驱动电机:直流电动机、交流异步电动机、永磁电动机、永磁同步电动机。

（4）电机控制器 MCU 就是控制主电源与驱动电机之间能量传输的装置。电机控制器是动力电机驱动系统的控制中心。

思考与练习

（一）填空题

1.驱动电机系统主要由_____、_____构成,通过高低压线束、冷却管路与整车其他系统连接。

2.驱动电机同时具有_____功能,也具有_____功能。

3.纯电动汽车性能优劣的三个主要性能指标为:_____、_____和_____。

4.电动汽车具有制动能量回收功能,再生制动回收的能量一般要达到总能量的_____。

5.直流电动机根据励磁方式可分为_____、_____、_____和_____ 4 种类型。

6.电机控制器 MCU 就是控制_____与_____之间能量传输的装置。

（二）判断题

1.驱动电机额定电压 U_e 是指驱动电机工作的最大电压。　　　　　　　（　　）

2.在电磁感应学中,左手定则用于确定所受电磁感应力的方向。　　　　（　　）

3.交流感应电动机与永磁电动机的区别是交流感应电动机工作中没有磁场。（　　）

4.开关磁阻电机的结构简单,定子、转子均为普通硅钢片叠压而成的双凸极结构,转子上没有绕组。　　　　　　　　　　　　　　　　　　　　　　　　（　　）

5.电机空载电流大的原因有:电机内部机械摩擦大,线圈局部短路,磁钢退磁。（　　）

（三）简答题

1.简述永磁同步电动机工作原理。

2.简述开关磁阻电动机的特点。

3.简述电机控制器的原理。

一、纯电动汽车充电系统结构

广义的纯电动汽车的充电系统分为两大部分：一部分为车辆以外的充电装置，主要包括城市交流电网、固定充电桩；另一部分是纯电动汽车车辆(内部)充电系统。后者为狭义的纯电动汽车充电系统。纯电动汽车充电系统一般就是指车辆内部的充电系统。纯电动汽车充电与充电系统结构如图 5-1、图 5-2 所示。

图 5-1　纯电动汽车与充电机

纯电动汽车充电系统(车辆内部)，主要由动力电池组件、车载充电器、DC/DC 功率变换器、高压控制盒、快充口(直流充电口)、慢充口(交流充电口)等组成。充电系统结构示意如图 5-2 所示,布置如图 5-3 所示。

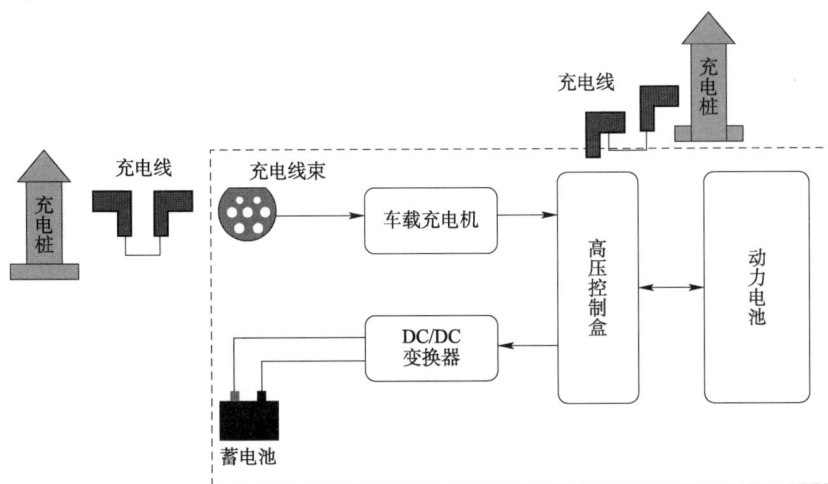

图 5-2　纯电动汽车充电系统结构图

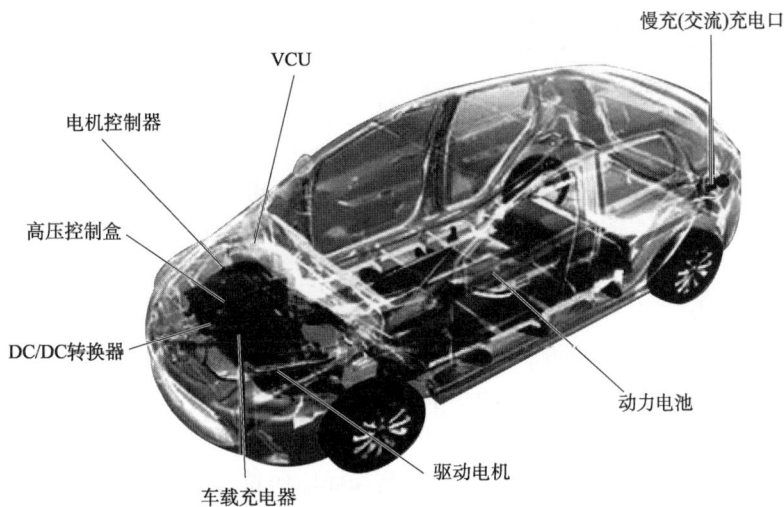

图 5-3　纯电动汽车充电系统布置图

二、纯电动汽车充电模式分类

(一) 充电模式分类

纯电动汽车的充电,有多种模式或方法,不同的模式或方法对充电设备有不同的要求,其充电时间和充电的效果也有所不同,经济性也有较大的区别。纯电动汽车的充电方式是维持车辆运行的必要手段,对纯电动汽车的使用寿命有较大的影响。

(1)按充电快慢分为:

①快速充电(直流快充)。

②常规充电(交流慢充)。

③更换电池充电三模式。

(2)按充电主要技术方式分为：

①接触式充电方式：单相交流充电方式，三相交流充电方式，直流充电方式。

②非接触式充电方式：无线充电方式。

(3)按充电主要设备不同分为：

①外置直流快充充电设备充电(直流充电桩)。

②车载充电机充电(交流充电桩需要借助车载充电机来充电)。

(二) 充电技术的行业发展趋势

(1)单相充电技术向三相充电技术发展。

(2)单向充电技术向双向充、放电技术发展。

(3)充电方式从有人手动向无人自动发展。

(4)充电系统的扩展功能和增值服务不断丰富。

三、纯电动汽车的充电

(一) 常规充电模式

常规充电模式是采用车载充电机方式对车辆进行充电。充电过程分为两个阶段：第一阶段为恒流快充阶段，第二阶段为恒压慢充阶段。通常的充电时间为 8 ~ 12h。

常规充电模式，一般是利用家庭车库或是充电站等地的交流充电桩提供充电电源，通过车载充电机进行充电。此方法又称交流慢速充电法。采用交流充电桩的这种常规充电方式，只是利用了充电桩的专门电源，必须使用车载充电机进行充电。充电车辆只需将车停靠在充电站指定的位置上，接上充电插头即可开始充电。

这种充电方法采用 220V 交流电为电源，充电装置和导线应按国家标准设置，采用专门充电线路。若采用家庭临时线路充电，充电线路和插座应符合国家标准，额定电流应不低于 16A，如图 5-4 所示，需运用专用线路(如家庭的空调线路)，充电电缆的线路连接中间不允许有转换连接，接地保护应安全可靠。

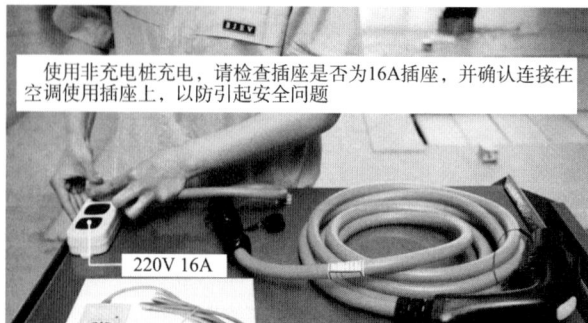

图 5-4　家庭充电接线板和连线

交流充电桩可设置在小型充电站点,也可以设置在城市公用停车场、机关、企事业单位、街边、超市等处,作为电动汽车的公共设施,便民共享。还可以设置在家庭车库,使用方便、经济。公用充电桩设有计量、计费功能,可投币或刷卡方式结算。充电功率一般在 5 ~ 10kW,采用单相 220V 供电或三相四线制 380V 供电(一般在专门充电站应用)。

常规充电主要在晚间进行,晚间电网处于城市用电低谷,有效地避开了城市用电的高峰,电价价格便宜,国家鼓励晚间用电,给予用电优惠政策,实行 1/3 的电价。纯电动汽车晚间充电,既不影响白天车辆的使用,车辆使用的经济性好。又解决了电网的错峰使用,是相得益彰。

3 种交流充电模式:

(1)充电模式 1:将电动汽车连接到交流电网时,在电源侧使用了符合《家用和类似用途插头插座 第 1 部分:通用要求》(GB 2099.1—2008)要求的额定电流不小于 16A 的插头插座,在电源侧使用了相线、中性线和接地保护,并且在电源侧使用了漏电保护器。额定电压 220V(AC),电流 16A。

(2)充电模式 2:将电动汽车连接到交流电网时,在电源侧使用了符合 GB 2099.1—2008 要求的插头插座,在电源侧使用了相线、中性线和接地保护,并且在充电连接电缆上安装了控制导引装置。额定电压 220V(AC),电流 16A。

(3)充电模式 3:将电动汽车连接到交流电网时,使用了专用供电设备,将电动汽车与交流电网直接连接,并且在专用供电设备上安装了控制导引装置。额定电压 220V(AC),电流 32A。

(二)快速充电模式

电动汽车快速充电模式是一种直流充电模式,是将电动汽车连接到交流电网的专门直流充电设施(直流充电桩),对电动汽车进行快速充电。电动汽车需要通过专门直流充电接口连接直流充电桩,使用非车载充电机对电动汽车进行直流充电。

快速充电模式能在较短时间内使蓄电池达到或接近充满状态。这种快速充电也可称为应急充电,采用专用直流快速充电设备(直流充电桩)进行充电,该充电方式以较大的充电电流(通常为几十到几百安培的大电流)在较短时间内完成蓄电池充电。充电功率很大,能达到上百千瓦,充电额定电压:400 ~ 750V(DC),额定电流:125 ~ 250A。设备成本相对较高。

快速充电模式能在 30min 左右的时间,使车辆电池电量接近或达到完全充满的状态,改善了纯电动汽车行驶里程短,充电时间长的状况。为纯电动汽车远距离使用和推广普及打下了基础。快速充电方式主要针对长距离行驶或需要进行快速补充电能的情况进行充电。

快速充电模式,充电桩消耗的电流和功率都很大,对电网有较高的要求,一般应靠近 10kW 变电站附近。另外,快速充电模式对个别电池寿命有一定的影响,在短时间内接受大量的电量会导致蓄电池过热。普通蓄电池不宜进行快速充电,纯电动汽车一般应尽量采用常规充电模式。快速充电模式更适宜紧急情况和电池的补充充电。此外,该充电模式对电池更换站,还需采取较为复杂的谐波抑制措施,与常规充电模式相比设备成本相对较高。

交流、直流充电桩充电如图 5-5 所示。

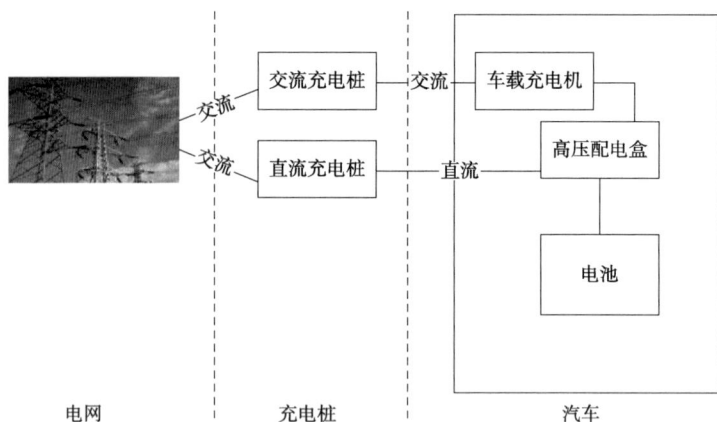

图 5-5　充电桩与充电机充电

(三)更换电池充电模式

更换电池充电模式是将需要充电的蓄电池从电动汽车卸下,换上另外已经充满电量的蓄电池,安装完毕后,车辆即可行驶使用。换下的蓄电池交给电池更换站由专业的充电机构充电。电池更换站同时具备常规充电模式和快速充电模式,也就是说可以用低谷电给蓄电池充电,降低充电成本。同时又能在很短的时间内完成"充电"(更换电池)过程。通常专业电池更换站电池更换过程在 10min 内完成,与内燃机汽车加油时间大致相当。

另外,对于电池的维护,电池更换站属于电池的维修专业机构。换下充电的电池,在专业人员维护下,性能稳定,电池寿命得以提高。北京亚运会期间,电动客车昼夜运行,就是靠更换-电池充电来保障。

更换电池充电模式的特点如下。

优点:能源补给时间短,有利于合理安排充电功率,减小冲击负荷。

缺点:成本高,标准化要求高。

(四)无线充电模式

现在电动汽车充电不仅可采用接触式充电方法,也可以采用非接触式的无线充电方法,如今特斯拉、VOLVO、奥迪和宝马等传统汽车企业都已经开始研发或测试旗下电动车的无线充电系统。

无线充电大概有三种传输方式:电磁感应式、无线电波式和磁场共振式。三种方式,总体来说它们的基本原理都是一样的,就是利用交变电磁场的电磁感应,来实现能量的无线传输。

三种非接触式充电方式各有所长,但无线电波式由于功率低、能耗高、实用性差。目前电磁感应式和磁场共振式充电技术较为合适电动汽车。

近年来研究表明,纯电动汽车非接触充电方式中的电磁感应无线充电技术(图5-6)是目前比较成熟的。像很多手机的无线充电、甚至人们常见的电磁炉就是利用这种技术。它的原理也很简单,就是物理学的电磁感应原理(通过磁通量的变化来产生感应电动势和感应电流)。

电磁感应无线充电其原理是采用了可在供电线圈和受电线圈之间提供电力的电磁感应方式,即将一个受电线圈装置安装在汽车的底盘上,将另一个供电线圈装置安装在地面,当电动汽车驶到供电线圈装置上,受电线圈即可接收到供电线圈的电流,从而对电池进行充电。目前,这套电磁感应无线充电装置成本较高,还处于实验室研发阶段,其功能还有待时间验证。此外,非接触式充电方式的原理还包括磁共振和微波等。

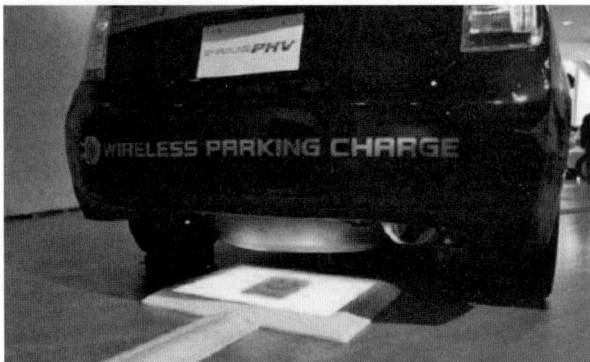

图 5-6　电磁感应无线充电

四、纯电动汽车充电接口

纯电动汽车充电接口是指通过活动电缆与充电外部设备(充电桩)和电动汽车相连接的充电部件,包括充电插头和充电插座两部分。充电接口的这种连接方式有别于无线充电方式连接,电动汽车充电接口又被称为电动汽车传导式充电接口。

(一)全球 5 大电动车充电标准接口

1. 中国标准接口

《电动汽车传导充电用插头、插座、车辆耦合器和车辆插孔通用要求》(GB/T 20234—2006),详细规定了充电电流为 16A、32A、250A 交流和 400A 直流的连接分类方式,主要借鉴了国际电工委员会(IEC)2003 年提出的标准,但是这个标准并未规定充电接口的连接针数、物理尺寸和接口定义。2011 年,我国又推出了 GB/T 20234—2011 推荐性标准,替换了部分 GB/T 20234—2006 中的内容,其中规定:交流额定电压不超过 690V,频率 50Hz,额定电流不超过 250A;直流额定电压不超过 1000V,额定电流不超过 400A。该标准优点:相比 2006 版的国家标准对更多充电接口参数进行了详细标定。缺点:标准仍不够完善。另外,其只是推荐性标准,也并未强制执行。

国家标准规定了两种充电接口:一种是将交流供电电网连接到车载充电机上进行充电的“交流充电”接口;另一种是利用非车载充电机(充电桩)对电动汽车进行“直流充电”的接口。图 5-7 所示为纯电动汽车充电枪。

电动汽车国家标准插头对插头和充电接口的材质、接触电阻、工作时额定电流、额定电压、插拔力、电气性能、防水等级、断开状态、充电状态、防松设置、及时断开等都做了规定。

2. Combo 充电接口

Combo 接口可以允许电动车慢充和快充,是目前在欧洲应用得最广的插座类型,包括奥迪、宝马、克莱斯勒、戴姆勒、福特、通用、保时捷以及大众都配置 SAE(美国汽车工程师协会)

所制定的充电界面。Combo 接口如图 5-8 所示。

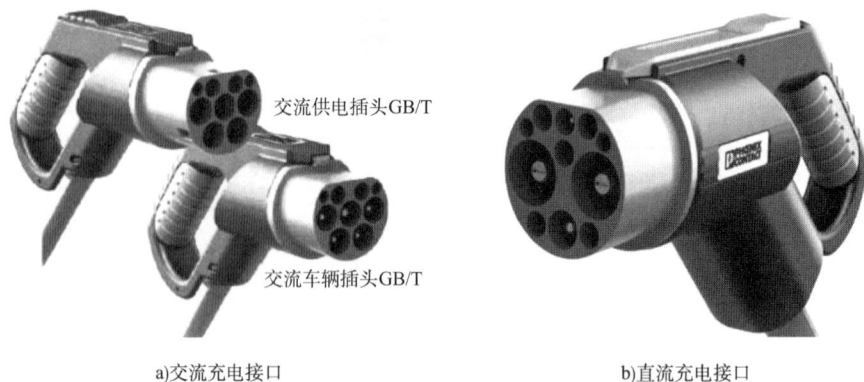

交流供电插头GB/T

交流车辆插头GB/T

a)交流充电接口　　　　　　　　　　　b)直流充电接口

图 5-7　电动汽车充电枪(国家标准)

2012 年 10 月 2 日,SAE 相关委员会成员投票通过的 SAE J1772 修订草案成为全球唯一一个正式的直流充电标准。该标准的推出是为了改变鱼龙混杂的充电系统的现状,提升消费者对于电动车的购买积极性。基于 J1772 修订版制定的关于直流快速充电的标准其核心为 Combo Connector。而 2012 年制定的新版 J1772 标准中的 Combo Connector 除了具备原来的所有功能外,还多了两个引脚,可用于直流快充,但无法与当前生产的旧款电动车兼容。

优点:Combo Connector 的最大好处在于,未来汽车制造商可以在他们新车型上采用一个插座,不仅适用于第一代尺寸较小的基础交流连接器,还适用于第二代尺寸较大的 Combo Connector,后者可以提供直流及交流两种电流,分别以两种不同的速度充电。

缺点:快充模式下需要充电站提供最高 500V 电压和 200A 电流。

3. CHAdeMO 充电接口

CHAdeMO(CHArge de Move),是日本日产及三菱汽车等支持的 CHAdeMO 充电接口(图5-9),CHAdeMO 从日语翻译过来意思为"充电时间短如茶歇"。这种直流快充接口可以提供最大 50kW 的充电容量。

图 5-8　Combo 充电接口　　　　　　图 5-9　CHAdeMO 充电接口

CHAdeMO 采用的快速充电方式电流受控于汽车的 CAN 总线信号。即在监视电池状态的同时,实时计算充电所需电流值,通过通信线向充电器发送通知;快速充电器及时接收来自汽车的电流命令,并按规定值提供电流。

支持该充电标准的电动汽车车型包括:日产聆风、三菱 Outlander 插电混动车、雪铁龙 C-

ZERO、标致 iON、雪铁龙 Berlingo、标致 Partner、三菱 i-MiEV、三菱 MINICAB-MiEV、三菱 MIN-ICAB-MiEV 货车、本田飞度电动版、马自达 DEMIO EV、斯巴鲁 Stella 插电混动车、日产 eEV200 等。

注意: 日产聆风和三菱 i-MiEV 电动车都有两个不同的充电用接口,其中一个适用 Combo 充电接口;另外一个是适用于日本本土的 CHAdeMO 标准的接口。

在日本,按照 CHAdeMO 标准安装的快速充电器有 1154 座投入使用。在美国,有 1344 个 CHAdeMO 交流快速充电站。

优点: CHAdeMO 了数据控制线外,还采用 CAN 总线作为通信接口,由于其抗噪性优越且检错能力高,通信稳定性、可靠性高。其良好的充电安全记录受到了业内的肯定。

缺点: CHAdeMO 最初设计的充电输出功率为 100kW,连接器十分笨重,但在充电车的输出功率仅为 50kW。

4. 特斯拉充电接口

特斯拉汽车有一套自己的充电标准,号称能在 30min 内充满可行驶 300km 以上的电量。因此其充电插座最高功率可达 120kW,最高电流可达 80A。充电接口如图 5-10 所示。

目前,特斯拉在美国已拥有 908 座超级充电站。而为了进入我国,特斯拉也已在我国建立了 7 座超级充电站,上海 3 座、北京 2 座、杭州 1 座、深圳 1 座。此外,为了更好地融入各个地区,特斯拉计划放弃对充电标准的控制,采用各国的国家标准,其在我国已经如此执行。

优点: 技术先进,充电效率高。

缺点: 与各国国标相悖,不妥协难以提升销量;妥协后充电效率将打折扣,处于两难境地。

5. CCS 充电接口(联合充电系统)

为了改变混乱的充电接口标准现状,美系和德系的八大厂商福特、通用、克莱斯勒、奥迪、宝马、奔驰、大众和保时捷于 2012 年发布了"联合充电系统"充电接口,即"CCS"标准充电接口,如图 5-11 所示。

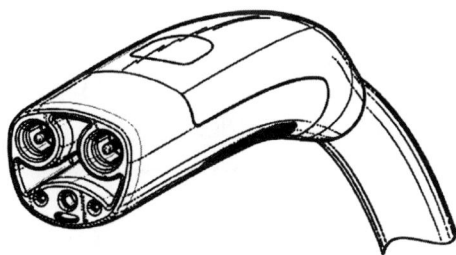

图 5-10 特斯拉充电接口　　　　　　图 5-11 CCS 标准接口

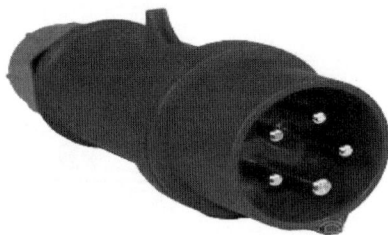

"联合充电系统"可将现行所有充电接口统一起来,这样,用一种接口就能够完成单相交流充电、快速三相交流充电、家用直流充电和超速直流充电四种模式。

SAE 已选定联合充电系统作为其标准,除 SAE 外,欧洲汽车制造商协会(ACEA)也已宣布选择了联合充电系统作为直流/交流充电界面,从 2017 年开始用于所有在欧洲销售的插电式电动车。自去年德国与我国统一了电动车充电标准后,我国也加入了欧美系这一阵营,为我国的电动车发展带来前所未有的机遇。

优点: 宝马、戴姆勒以及大众这三家德国汽车制造商将加大对我国的电动车投入,CCS

标准或更有利于我国。

缺点:支持"CCS"标准的电动汽车,或者销量较小,或者刚刚开始发售。

6.世界主流充电接口

世界主流充电接口如图5-12所示。

类型	美国 Type1	欧洲 Type2	中国	日本
交流	SAE J1772 /IEC 62193-2	IEC 62193-2	GB/T 20234.2-2011	IEC 62193-2
直流	IEC 62193-2	IEC 62193-3	GB/T 20234.3-2011	CHAdeMO
组合式	SAE J1772 /IEC 62193-3	IEC 62193-3		

图 5-12　世界主流充电接口

美国和日本充电机采用单相 AC 230V 供电,电流 32A 输出,针脚数量 5;意大利采用单相 AC 230V 供电,16A AC 输出,针脚数量 4~5;德国采用单相或三相 AC 500V,单相电流 70A、三相电流 63A、针脚数量为 7;我国标准单相 AC 220V,单相最大电流 32A,三相 AC 380V,三相最大电流 63A,针脚数量为 7。

(二) 充电接口结构

1.交流充电接口

《电动汽车传导充电用插头、插座、车辆耦合器和车辆插孔通用要求》(GB/T 20234—2011)规定,我国交流充电接口为七对端子。结构布置如图5-13所示。

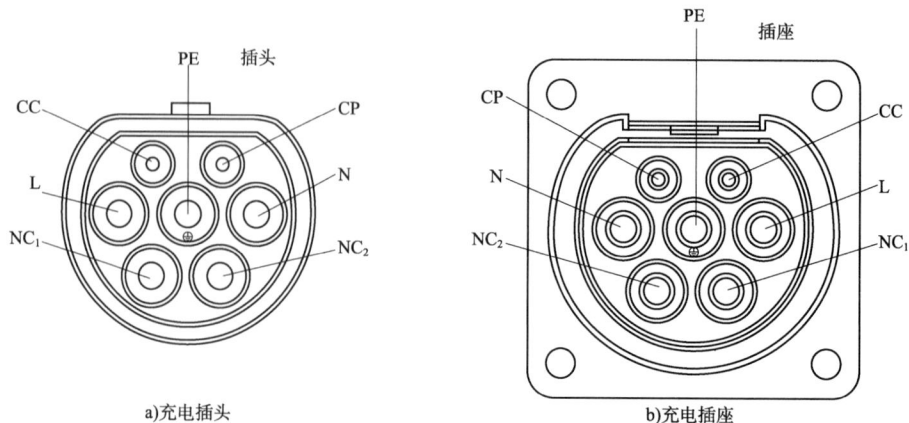

a)充电插头
b)充电插座

图 5-13　交流充电接口(国家标准)

1）端子功能定义

L_1-交流电（220V、16/32 A）；N-中线（交流电 220V、16/32 A）；CC-充电连接确认（电压36V，电流2A）；CP-控制确认（电压36V，电流2A）；PE-保护搭铁；NC_1-备用端子；NC_2-备用端子。共七对端子。

2）交流充电连接界面

在充电连接过程中，首先连接保护搭铁端子，最后连接控制确认端子。在脱开的过程中，首先断开控制确认端子，最后断开保护搭铁端子。充电连接界面如图5-14所示。

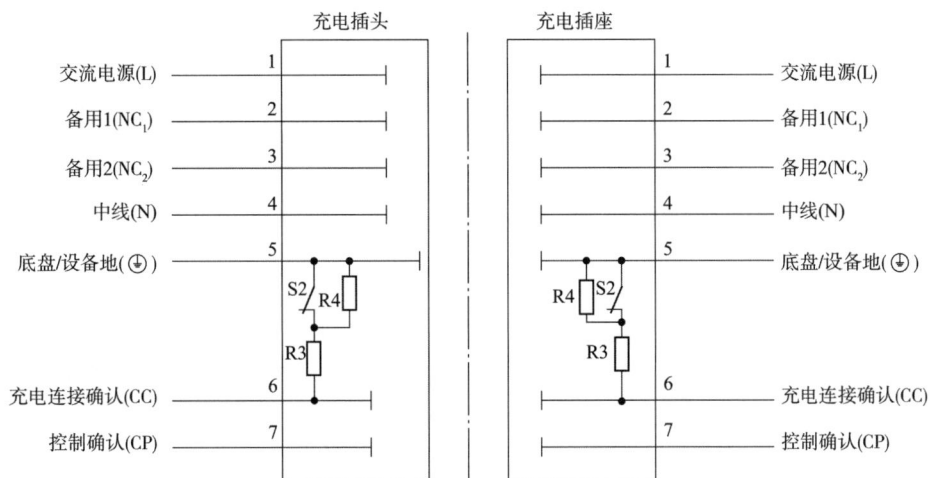

图5-14　交流充电接口连接界面示意图

2. 直流充电接口

国家标准《电动汽车传导充电用插头、插座、车辆耦合器和车辆插孔通用要求》（GB/T 20234—2011）规定，我国直流充电接口为九个端子。结构布置如图5-15所示。

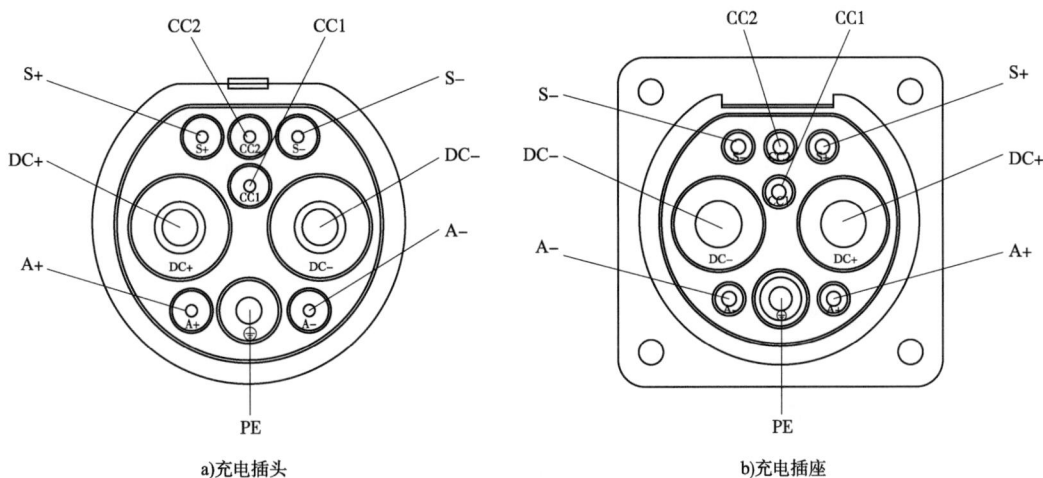

a)充电插头　　　　　　　　　　　　　　b)充电插座

图5-15　直流充电接口（国家标准）

1）电气参数值及功能定义（表5-1）

电气参数值及功能定义   表5-1

端子编号/标识	额定电压和额定电流	功能定义
1 –（DC＋）	750V　125A/250A	直流电源正，连接直流电源正与电池正极
2 –（DC－）	750V　125A/250A	直流电源负，连接直流电源负与电池负极
3 –（⏚）	—	保护接地，连接供电设备地线和车辆底盘地线
4 –（S＋）	36V　2A	充电通信CAN_H，连接非车载充电机与电动汽车的通信线
5 –（S－）	36V　2A	充电通信CAN_L，连接非车载充电机与电动汽车的通信线
6 –（CC1）	36V　2A	充电连接确认1，见附录B
7 –（CC2）	36V　2A	充电连接确认2，见附录B
8 –（A＋）	36V　20A	低压辅助电源正，非车载充电机为电动汽车提供低压辅助电源正
9 –（A－）	35V　20A	低压辅助电源负，非车载充电机为电动汽车提供低压辅助电源负

注：非车载充电机控制装置和车辆控制装置应有CAN总线终端电阻，建议为120Ω。通信线宜采用屏蔽双绞线，非车载充电机端屏蔽层接地。

2）直流充电连接界面

在充电插头和充电插座的连接过程中，端子耦合的顺序为：保护接地，直流电源正与直流电源负，低压辅助电源正与低压辅助电源负，充电通信与充电连接确认。在脱开的过程中，则顺序相反。直流充电接口的连接界面如图5-16所示。

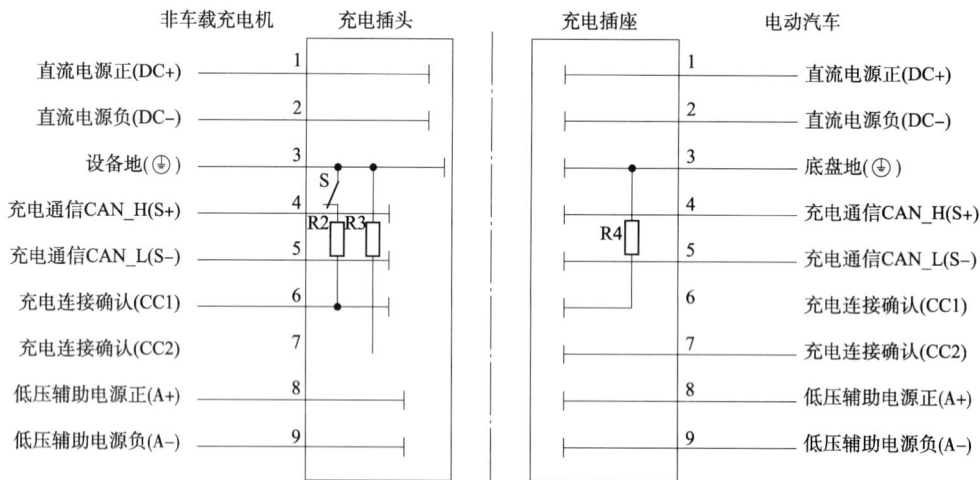

图5-16　直流充电接口的连接界面示意图

五、车载充电机

（一）充电机分类

纯电动汽车的动力源是车载电池，充电机就是为车载电池充电的专门设备。充电机分为车载充电机和非车载充电机。

车载充电机是指固定安装在电动汽车上的充电机(图5-17),具有为电动汽车动力电池安全、自动充满电能的功能。车载充电机依据电池管理系统(BMS)提供的数据,能动态调节充电电流或电压参数,执行相应的动作,完成充电过程。

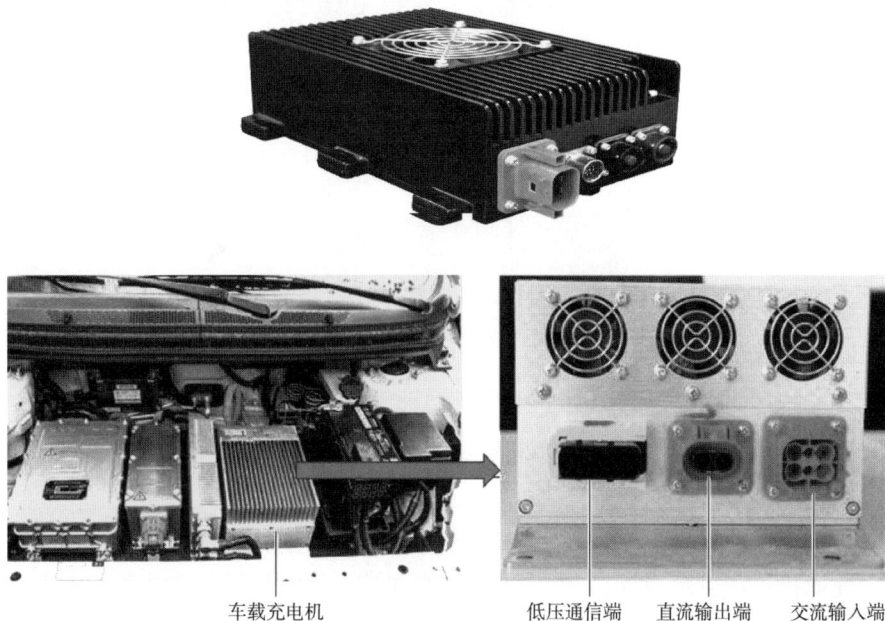

图5-17　车载充电机

非车载充电机指安装在充电站等固定位置与交流电网连接,并为电动汽车动力电池提供直流电能的充电机。称为直流充电机。直流充电机直接对电动汽车电池充电,不需要通过车载充电机。充电站安装的直流充电机具备计量、计费功能。

车载充电机的基本功能是将220V交流电,转换为动力电池充电所需的高压直流电源(一般略高于动力电池的额定电压),为动力电池进行充电。同时提供过电压、欠电压、过电流、欠电流等多种保护措施,当充电系统出现异常会自动切断供电。

(二) 充电桩

充电桩是安装在充电站、停车场、车库等固定位置并与交流电网相连,为电动汽车充电提供的充电装置。充电桩可分为交流充电桩和直流充电桩两种,如图5-18所示。

交流充电桩是安装充电站、停车场、家庭车库等固定位置,与交流电网连接,为电动汽车车载充电机提供交流电源的供电装置,同时具备计量计费功能。

直流充电桩是安装于充电站等固定位置的专用电动汽车传动装置。直流充电桩不仅有提供充电电源的功能,还具有充电机功能,是一台直流充电机。可以实时监视并控制被充电电池状态。直流充电机采用直流充电模式为电动汽车动力电池总成进行充电。充电机的直流输出端在充电操作时与电动汽车直接连接,直接对电动汽车充电。不需要通过车载充电机。直流充电机的功率较大,可以提供几十到几百千瓦的充电功率,可以为电动汽车进行快速充电。同时,可以对充电电量进行计量。

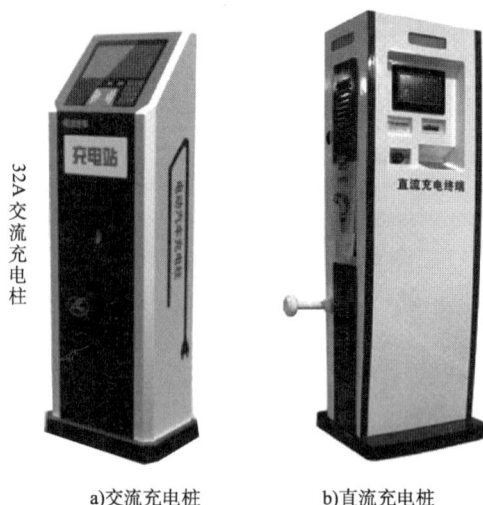

a)交流充电桩　　　b)直流充电桩

图 5-18　电动汽车充电桩

(三) 充电机结构原理

电动汽车高频开关电源充电机由整流电路、调整控制及保护电路、功率因数校正网络、辅助电路、充电机控制管理单元(CPU)、人机接口单元、远程通信单元、电能计量单元等部分组成。

1. 整流电路

整流电路由交流整流滤波、直流(DC)/直流(DC)变换(高频变换)器等元器件组成,其作用是从单相或三相交流电网取得交流电,并将其转换为符合要求的直流电。

2. 调整控制及保护电路

调整控制电路采用 PWM 脉宽调制电路,它包括输出采样、信号放大、控制调节、基准比较等单元,其作用是对输出电压进行检测和取样,并与基准定值进行比较,从而控制高频开关功率管的开关时间比例,达到调节输出电压的目的。

3. 功率因数校正网络

功率因数校正网络是充电机的重要组成部件,其功能是通过控制过程,使输入电流波形跟踪正弦基波电流,且相位与输入电压同相,以保持输出电压稳定和功率因数接近于 1.0。

4. 辅助电路

辅助电路包括手动调整、稳压电源、保护信号、事故报警以及通信接口电路等。

5. 充电机控制管理单元

控制管理单元(CPU)为充电机的顶层控制系统。电动汽车充电机在充电操作时,控制管理单元接受人工输入或其他设备的控制指令,控制驱动脉动生成系统的起动与停止,从而控制充电机的起动与停机,并可将充电机的运行数据进行显示或传输给上层监控计算机。

充电机控制管理单元(CPU)结构原理如图 5-19 所示。控制管理单元主要由控制管理单元及其外围电路、数字处理电路、模拟量处理电路、RS-485 通信接口、CAN 通信接口、按键输入电路和显示电路等组成。

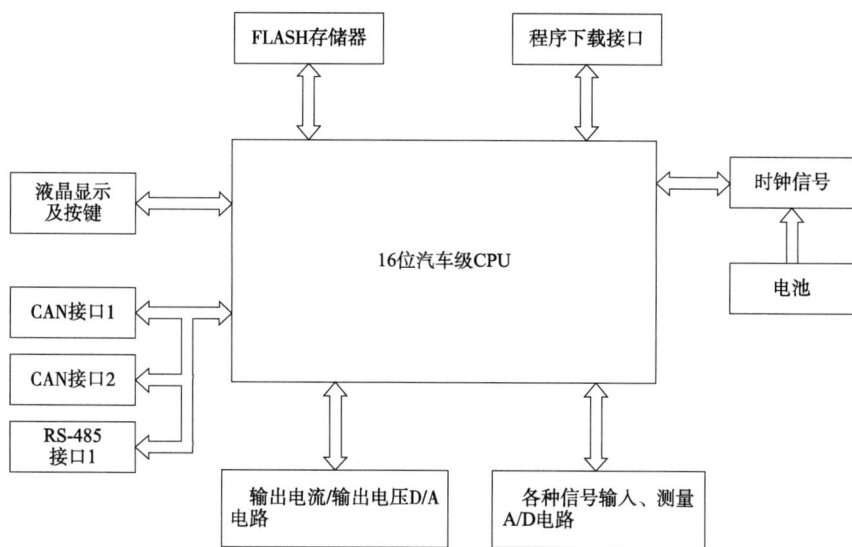

图 5-19　充电机控制管理单元原理图

6.人机接口单元

充电机人机接口由按键和人机界面彩屏(或数码管)组成,具有计算机远程监控及电池充电控制等功能。充电机通过人机接口单元与充电站的监控网络接口通信,由监控后台机监视和记录充电站每台充电机的运行数据。修改每台充电机的运行参数,控制充电机的起动和停机。电动汽车的充电既可以由监控后台机通过通信接口对充电机进行控制,同时也可以由充电控制逻辑单元控制充电机的起动和停机。

另外,充电机的运行故障也是通过人机接口单元与充电站的监控网络通信,由监控后台机显示故障信息,并提供简单明了的故障排除指示。

7.远程通信接口单元

充电机(站)远程通信接口单元(Internet 接口)作用是与电网调度通信网络接口、充电机(站)通信协议与电网通信协议统一,实现充电机(站)的远程监控及无人值守站数据的统一上传。

8.电能计量单元

充电设施和电动汽车用户之间的计量结费采用现场缴费和储值卡预付费等方式,推荐使用储值卡预付费方式。

电能计量装置应根据电能计量点的位置及充电设备的额定电流选取。电能计量装置配置如下:

(1)交流充电桩应选用智能电能表,安装在电动汽车与交流充电桩之间。

(2)电动汽车非车载充电机宜选用直流电能表计量,安装在非车载充电机直流输出端和电动汽车之间。

(四)充电阶段

动力电池组充电模式采用“恒流—恒压”两阶段充电模式。充电开始阶段,一般采用最优充电倍率(锂离子电池为 $0.3C$)进行恒流充电(C 是电池的容量,如 $C = 1000mAh$,$1C$ 充电率即充电电流为1000mA)。在这一阶段,由于电池的电动势较低,即使电池充电电压不高,电池的充电电流也会很大,必须对充电电流加以限制。所以,这一阶段的充电称为"恒流"充电,充电电流保持在限流值。随着充电的延续,电池电动势不断上升,充电压也不断上升。当电池电压上升到允许的最高充电电压时,保持恒压充电。在这一阶段,由于电池电动势还在不断上升,而充电电压又保持不变,所以电池的充电电流呈双曲线趋势不断下降,一直下降到零。但在实际充电过程中,当充电电流减小到0.015C时,说明充电已满就可停止充电。这一阶段的充电称为"恒压"充电,这一阶段的充电电压: $U = E + IR$ 为恒压值。这是锂离子动力电池组对充电模式的基本要求。此外,充电系统还必须具有自动调节充电参数、自动控制和自动保护功能。尤其在恒压充电阶段,如果单体电池的充电电压超过允许的充电电压

时,充电机应能自动减小充电电压和电流,使该电池的充电电压不超过允许的充电电压,防止该电池过压充电。充电过程及充电电压、电流的变化如图5-20所示。

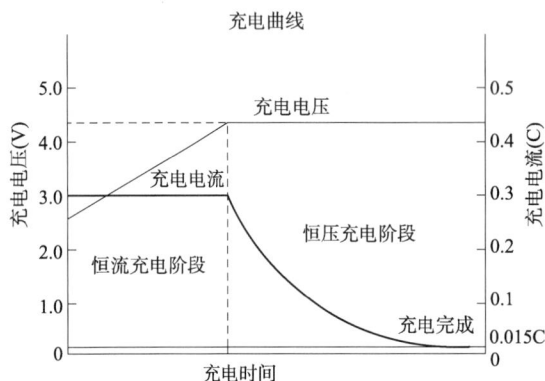

图5-20　充电曲线

(五) 功能特点

(1)具有为电动汽车动力电池安全、自动充满电的能力。充电机依据电池管理系统(BMS)提供的数据,能动态调节充电电流或电压参数,执行相应的动作,完成充电过程。

(2)具备高速CAN网络与BMS通信的功能,判断电池连接状态是否正确,获得电池系统参数及充电前和充电过程中整组和单体电池的实时数据。

(3)可通过高速CAN网络与车辆监控系统通信,上传充电机的工作状态、工作参数和故障告警信息,接受启动充电或停止充电控制命令。

(4)完备的安全防护措施。

①交流输入过电压保护功能。

②交流输入欠电压告警功能。

③交流输入过电流保护功能。

④直流输出过电流保护功能。

⑤直流输出短路保护功能。

⑥输出软启动功能,防止电流冲击。

⑦在充电过程中,充电机能保证动力电池的温度、充电电压和电流不超过允许值。

⑧具有单体电池电压限制功能,自动根据BMS的电池信息动态调整充电电流。

⑨自动判断充电连接器、充电电缆是否正确连接。当充电机与充电桩和电池正确连接后,充电机才能允许启动充电过程;当充电机检测到与充电桩或电池连接不正常时,立即停止充电。

⑩充电连锁功能,保证充电机与电动汽车动力电池连接分开以前车辆不能起动。

⑪高压互锁功能,当有危害人身安全的高电压时,模块锁定无输出。

⑫具有阻燃功能。

六、高压控制箱

(一)高压控制箱组成

纯电动汽车高压控制箱,是纯电动汽车高压电、大电流配电控制单元(PDU)。采用集中配电方案,结构设计紧凑,接线布局合理,检修方便。根据不同车型系统的架构需求,高压配电箱还可以集成部分电池管理系统智能控制管理单元,从而更进一步优化整车高压配电系统结构。

纯电动汽车高压控制箱主要由高压接触器、继电器、熔断器、电阻、铜排等组成。高压控制箱的基本结构如图5-21所示。输入、输出电力电缆接线如图5-22所示。

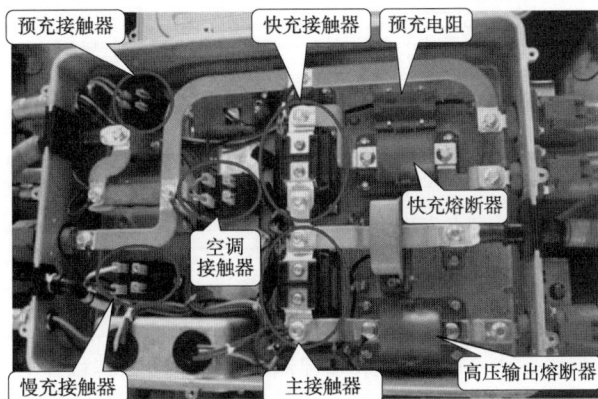

图5-21　高压控制箱

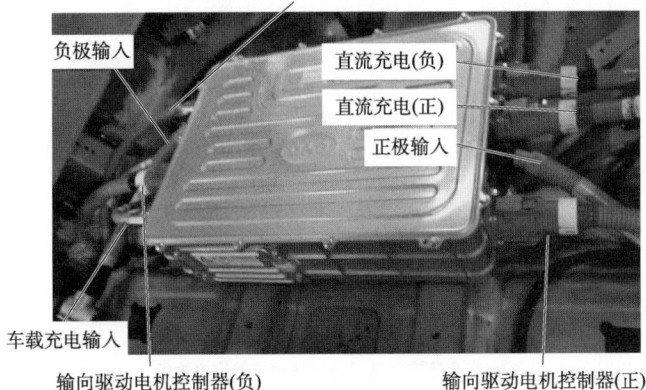

图5-22　输入、输出电力电缆接线

纯电动汽车驱动电机额定功率比较大。配置的动力电池额定电压较高,输出的电流也很大,一般高压回路电压可高达700V(DC)以上,电流高达400A,对高压配电系统的结构与安全有着重要的影响。从纯电动汽车的工作状况、使用要求及安全管理考虑,目前,广泛采用集中式高压电气系统架构配电。高压电力电源直接进入高压控制箱,车辆高压控制箱根据车辆高、低压电气设备配置需要合理配置供电,保证整个高压系统及其各个电气设备供电需求。高压控制箱高压连接回路如图 5-23 所示。高压控制箱担负高压系统回路的接通、断开,监控高压系统工作状况,检测高压系统的工作状况,检测高压系统的绝缘阻值及漏电状况,并在必要时及时切断高压回路,保证高压系统安全。电动汽车对高压控制箱及高压系统的绝缘性能、抗电磁干扰及屏蔽、密封及耐振动等也有很高的要求。高压控制箱的高电压特性和大电流特性,对高压控制技术有一定影响,为减轻大功率的输入、输出电流的冲击影响,现在普遍采用预充电技术,较好的解决大电流、高电压带来的充电过程对高压电器的冲击。

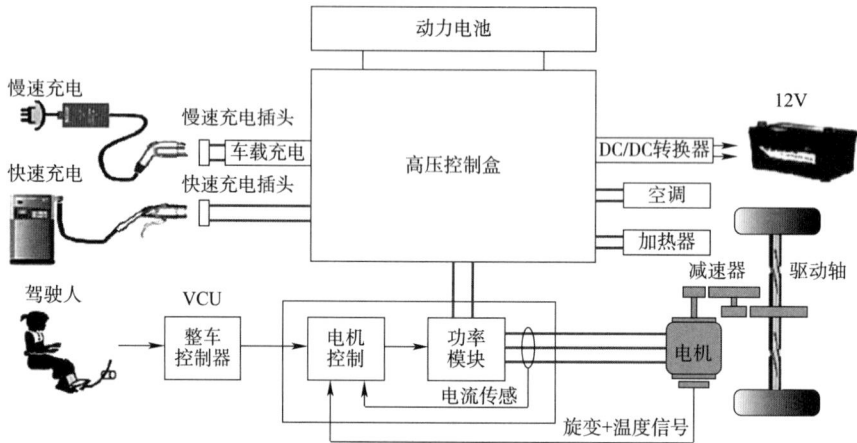

图 5-23　高压回路连接示意图

世界各大汽车厂商都对其电动汽车的高压控制箱加大研发,目前高压控制箱的发展,智能化控制是一种发展趋势。由于电子技术和控制技术的发展,其稳定性、可靠性和安全性都有了长足的发展。

(二) 高压控制箱功能

高压控制箱基本功能是实现高压电源的管理配置、高压电力的输入、输出控制、高压回路系统安全监控。高压控制箱通过 CAN 总线与车载充电机、电源管理系统 BMS、动力电池等电器通信,并反馈控制信息,对高压回路管理控制,如图 5-24 所示。

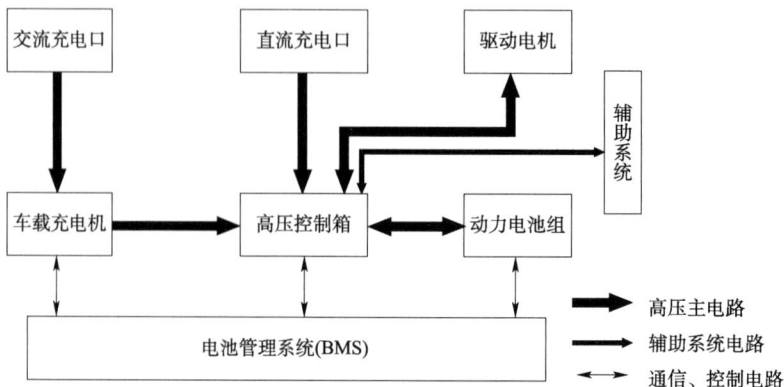

图 5-24　高压控制箱与配电控制

1. 高压配电功能

充电设备通过高压控制箱的充电回路传输电力到电力电池系统,对电池充电。电力电池将储存的电能通过高压控制箱分配给纯电动汽车给高压用电器和低压辅助系统。主要设备有驱动电机控制器、功率变换器、驱动电机、电动空调、辅助电源、车辆制动辅助系统,助力转向系统等。

高压控制箱电压通常在300~700V,电流从几十安培到几百安培,甚至达400A。高压电器的工况、稳定性及寿命,需要得以考虑。整车控制器可通过CAN网络系统,测量配电回路输入、输出电压值,判断回路工作是否正常,以控制紧急情况下电气设备停机保护和故障处理,从而实现高压配电系统的安全。

2. 高压断电保护功能

为了保证纯电动汽车高压配电回路安全,要求纯电动汽车驾驶人可通过手动装置断开主电源至少一个电极,以实现紧急情况下整车高压电源输出侧的断开保护功能。手动断电的方法有以下几种:

(1)直接断开高压回路。引电池电源线至所配置的空气断路器开关箱,直接手动切断电池高压回路。

(2)间接电器断开高压主回路。通过切断高压主回路继电器控制电源,从而断开主回路。

(3)间接手动切断高压主回路。通过机械连接的拉锁和锁扣的作用,直接断开高压控制箱开关手柄,从而达到断开主回路的目的。

3. 电路过电流保护

在高压电气系统中,当高压电气设备或高压回路出现电器短路或过电流等情况时,高压控制箱通过所设置的电流熔断器及时切断主电路,保护高压电气系统安全。根据高压系统的额定电压和额定电流选定熔断器的规格型号。额定电流应该考虑系统额定电压和系统负载功率以及一定的过载能力。

4. 预充电功能

充电机对动力电池进行充电的瞬间由于,高电压、大电流的冲击,易造成对接触器、继电器和动力电池的损害,特别是接触器触头易产生电弧烧蚀触头,从而影响触点接触;或者触头局部熔化,产生粘结现象,从而影响接触器断开。对高压回路造成较大的危害。为了降低或避免这些情况的发生,高压控制箱设置了预充电路。当充电电路接通的瞬间,首先,是预充电路接通,先进行小电流导通,然后在延时开关的作用下,充电主电路延时接通,这样整个充电回路,就避免了冲击电流产生的不利影响。

5. 电压动力检测

高压控制箱不仅有高压配电的功能,还具有对高压电力的检测的功能。通过增设内部集成分流器或霍尔电流互感器,测量高压回路的输入或输出电压、电流数值,实时对高压回路的电压、电流监控。并将检测的数值通过CAN总线实现与整车控制系统VCU、电池管理系统BMS以及电机控制系统MCU通信和控制。测量的数值还可以通过仪表加以显示,以便于驾驶人员监控。

6. 绝缘性能检测

根据电动汽车国家标准要求,纯电动汽车需要具备绝缘电阻检测系统,对动力电池及高压系统与汽车车身和底盘之间的绝缘电阻进行检测。同时,担负高压系统的漏电检测功能。当漏电检测系统检测到高压系统绝缘电阻阻值没有达到安全绝缘电阻阻值要求,产生漏电状况,保护系统立刻断开主电路及相应回路接触器(或继电器),从而起到安全保护的功能。

七、高压线束

纯电动汽车高压系统电压在 300~600V,甚至有更高的电压平台。对于高压系统来说,涉及高压电缆的问题,即在电磁干扰保护系统下安全传输高压电流的问题。高压电缆用于连接动力电池、驱动电机、车载充电机、功率变换器、空调压缩机等高压电气设备,从而实现动力电能的传输。高压线束如图 5-25 所示。

图 5-25　高压线束

(一)电动汽车高压线束的要求

1.高压线束整体要求

(1)高压线束的性能及可靠性需满足整车要求。

(2)高压线束满足高压电缆技术条件。

(3)高压线束的电磁兼容性(EMC)须满足 GB/T 18387 中规定的电动车辆电磁场辐射强度的限值。

(4)高压线束的机械冲击及抗振动性要求须满足 GB 743—2006 的相关要求。

2.高压插接件的技术要求

(1)根据整车工作电压和所控制电器件的功率,对插接件进行初选。

(2)工作温度:−40~125 ℃。

(3)耐电压测试:AC 2500V/min,50Hz。

(4)绝缘电阻:正常条件下≥500MΩ,湿热条件下≥5MΩ。

(5)接触电阻:≤0.2mΩ。

(6)插拔次数:≥500 次。

(7)防护等级:IP67。

(8)防腐蚀要求:盐雾48h 或更高,试验后导通率为100%。

3.高压电缆线的技术要求

1)工作电压

根据整车工作电压,电缆线线径的选择。

用电设备的电流强度为。

$$I = P/U^{N}$$

式中:P——负载功率;

　　U^{N}——额定电压。

导线截面积计算公式为

$$A = I\rho L/U^{VL}$$

式中:A——导线截面积,mm^2;

　　I——电流,A;

　　ρ——铜导线电阻率,一般取值 $0.0185\Omega \cdot mm^2/m$;

　　L——导线长度,m;

　　U^{VL}——导线允许的电压降,V。

为避免导线过渡发热,应该检查电流密度 S,计算公式为

$$S = I/A$$

通常纯电动汽车线束因负载而有所不同,一般的线束高压要求为:

电压级别为 B 级。直流电压:DC 60V $< U \leqslant$ DC 1000V。交流电压(15~150Hz):AC 60V $< U(rms) \leqslant$ AC 660V。

在系统输出功率($P = U \cdot I$)不变的情况下,高输出电压,可降低输出电流值,从而减少在传输过程中功率损耗($P_{LOSS} = I^2 \cdot R$)。

2)电流

根据电动汽车系统组件功率要求的差异,线束额定电流存在较大的差异,国家标准规定可达到 250~450A。

3)耐压值

电缆线之间应该能耐受($2U_{AC} + 1000$)V 的试验电压,即在线束与部件脱开的情况下,线束对车体的耐电压测试值:AC 2500V/1 min,50Hz,漏电电流小于 10mA,不发生闪烁击穿现象。

4)一般工作温度:$-40 \sim 125\ ℃$

高电压、大电流传输的结果导致高功耗和组件的发热。因此高压电缆应承受较高的温度。电动汽车高压电缆耐热温度通常要高于125℃或150℃。对于一些特殊要求的线路,要求耐受温度还有所提高。如电机、电池的电缆。

5)绝缘电阻

绝缘电阻测试电压为 DC1000V,在线束与所连接部件脱开的情况下,线束对车体绝缘电阻阻值应该大于 100MΩ。

6)盐雾要求

盐雾试验按照《电工电子产品环境试验　第2部分:试验方法　试验 Ka:盐雾》(GB/T 2423.17—2008)的规定进行,高压线束在试验箱内处于正常安装状态。试验时间为16h。试验结束后,高压线束静止恢复 1~2h 后,通电后应该能正常工作。

7)阻燃要求

线束所有材料要求阻燃等级为 UL94V-0。

8）屏蔽电缆

纯电动汽车高压电缆的高压、大电流的特性，将产生电磁场，从而对数据传输和控制信号产生不利影响，为减少这种不利影响，且防止或减少系统中的开关电源产生的高频辐射以及驱动电机交变电压的方波脉冲信号产生的谐波，应该对高压线束加以屏蔽控制。

有电磁兼容性（EMC）的要求的电缆线，可使用多根铜丝组成编织屏蔽层也可以铝塑复合薄膜组成屏蔽层，屏蔽外可以绕包一层无纺布，以确保在装配过程中轻松地剥下护套。屏蔽电缆线如图 5-26 所示。

图 5-26　高压屏蔽电缆线

9）高压标识

高压电缆存在高压风险，为便于识别，标准规定，电动汽车高压电缆线表面必须采用鲜艳的橙色。也可同时印刷警示内容和特殊标记，如"小心！高压 600V"、高电压的闪电标识等。

纯电动汽车高压回路的橙色电缆，为区别电缆的正极"＋"和负极"－"，通常在橙色电缆线上端头部位分别缠上红色和黑色电工胶布加以区分。

（二）电动车电缆的标准化现状

电动汽车的迅速发展，必须要建立新的电缆标准，以满电动汽车的需要。

国际标准化组织道路车辆技术委员会电气电子分技术委员会车用电缆工作组（ISO/TC 22/SC 3/WG4）正在开展这项工作。

我国的高压屏蔽电缆的国家汽车行业标准正在制定中，其额定电压将达到 1000V。

在 ISO 6722 上可以看到，基于常见的 600V 电缆标准进行了修订，以符合 600V 电缆的需求。

SAE 将调整目前的高压（额定 600V）规范 SAE J1654 对高压电缆的要求，并涵盖600～1000V 的额定电压，新创建尚未发布的标准 SAE J2840 将定义为屏蔽类型的电缆。

LV 是德国的五大汽车公司的共同采购规范，目前推出了额定电压 600V 的电动汽车高压电缆标准 LV 216。其涵盖单芯和多芯的屏蔽电缆。

八、纯电动汽车充电步骤及注意事项

纯电动汽车由动力电池给驱动电机提供电源，驱动车辆行驶。因而，需要经常给电池充电，如图 5-27 所示。

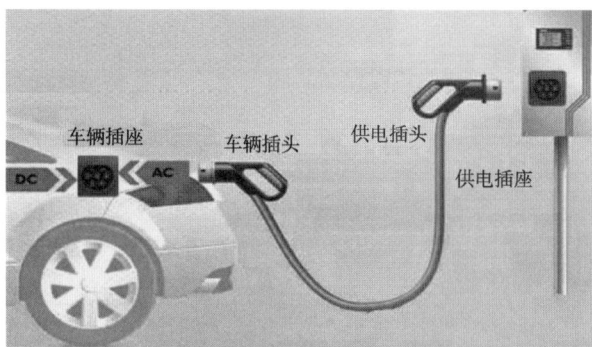

图 5-27　纯电动汽车充电

(一) 充电步骤

第一步：将电门钥匙关闭，断开车辆电路，打开充电接口盖。纯电动汽车仪表板的充电指示灯点亮。当充电结束，拔下充电插头并关闭充电接口盖板之后，充电指示灯熄灭。充电过程中仪表板可以显示电池容量的变化，实时反映充电状态。

第二步：先将充电插头与车辆上的充电插座相连接，然后再连接充电桩一端充电接口。

第三步：将充电插头的另一端与充电桩上的充电插座进行连接。车载充电机在通过 CC-充电连接确认(电压 36V，电流 2A)和 CP-控制确认(电压 36V，电流 2A)后，将开始对动力电池组充电。公用充电桩还需要刷卡付款后才可以进行充电。家用充电桩接通电源并通过连接、控制确认后即可对电池充电。如采用家庭插座充电，插座及导线应该符合 220 V/16A 的要求。

充电过程中要查看动力电池组电量是否已经充满，只需将钥匙打到"ACC"或者"ON"挡，即可从仪表板上读出。

当指针指示在 100% 时，表明动力电池组已经充满电。当指针未指示在 100% 附近时，说明动力电池组尚未充至满电状态。

(二) 充电操作注意事项

(1)首先，电池不宜过充、过放。电池过度充电和放电都会降低其使用寿命。

(2)不同车型的蓄电池，充电时间长短不一，要控制好充电时间、电流大小和电池的温度，如果电池温度超过 65℃ 时，应该停止充电。

要将电量很低的动力电池组充至满电状态，使用 220V 交流电一般需要 6～10h。充电时间的长短也取决于动力电池组的荷电状态(SOC)，荷电状态较高时充电时间较短，荷电状态较低时充电时间较长。常用国产纯电动汽车充电时长续航里程见表 5-2。

(3)电动汽车应该尽量采用常规充电方式进行充电(交流慢充)。直流快充，充电电流较大，经常采用快充方式对动力电池充电对电池有损伤。

(4)由于动力电池的特性以及检测精度的问题，有时候动力电池充至满电状态时，SOC 表的指针并未指示在 100%，这个指示的范围可能是在 98%～100%。所以可以认为当 SOC

表的指针指示在98%以上时(包括98%),动力电池组已经充满电。

常用国产纯电动汽车充电时长续航里程 表5-2

车型	慢充时间(h)	快充时间(h)	续航里程(km)
北汽 E150EV	8	2	150
比亚迪 E6	20	2	300
江淮和悦 IEV4	8	2.5	200
江淮和悦 IEV5	8	2.5	200
奇瑞 eQ 纯电动车	8~10	30min	200
腾势	5	1.5~2	250
北汽 C70GB	10 以上	2	130
荣威 E50	6~8	1.5	180
启辰 e30	8	1.5	180
众泰知豆 E20	6	1	120

(5)在充完电拔下充电接头以后,如果没有及时查看SOC表的充电状态,而是过了几小时或者更长的时间才进行查看,这时由于动力电池的特性,SOC表指针可能指示在98%以下,这并不意味着动力电池组出现了故障。

(6)动力电池组的可用能量会随着使用时间的延长而逐步衰减。如果动力电池组的使用时间已经很长,充满电时SOC表指针也不会指示在100%附近。

(7)动力电池包充电过程中,电池管理系统(BMS)会自动控制充电电流的大小,当动力电池组充至满电状态时,电池管理系统会自动终止对动力电池组的充电。

(8)当环境温度太低时,插上充电接头以后,电池管理系统会自动先对电池组进行加热,当温度合适以后才对电池包进行充电。

技能实训

纯电动汽车充电方法应用(以比亚迪 E6 为例)

(一)实训目的

学会纯电动汽车的充电方法和步骤。

(二)实训主要内容

实训老师的指导下,学生在理实一体教室或实训教室,实训操作。

学习纯电动汽车充电方法和步骤。学会常用充电方法,学会充电安全注意事项。

常用充电方法:

(1)直流充电。直流快充充电桩。

(2)常规交流充电(慢充)。常规交流充电包括壁挂式交流充电桩(家用充电桩)充电和便携式(插座)交流充电。

(三) 实训方法、步骤

比亚迪 E6 有三种充电方式。

(1)直流快速充电桩(非车载充电桩,>50kW,150~250A),充电 40min 充至电池 80% 电量。

(2)交流常规充电桩,如图 5-28 所示。

交流充电装置				
交流充电	便携充电盒	220V	2kW	8A
	壁挂式充电盒	220V	3.3kW	16A
	壁挂式充电盒	220V	7kW	32A
	壁挂式充电盒	380V	40kW	63A

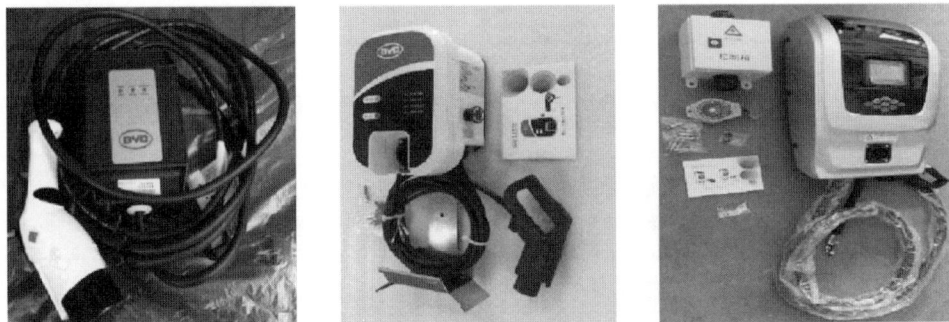

图 5-28 交流充电桩及参数

①第一种交流充电桩(7kW /220V,16A),充电时间为 6~8h。

②第二种交流充电桩(40kW/380V,32A)充电时间为 2~2.5h。

③使用便携式交流插座(2.0kW/220V,8A,家用 16A 插座,充电时间 20h)。

(3)以上三种充电方式,有所不同,但基本操作步骤为:

①将电门钥匙关闭,断开车辆电路。

②打开充电接口盖。纯电动汽车仪表板的充电指示灯点亮。当充电结束,拔下充电插头并关闭充电接口盖板之后,充电指示灯熄灭,如图 5-29 所示。

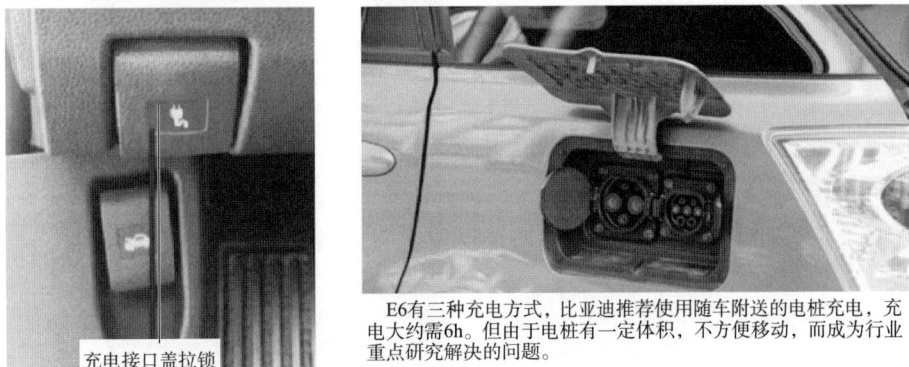

充电接口盖拉锁

E6有三种充电方式,比亚迪推荐使用随车附送的电桩充电,充电大约需6h。但由于电桩有一定体积,不方便移动,而成为行业重点研究解决的问题。

图 5-29 充电接口及拉锁

③打开充电桩电源,观察充电桩显示屏显示状态,如图 5-30 所示。

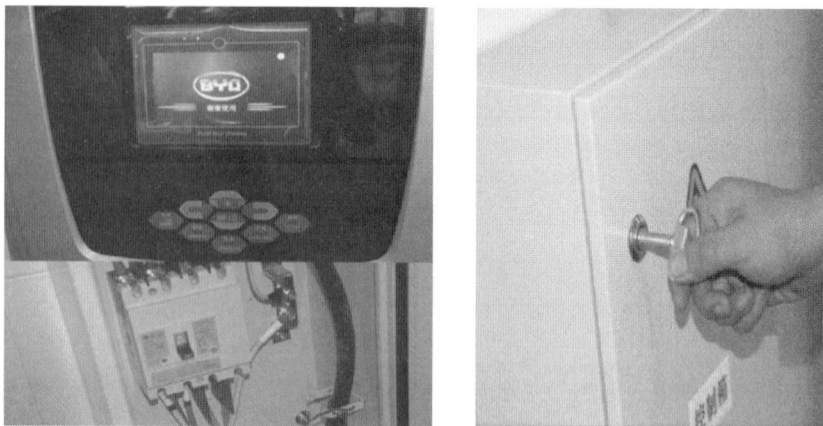

图 5-30　壁挂式充电桩

④观察车内显示屏状态,如图 5-31 所示,状态正常。拿出充电连接导线,先将插头插入车辆充电接口,再将插头插入充电桩一端。充电过程中仪表板可以显示电池容量的变化,实时反映充电状态。

图 5-31　车内显示屏及充电连接导线

⑤点击充电桩显示屏上充电按钮,起动充电,如图 5-32 所示。

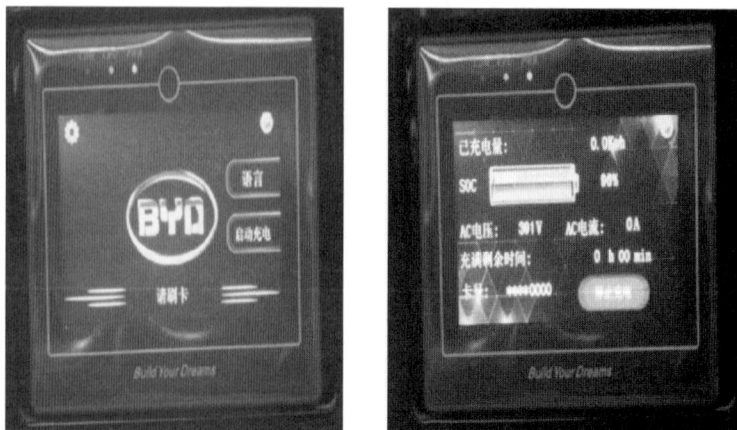

图 5-32　充电桩显示屏　起动充电

⑥充电完成。点击充电桩显示屏上停止充电按钮,关闭电源,如图 5-33 所示。

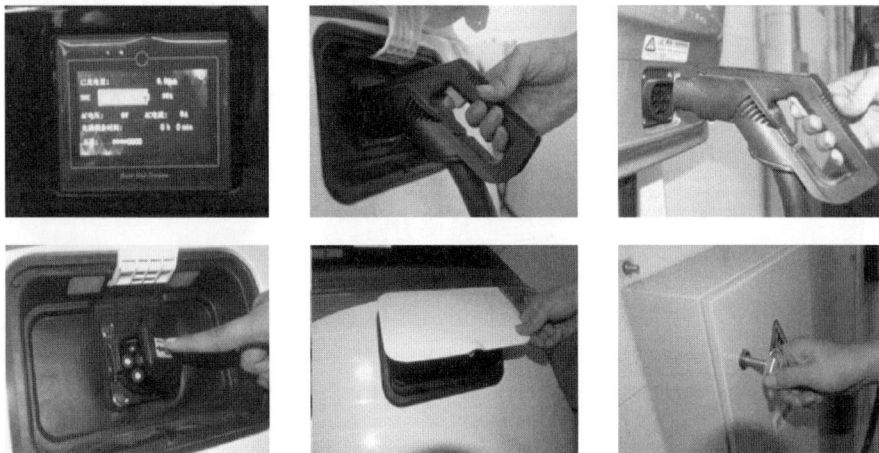

图 5-33　充电桩显示屏停止充电

⑦拔下充电插头,收起充电导线。

(四)实训注意事项

(1)实训教师必须持国家强电低压"特种作业操作证"上岗。

(2)设置安全警戒隔离栏,放置安全警示牌(图 2-35),放置绝缘防护垫。

(3)听从教师实训安排,未经允许严禁任何人随意打开纯电动汽车的电机舱、行李舱。

(4)严禁用身体直接接触电动汽车高压危险警示标志电器和橙色(高压线)电缆线及插头。车辆机舱内严禁淋水、冲洗。雨天禁止在室外打开前舱盖,以防漏电。

(五)实训报告

实训完毕,由学生根据实训内容填写实习报告。

模块小结

(1)纯电动汽车充电系统(车辆内部),主要由动力电池组件、车载充电器、DC/DC 功率变换器、高压控制盒、快充口(直流充电口)、慢充口(交流充电口)等组成。纯电动汽车的动力驱动系统包括电力驱动系统、电源管理系统、电子控制系统。

(2)纯电动汽车的充电模式。

①常规充电模式;

②快速充电模式;

③更换电池充电模式;

④无线充电模式。

(3)全球 5 大电动车充电标准接口。

①中国标准接口。

②Combo 充电接口。

③CHAdeMO 充电接口。

④特斯拉充电接口。

⑤CCS 充电接口(联合充电系统)。

(4)车载充电机是指固定安装在电动汽车上的充电机,具有为电动汽车动力电池,安全、自动充满电能的功能。

(5)纯电动汽车高压控制箱,是纯电动汽车高压、大电流配电控制单元(PDU)。采用集中配电方案,结构设计紧凑,接线布局合理,检修方便。

(6)动力电池组充电模式采用"恒流—恒压"两阶段充电模式。充电开始阶段,一般采用最优充电倍率(锂离子电池为0.3C)进行恒流充电。

(7)纯电动汽车高压系统电压在300~600V,甚至有更高的电压平台。对于高压系统来说,涉及高压电缆的绝缘阻抗问题以及在电磁干扰保护系统下安全传输高压电流的问题。

(8)纯电动汽车充电操作步骤及注意事项。

思考与练习

(一)填空题

1.纯电动汽车按充电快慢分为:_____,_____,_____三种充电模式。

2.纯电动汽车按充电主要技术方式分为:_____和_____两种充电方式。

3.交流充电接口的 CC 和 CP 端子的作用分别是_____和_____。

4.纯电动汽车高压控制箱主要由高压_____、_____、_____、_____等组成。

5.采用家庭插座给电动汽车充电,插座及导线应该符合_____的要求。

6.高压电缆存在高压风险,为便于识别,标准规定,电动汽车高压电缆线表面必须采用_____色彩。

(二)判断题

1.纯电动汽车充电方式有多种,充电电流越大充电效果越好。　　　　(　　)

2.纯电动汽车和电动汽车可以共享交流充电机的充电。　　　　　　(　　)

3.纯电动汽车常规充电模式就是直流快充模式。　　　　　　　　　(　　)

4.车载充电机当相线和零线与充电桩接通后,形成回路,就能对电池充电。(　　)

5.我国国家标准(GB)规定,直流充电接口为九个端子,交流充电接口为七对端子。

　　　　　　　　　　　　　　　　　　　　　　　　　　　(　　)

(三)简答题

1.常规充电模式分为几个阶段?

2.简述高压控制箱功能。

3.简述车载充电机是怎样控制充电过程的。

模块六 整车控制系统与 CAN 通信网络

学习目标

1. 认识纯电动汽车整车控制系统及整车控制器;
2. 了解制动能量回收系统;
3. 认识纯电动汽车 CAN 总线通信网络系统;
4. 认识通信网络基本组成、主要部件及控制原理;
5. 了解整车控制系统各主要部件的安装布置及通信网络系统检测方法。

建议课时:6 课时。

一、纯电动汽车的控制系统

(一)整车控制系统的构成

纯电动汽车控制系统是基于车载电子微处理器的硬件和软件,以及 CAN 通信网络系统等来实现对整车各个功能单元的控制。是纯电动汽车三大核心系统之一。整车控制系统由整车控制器 VCU(Vehicle Controller Unit)、电机控制单元 MCV(Motor Control Unite)、电池管理系统 BMS(Battery Management System)、CAN 通信系统、零部件控制器以及驾驶人操纵系统构成。并能根据驾驶人的操作和当前的整车和零部件工作状况,在保证安全和动力性的前提下,选择尽可能优化的工作状态和能量输出与回收,以达到最佳的能量经济性。

(二)整车控制系统结构原理

纯电动汽车控制系统包括整车控制器和各子系统控制单元,如图 6-1 所示。整车控制器是整车控制系统的核心部件,整车控制器承担数据交换与控制、安全管理和能量分配的任务。

纯电动汽车为了满足整车动力性、经济性、安全性和舒适性的目标,一方面必须具有智能化的人车交互接口,另一方面,各系统还必须彼此协作,优化匹配。这项任务由整车控制系统来完成。基于总线的分布式控制网络是使众多子系统实现协同控制的理想途径。整车控制系统经整车控制器通过通信网络与各控制单元连接,整车控制系统结构原理如图 6-2 所示。

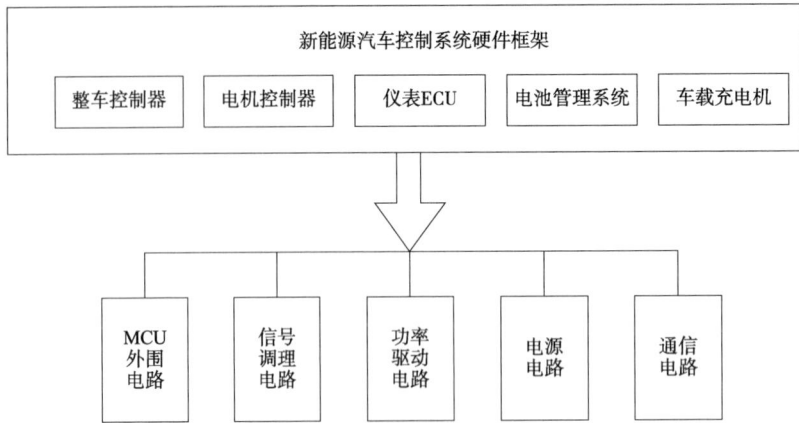

图 6-1　纯电动汽车控制系统硬件框架

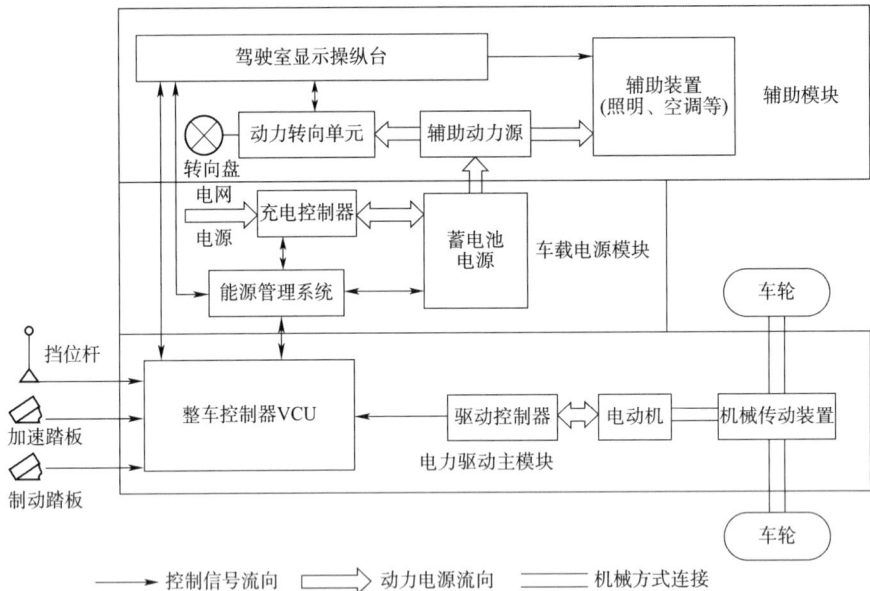

图 6-2　纯电动汽车整车控制系统原理图

　　系统各控制单元都有自己的控制器,形成分布式分层控制体系。分布式分层控制可以实现控制系统的拓扑分离和功能分离。拓扑分离使得物理结构上各个子系统控制系统分布在不同位置上,从而减少了电磁干扰,功能分离使得各个子部件完成相对独立的功能,从而可以减少子部件的相互影响并提高了容错能力。纯电动汽车整车控制系统单元结构示意图,如图 6-3 所示。

　　整车控制系统最底层是执行层,由部件控制器和一些执行单元组成,其任务是正确执行中间层发送的指令,这些指令通过 CAN 总线进行交互,并且有一定的自适应和极限保护功能;中间层是协调层,也就是整车控制器,它的主要任务一方面根据驾驶人的各种操作和汽车当前的状态解释驾驶人的意图,另一方面根据执行层的当前状态,做出最优的协调控制;

最高层是组织层,由驾驶人或者自动驾驶仪来实现车辆控制。整车控制系统的分层控制如图 6-4 所示。

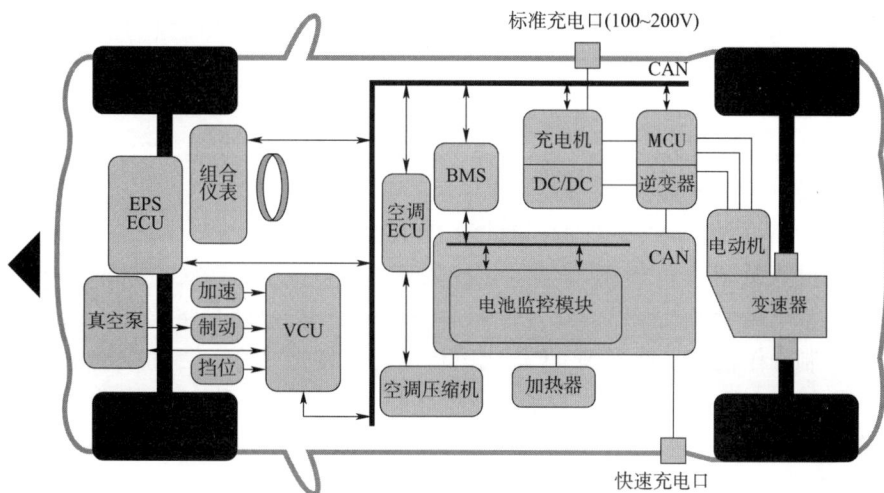

图 6-3　纯电动汽车整车控制系统单元结构示意图

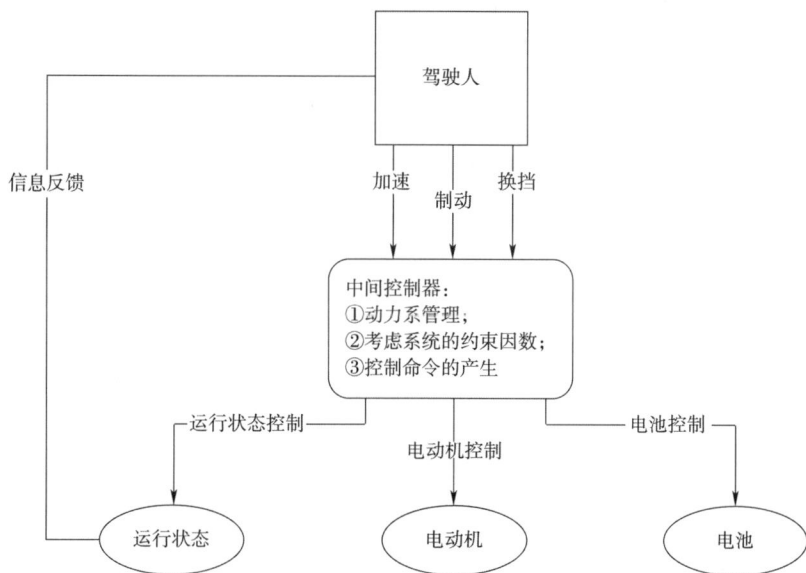

图 6-4　整车控制系统的分层控制

(三)整车控制系统作用

1. 整车控制系统基本要求

(1)测控车辆动力性和经济性:整车控制器决定动力电机转矩的输出,直接关系到汽车动力性能,影响驾驶人的操纵感觉;在车辆行驶过程中,整车控制系统实施动力能量优化与协调,从而实现整车能量的优化,获得较高的经济性。

(2)保证车辆安全性:整车控制系统从整车的角度及时检测各部件的工作状态,并对可能出现的危险进行及时处理,以保证乘员和车辆的安全。

(3)对整车协调控制及调控驾驶舒适性:整车控制系统根据驾驶人的操作指示(加速、制动等),综合纯电动汽车当前的状态,分析驾驶人的意图,并根据各控制单元的当前状态做出最优的协调控制,改善驾驶舒适性。

整车控制器根据驾驶人操作信号进行驾驶意图解释,根据各个部件和整车工作的状态进行整车安全管理和能量分配决策,通过 CAN 总线向部件 ECU 发送命令,并通过硬件资源驱动整车安全操作和仪表显示。

2.整车控制系统对车辆控制作用(以北汽 EV150 为例)

1)分析驾驶人意图

整车控制系统对驾驶人操作信息及控制命令分析处理,也就是将驾驶人的加速信号和制动信号等控制操作根据某种规则,转化成电机的需求转矩命令。因而驱动电机对驾驶人操作的响应性能完全取决于整车控制系统对操作信号的解释结果,直接影响驾驶人的控制效果和操作感觉。

2)驱动控制

根据驾驶人对车辆的操纵输入(加速踏板、制动踏板及选挡开关)、车辆状态、道路及环境状况,经分析和处理,向 VCU 发出相应的指令,控制电机的驱动转矩来驱动车辆,以满足驾驶人对车辆的动力性要求;同时根据车辆状态,向 VCU 发出相应指令,保证安全性、舒适性。

3)整车能量优化管理

通过对电动汽车的电机驱动系统、电池管理系统、传动系统以及其他车载能源动力系统(如空调、电动泵等)的协调和管理,提高整车能量利用效率,延长续驶里程。

4)充电系统控制

整车控制系统与电池管理系统共同进行充电过程中的充电功率控制,整车控制器接收到充电信号后,应该禁止高压系统上电,保证在充电状态下处于行驶锁止状态;并根据电池状态信息限制充电功率,保护电池。

5)能量回馈控制

整车控制器根据加速踏板和制动踏板的开度、车辆行驶状态信息以及动力电池的状态信息(如 SCO 值)来判断某一时刻能否进行制动能量回馈,在满足安全性能、制动性能以及驾驶人舒适性的前提下,回收部分车辆的惯性能量。包括滑行和制动过程中的电机制动转矩控制。

6)整车 CAN 总线网关及网络化管理

在整车的网络管理中,整车控制器是信息控制的中心,负责信息的组织与传输,网络状态的监控、网络节点的管理,信息优先权的动态分配及网络故障的诊断与处理等功能。通过 CAN(EVBUS)总线协调电池管理系统、电机控制器、空调系统等模块相互通信。

7)车辆状态的实时监测和显示

整车控制器应该对车辆的状态检修实时检测,并将各个子系统的信息发给车载信息显示系统,其过程是通过传感器和 CAN 总线,检测车辆状态和动力系统及相关子系统状态信息,驱动显示仪表,将状态信息和故障诊断信息通过数字仪表显示出来。

8）车辆其他控制

（1）电动化辅助系统管理。

电动化辅助系统包括电动空调、制动辅助、电动助力转向。整车控制器系统应该根据动力电池以及低压电池状态,对 DC/DC、电动化辅助系统监测、控制。

（2）高压上下电控制。

根据驾驶人对电门钥匙开关的控制,进行动力电池的高压接触器开关控制,以完成高压设备的电源通断和预充电控制。上下电流程处理:协调各相关部件的上电与下电流程,包括电机控制器、电池管理系统等部件的供电,预充电继电器、主继电器的吸合和断开时间等。

（3）故障诊断与处理。

连续监视整车电控系统,进行故障诊断,并及时进行相应安全处理。根据传感器的输入及其他通过 CAN 总线通信得到的电机、电池、充电机等信息,对各种故障检修判断、等级分类、报警显示;存储故障码,供维修时查看。故障指示灯提示故障类型和部分故障码。在行车过程中,根据故障内容作故障诊断与处理。

（4）换挡控制功能。

挡位管理关系驾驶人的驾驶安全,正确理解驾驶人意图,以及识别车辆合理的挡位,在基于模型开发的挡位管理模块中得到很好的优化,如图 6-5 所示。能够在出故障时做出相应处理保证整车安全,在驾驶人出现挡位误操作时通过仪表等提示驾驶人,使驾驶人能迅速做出纠正。

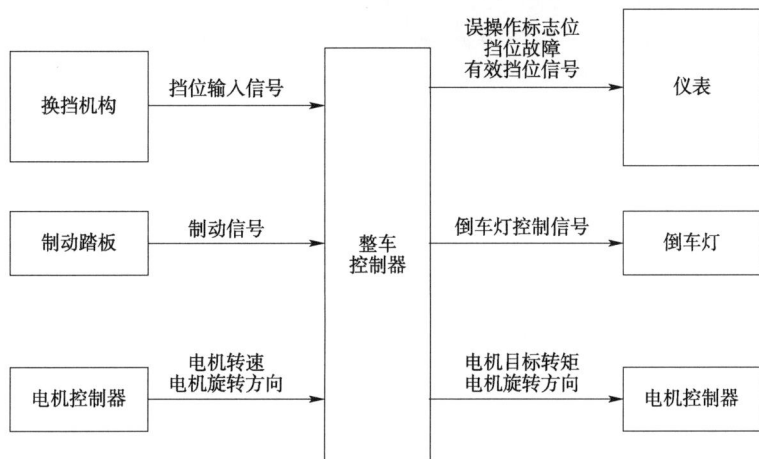

图 6-5　EV150 换挡控制功能

（5）防溜车功能控制。

纯电动汽车在坡上起步时,驾驶人从松开制动踏板到踩加速踏板过程中,会出现整车向后溜车的现象。在坡上行驶过程中,如果驾驶人踩加速踏板的深度不够,整车会出现车速逐渐降到 0 然后向后溜车现象。为了防止纯电动车在坡上起步和运行时向后溜车现象,在整车控制策略中增加了防溜车功能。防溜车功能可以保证整车在坡上起步时,向后溜车小于 10cm;在整车坡上运行过程中如果动力不足时,整车车速会慢慢降到 0,保持 0 车速,不再向后溜车。

(6)远程控制。

通过互联网整车控制系统具有一定的远程控制功能,如查询电池 SOC 值、空调控制和充电控制。

二、整车控制器

(一)整车控制器的构成

纯电动汽车整车控制器 VCU(Vehicle Controller Unit)是整车控制系统的核心部件,承担数据交换与控制、安全管理和能量分配的任务。纯电动汽车整车控制器包括微控制器、模拟量输入和输出、开关量调理、继电器驱动、高速 CAN 总线接口、电源等模块。整车控制器(北汽 EV200)如图 6-6 所示。

图 6-6   整车控制器(北汽 EV200)

整车控制器能采集驾驶人驾驶信号,通过 CAN 总线获得电机和电池系统的相关信息,进行分析和运算,通过 CAN 总线给出电机控制和电池管理指令,实现整车驱动控制、能量优化控制和制动回馈控制。整车控制器还具有综合仪表接口功能,可显示整车状态信息;具备完善的故障诊断和处理功能;具有整车网关及网络管理功能。对纯电动汽车动力链的各个环节进行管理、协调和监控,以提高整车能量利用效率,确保安全性和可靠性。整车控制器 VCU 结构原理如图 6-7 所示。

(二)整车控制器功能

整车控制器 VCU 的功能包括:信息的传送、分析、处理,控制指令的发布和修改、能量的传递和调控、执行器的动态响应、各个总成和器件的实时执行状态及传感器反馈信息比较等功能。在微处理器控制系统中装备有多个子控制器、执行器和功能总成的实体,具体实现驾驶人的驾驶意图,并通过传感器反馈执行器在线执行的信息。通过车辆控制系统全面改善和提高纯电动汽车的安全性、可靠性、动力性、经济性、节能和环保等性能,创建了良好、舒适的驾驶环境和人车对话氛围,保证驾驶人对汽车驾驶与操控意图的贯彻,从而控制车辆的运行状态。

纯电动汽车以整车控制器为主节点的、基于高速 CAN 通信总线的分布式动力系统控制网络,通过 CAN 通信网络,实现各条总线上信息的共享以及实现车辆内部的网络管理,以达到监控通信网络、信息调度、信息汇总的作用。车辆网关是车辆通信局域网的核心。整车控制器可以对纯电动车辆动力链的各个环节进行管理、协调和监控,提高整车能量利用效率,确保车辆安全性和可靠性。功能主要如下。

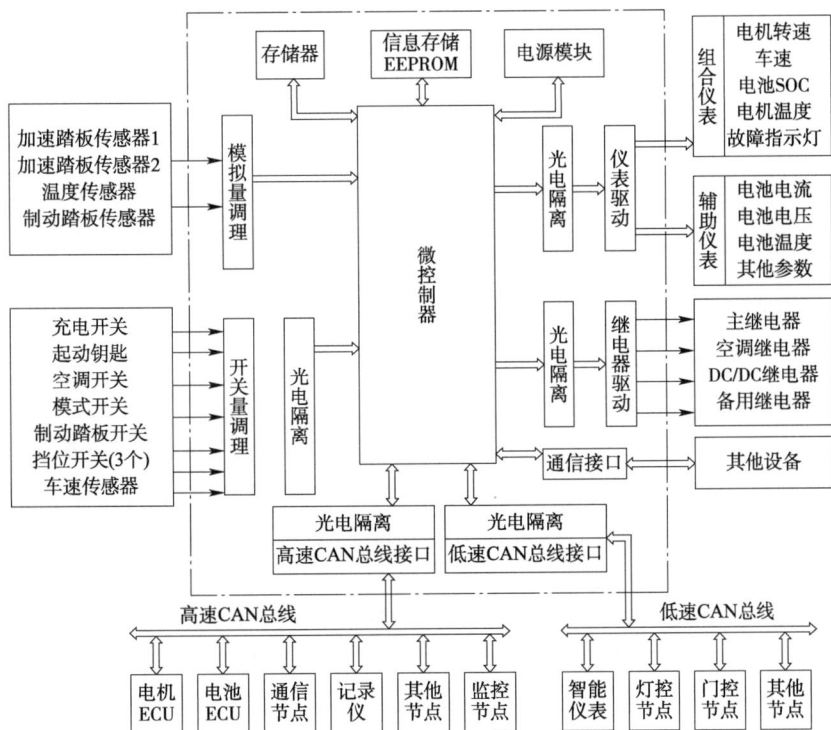

图 6-7　整车控制器结构原理图

1. 整车控制器 VCU 对驱动电机控制器 MCU 的控制

(1)采集车辆行驶实时状态。如驾驶人操作加速踏板位置信号或制动踏板位置信号,以及车辆直线行驶或弯道行驶状态等信号。根据车辆状态信息和电动机转速确定向电机控制单元 MCU 传送的转矩数据。控制转矩和功率的输出。

(2)当驾驶人操作制动踏板时 VCU 根据制动踏板的位置信号,控制电机控制单元 MCU,关闭驱动电路信号,起动能源回收模式和 ABS 制动功能,从而控制车辆制动,同时控制驱动电机处于发电状态,回收车辆惯性动能。

(3)根据变速器换挡手柄位置和旋变传感器信号确定驱动电机转矩方向,对于带变速器传动系统 MCU 根据变速器换挡手柄位置或操控信号,确定旋转方向和转矩大小。

2. 整车控制器 VCU 对电池管理系统 MCU 的控制

整车控制器 VCU 具有对电池管理系统 MCU 的控制,通过 MCU 实现电源管理控制功能。整车控制器中的软件检测系统的工作状态,根据需要对正负直流母线进行有区别的断电。电池箱内配有熔断丝的检修塞或空气开关,在维修时需用手动插拔检修塞或断开空气开关的方式切断电源。直流母线断电继电器位置应设计在蓄电池组的输出的近端;尽量采用减缓电流冲击的三继电器控制方式,除正负母线两个继电器外,另一个为系统主电阻器继电器。

3. 整车控制器 VCU 的自诊断功能

整车控制器 VCU 能对整个系统自行监测,接入系统传感器、执行器、整车控制器进行监测、诊断。

整车控制器 VCU 对检测仪的输出的数据包括:整车控制器的版本、电动机控制器的版本、整车控制器存储的故障码、防盗电子钥匙的版本、数据流。整车控制器 VCU 对检测仪输入具有单元编码功能、能进行执行组件诊断,且具有自适应功能;检测仪还要有登录上网功能,以利于检测仪的数据更新。

传感器监测包括:对电动机中冷却液温度、冷却液风扇电动机继电器线圈电路、水泵电动机继电器线圈电路,并对电动机电源的状况进行监控,能反映故障生成故障码,有必要时点亮故障灯。

执行器监测包括:继电器是否能工作,原因在线圈还是开关,电磁阀是否能工作,并设计执行组件诊断的程序。

4. 整车控制器 VCU 数据信息与其他控制单元共享

整车控制器 VCU 与其他控制单元共享数据信息,如接收到电动机控制器(MCU)节点传来的电动机控制器如电压过大、电流过载、温度过高等故障,对故障进行存储,分析后认为有必要则输出至仪表板(ICU),通过仪表板报警灯报警显示。对来自电池管理系统(BMS)的蓄电池总电压、电流、各蓄电池的电压、电池箱温度、风扇继电器工作情况、烟度传感器信号、内置温度传感器蓄电池的单块温度进行处理,必要时,给仪表发送故障信号。向仪表输出电池箱 BMS 分系统确定电池箱号和蓄电池位置号,便于换蓄电池检测维修。整车控制器与空调控制单元 ECU 交换空调信息,控制空调的温度。整车控制器从漏电保护器单元接收高压漏电信号,起动高压漏电自动切断主电路开关功能。

5. 整车控制器 VCU 的电器管理功能

(1)对灯光和加热器等的控制。

(2)对电器用电的优先权进行控制。

6. 整车控制器 VCU 的防盗器功能

将编码机械钥匙(或感应钥匙)、整车控制器和电动机控制器三者联系在一起,采用变码送码防盗技术。变码送码防盗技术主要涉及编码机械钥匙(或感应钥匙)和整车控制器无线通信、密码算法 A。另外就是整车控制器和电动机控制器实现有线通信、密码算法 B。一旦三者身份认证通过,则控制电动机控制器正常工作,否则电动机控制器进入控制锁死状态,而不是简单地不发转矩信号,这样可防止盗贼通过车辆自身动力将车盗走。因为三者出厂时已经通过认证,贼盗盗走最多是整车控制器和电动机控制器两者,没有钥匙这两个控器不能工作,也可大大减少盗贼盗走电动机控制器和整车控制器的想法。服务修理上一旦钥匙丢失,软件上有能配制新的电子钥匙的程序。防盗控制状态能通过检测仪的数据流功能显示。

(三)整车控制器的安装位置

纯电动汽车整车控制器安装位置因车型不同而不同。北汽 EV150 车型的整车控制器安装在前舱,如图 6-8 所示。而比亚迪 E6 整车控制器及其他控制器分布如图 6-9 所示。

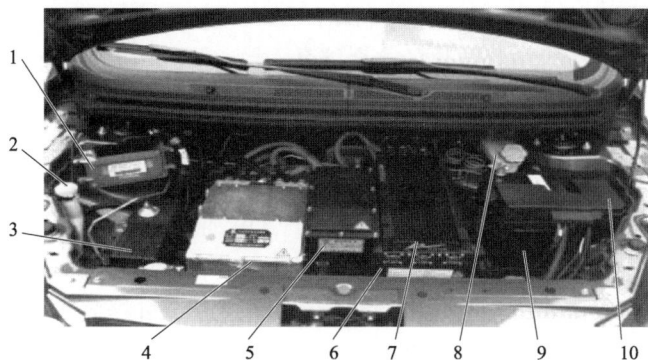

图 6-8 北汽 EV150 整车控制器及高压电器布置

1- 整车控制器;2-洗涤液储液罐;3-低压熔断丝盒;4-驱动电机;5-高压控制盒;6-车载充电器;7-DC/DC 变换器;8-制动液储液罐;9-低压蓄电池;10-前舱低压电器盒

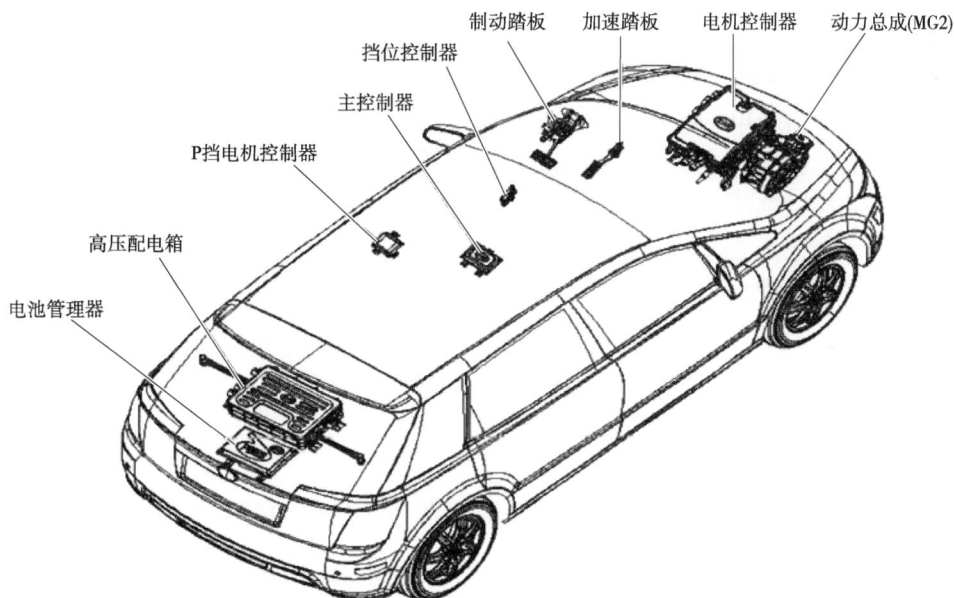

图 6-9 整车控制器(主控制器)及其他控制器安装布置(比亚迪 E6)

三、制动能量回收

制动能量回收是现代纯电动汽车以及油电混合动力汽车的重要特性,也是一项重要的应用技术。对于电动汽车有效利用能源、提高电动汽车的能源利用率、增强车辆的续航能力都具有十分重要的意义。

汽车的应用特点和使用环境状况研究表明,在车辆的应用过程中有大于 20% 的驱动能量在制动过程中损失掉。因此,制动能量回收是提高汽车能量利用效率的有效措施,对汽车的节能和环保有着重要的作用。

过去传统汽车在减速过程中,只能采用摩擦力克服、消耗车辆行驶动力。在车速的降低过程中,汽车的机械能变为无用的热能,制动温度过高还会影响车辆的制动性能。随着电动汽车的发展和控制技术的进步,电动汽车制动能量回收技术应运而生。制动能量回收系统回收车辆在制动或惯性滑行中释放出的多余能量,并通过发电机将其转化为电能,再储存在蓄电池中,用于之后的车辆驱动。

动力电池是电动汽车的关键部件,动力电池储存能量的多少是决定电动汽车续驶里程的重要因素。由于电池应用技术的制约,目前动力电池技术仍然是电动汽车发展的瓶颈,电动汽车的续驶里程还不能满足人们的使用需求。将电动汽车减速时的动能转化为电能,回收到动力电池,这无疑相当于增加了蓄电池的容量。可有效增加车辆的行驶里程。通过对纯电动汽车的能量回收研究,目前,采用制动能量回收技术,可提高车辆能源 10% ~ 20% 的利用率。

(一)制动能量回收系统的结构原理

纯电动汽车的制动系统与传统燃油汽车不同,其功能除了对车辆产生制动作用外还具有能量回收的功能。通常由机械制动系统和再生制动系统两部分组成。再生制动系统可以利用驱动电机的控制电路实现驱动电机的发电运行,使减速制动时的能量回馈给动力电池充电,从而得到再生利用。各型车辆制动能量回收系统的具体的结构有所不同,但原理都基本相同,都是将车辆制动时的动能转化为电能,并给动力电池充电。制动能量回收系统基本结构如图 6-10 所示。

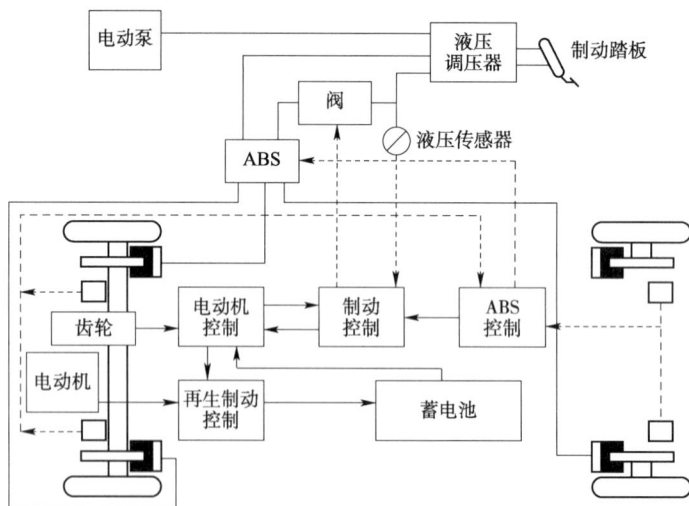

图 6-10　制动能量回收系统

当踩下制动踏板后,电动泵使制动液增压产生所需的制动力,制动控制与电机控制协同工作,确定电动汽车上的再生制动力矩和车轮上的液压制动力矩。再生制动时,再生制动控制模块回收再生制动能量并回馈到蓄电池中,电动汽车上的 ABS 及其控制阀的作用与传统燃油车上的相同,其作用是产生最大的制动力。其原理是在制动时将汽车行驶的惯性能量通过传动系统传递给驱动电机,驱动电机以发电机工作方式运行,驱动电机转子轴上的动能将转变为电能,此能量经过逆变器的反向二极管回馈到直流侧,为蓄电池充电,实现能量的再生利用。与此同时,驱动电机制动力矩又可通过传动系统对驱动轮施加反向扭力,从而产生制动力。

驱动电机内部将发生以下变化过程:电机转子的旋转速度超过给定频率下的同步转速,也即超过电动机内部同步旋转磁场的转速,造成转子切割磁力线的方向反向,转子导体上感应电势及感应电流的方向反向。由于转子电流中的励磁分量不会发生变化(电动机不可能使励磁电流反向,因为它需要从变频器侧吸收励磁电流以建立电动机内部磁场,维持电动机的运转),所变化的只是转子电流中的转矩分量,而转子电流转矩分量的变化又引起了定子电流转矩分量的变化。其结果是:定子电流的合成量(平时所说的定子电流)和电动机的转矩反向,能量由电动机侧回馈至变频器直流环节。

(二)制动能量回收控制策略

制动过程中,制动能量回收系统的制动控制 ECU 通过检测传感器信号识别出驾驶人的制动意图及所期望的制动强度,并从整车控制器 VCU 接收车速、蓄电池荷电状态(SOC)等信息;再生制动控制策略会根据当前的电动机状态、动力电池状态和车辆状态计算出最佳的再生制动力和摩擦制动力,根据分配得到的摩擦制动力调节液压控制单元,将分配得到的再生制动力发送给驱动电机控制器(MCU),从而调整控制。

制动力分配是制动能量回收控制策略中最为核心的部分。制动力分配直接关系到汽车制动能量回收和制动效能。从制动能量回收的角度,越大的再生制动力参与制动则可回收的制动能量就越多,但制动力分配线偏离理想制动力分配线也会越多。因此,制动力分配既要保证汽车的制动效能还要尽可能多地回收制动能量。

四、CAN 总线通信网络组成

CAN(Controller Area Network)是控制器局域网的简称。是国际上应用最广泛的现场总线之一,由德国博世公司在 20 世纪 80 年代初期,为解决现代汽车中庞大的电子控制装置之间的通信,减少不断增加信号线而开发的一种串行数据通信总线。

针对 CAN 通信总线技术,国际标准委员会已经推出了 ISO 11898—1/2/3/4/5 相关标准,其中,ISO 11898—1 标准对 CAN 总线的物理层和数据链路层进行了详细描述和定义。

CAN 总线各节点采用串行总线方式实现通信,节点物理层采用专用的集成电路块,将诸如数据的 CRC 校验、出错初步处理、接收滤波等功能都在集成电路中完成。CAN 总线数据链路层规定了通信数据的内容格式,CAN2.0A 定义了 11 位 ID 标准格式,CAN2.0B 新增定义 29 位 ID 扩展格式。目前,基于 ISO 11898 对 CAN 总线物理层和数据链路层的规定,针对不同应用领域,已形成部分应用层通信协议。目前没有形成公开标准的应用层协议标准,开发者需针对不同的应用对象,开发制定满足各自应用需求的 CAN 总线应用层通信协议。

(一)CAN 总线组成

CAN 总线基本组成为:各控制单元(CAN BUS 节点)、数据传送终端和 CAN 数据传输总线。CAN 网络的硬件结构,主要涉及总线与节点,每一个节点都通过 CAN-H 与 CAN-L 两根线分别连接在总线上,这些节点采用并联方式连接。CAN 总线结构如图 6-11 所示。

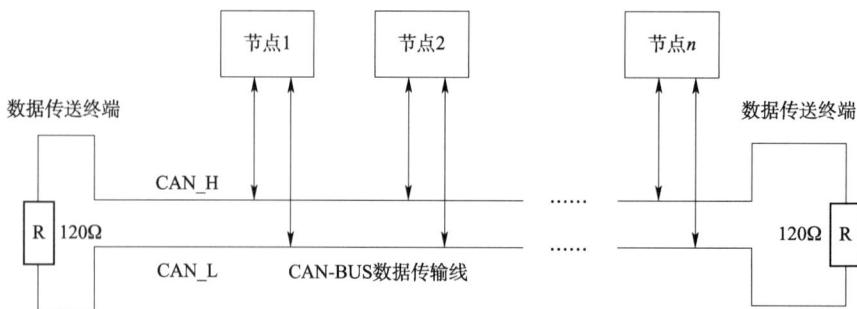

图 6-11   CAN-BUS 网络总线结构

(二) CAN 总线通信网络基本结构

纯电动汽车的整车控制系统是由两条 CAN 总线构成,即高速 CAN 总线和低速 CAN 总线。如图 6-12 所示。高速 CAN 总线和低速 CAN 总线是两个独立的总线系统。为了便于汽车所有功能的管理,通过网关将这两个总线网络连接起来,不同总线间的数据通过网关实现数据的共享。这样两个总线分别独立运行,只有需要在两种总线间交换的数据才通过网关进行传输。这种方式可将不同类型的信息分开,减轻了各网络总线上的负担。

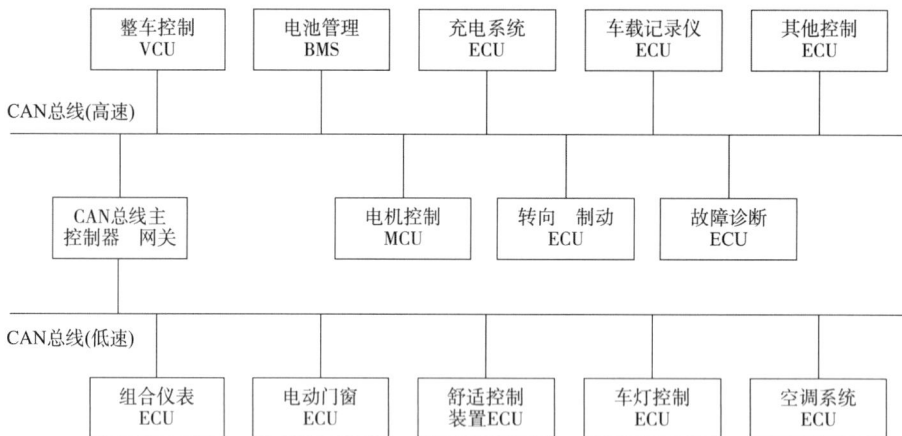

图 6-12   纯电动汽车 CAN 总线网络结构图

高速 CAN 总线主要连接电动汽车的驱动系统、安全系统和娱乐系统。由驱动系统各个子系统和故障分析记录系统节点组成,可以实现对驱动电机、动力电池、转向、制动等关键系统的快速控制。高速 CAN(HS CAN)网速为 500kb/s。

低速 CAN 总线主要用于连接车身系统,连接对象主要为汽车中的联合装配单元,如门窗、照明、空调、湿度传感器、中央集控锁等,并通过网关作为子网接入高速 CAN 总线,组成一个统一的多元网络。低速 CAN(MS CAN)网速为 125kb/s。

纯电动汽车-比亚迪 BYD-E6 CAN 总线通信网络拓扑结构如图 6-13 所示。

1. CAN 总线控制单元(CAN BUS 网络节点)

控制单元(CAN 网络节点)就是纯电动汽车 CAN 数据总线上的控制模块。一般由微处理器(ECU)、CAN 控制器、CAN 收发器三部分组成。不管节点是否带有终端电阻,其中均包含 CAN 网络收发器、控制器和控制单元微处理器(ECU)等节点组成组件如图 6-14 所示。

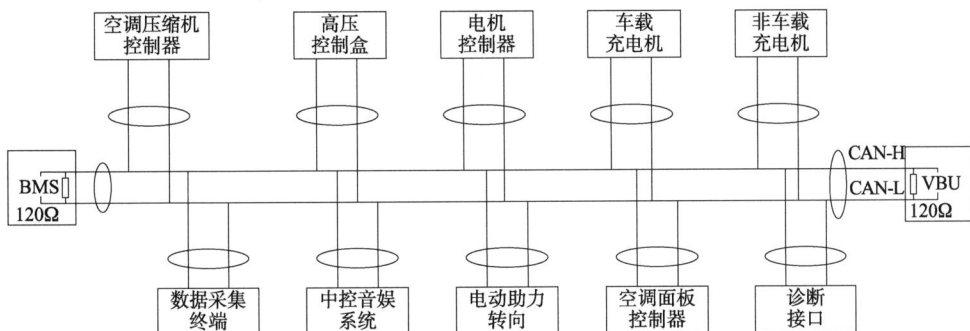

图 6-13　比亚迪 BYD-E6 CAN 总线拓扑结构

1）CAN 控制器

CAN-BUS 数据通信总线上的每个控制单元中均设有一个 CAN 控制器和一个 CAN 收发器。CAN 控制器主要用来接收微处理器（控制单元 ECU）传来的信息，对这些信息进行处理并传给 CAN 收发器，同时 CAN 控制器也接收来自 CAN 收发器传来的数据，对这些数据进行处理，并传给控制单元的微处理器。CAN 总线控制器 如图 6-15 所示。

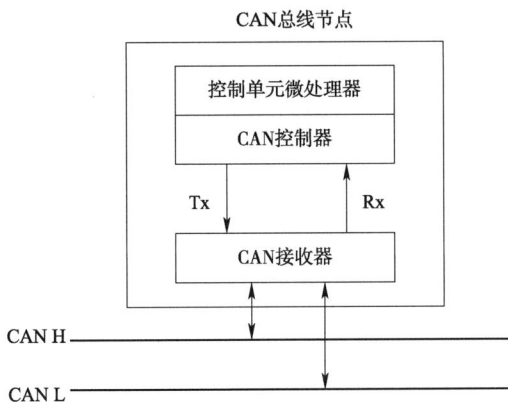

图 6-14　CAN 总线节点结构

图 6-15　CAN 总线控制器

2）CAN 收发器

CAN 收发器用来接收 CAN 控制器送来的数据，并将其发送到 CAN 数据传输总线上，同时 CAN 收发器也接收 CAN 数据总线上的数据，并将其传给 CAN 控制器。将"0"或"1"逻辑信号转换为规定的电压值（线路传输电平），并向总线输出；将总线电压信号转换为逻辑信号，并向控制器反馈，如图 6-16 所示。

3）微处理器

用集成电路组成的微处理器，是控制单元的核心组件，主要用于执行控制部件和算术逻辑部件的功能。

2. 数据总线终端电阻

CAN-BUS 数据总线的 CAN-H 和 CAN-L 线路端（或节点内）均以终端电阻连接。一般纯电动汽车在 CAN 数据总线终端电阻的阻值为 120Ω，如图 6-17 所示。两端通过终端电阻连接，终端电阻可以防止数据在到达线路终端后像回声一样返回，并因此而干扰原始数据，从而保证了数据的正确传送。

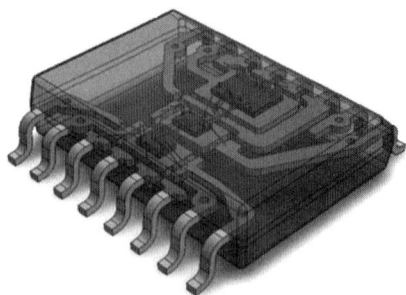

图 6-16　CAN 收发器(TJA1052i)

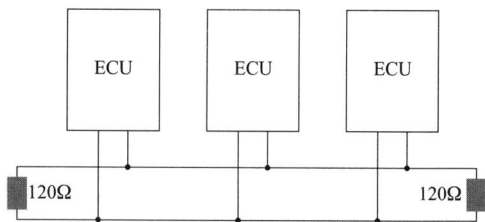

图 6-17　CAN 总线终端电阻

终端电阻装在控制单元内。带终端电阻的节点如图 6-18 所示。其收发器结构有所区别。在节点内部的总线接口处,串联了两个 60Ω 的电阻,并使用一个电容消除总线的电压波形。

3.网关(Gateway)

为了使采用不同协议及网速的数据总线间实现无差错数据传输,必须要用一种特定的控制模块,它就是网关(Gateway)。

A 总线与 B 总线属于两个不同的网络。A 总线上各个节点可以直接通信,但 A 总线上的节点无法直接与 B 总线的任何节点通信,即使使用导线直接连接 A、B 两条 CAN 总线也无法正常通信。

此时需要借助网关 G 作为网间连接器,以完成协议转换,从而实现跨总线之间的信号共享,如图 6-19 所示。节点 G 既属于 A 线的节点,又属于 B 总线上的节点。

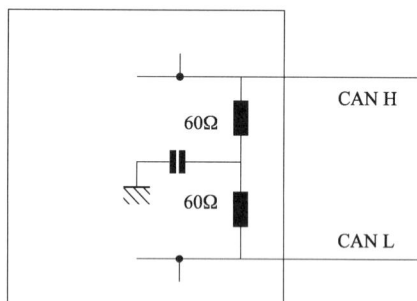

图 6-18　CAN 总线终端电阻

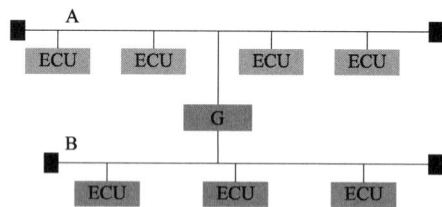

图 6-19　A 总线与 B 总线借助网关 G 进行通信

(1)网关控制器有以下 3 个功能(并包含车速采集功能):

①报文路由:网关应该是转发报文的功能,并对总线报文状态进行诊断。

②信号路由:信号在不同报文间的映射。

③网络管理:网络状态监测与统计,错误处理、休眠唤醒。

(2)网关形式。主要有以下两种:

①模块组合式网关:a.网关(Gateway)集成在组合仪表内。b.网关(Gateway)集成在汽车电气控制单元内部。如整车控制器。

②独立的网关:如比亚迪纯电动汽车 E6。采用独立网关(网关控制器)如图 6-20 所示。比亚迪 E6 的网关控制器,安装在副驾驶座椅下面。

4. 数据传输总线

(1)纯电动汽车数据传输采用双绞线作为数据总线(图 6-21),以增加总线的抗干扰能力。分为高位(CAN-H)和低位(CAN-L)数据线。为了防止外界电磁波干扰和向外辐射,两条数据线缠绕在一起,要求每相隔 2.5cm 就要扭绞一次,两条线上的电位是相反的,电压的和总等于常值,如图 6-22 所示。双绞线允许的总长度为 30m(25m 接节点,5m 接诊断仪);最多允许接 16 个节点(15 个模块和 1 个诊断仪)。

图 6-20   独立网关控制器(比亚迪 E6)

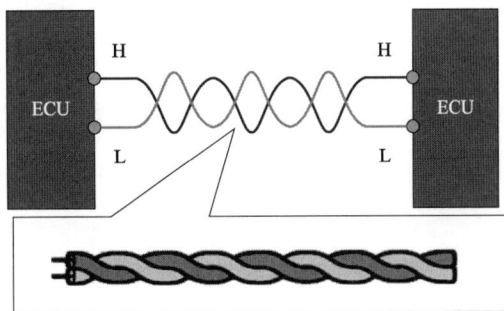

图 6-21   双绞线电缆

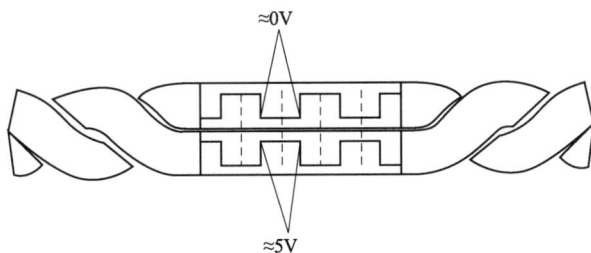

图 6-22   双绞线缠绕在一起传递信息

(2)纯电动汽车采用高速、低速两种 CAN-BUS 数据传输总线。高速 CAN(HS CAN)网速为 500kb/s,主要用于动力和安全系统及娱乐系统,如图 6-23 所示。

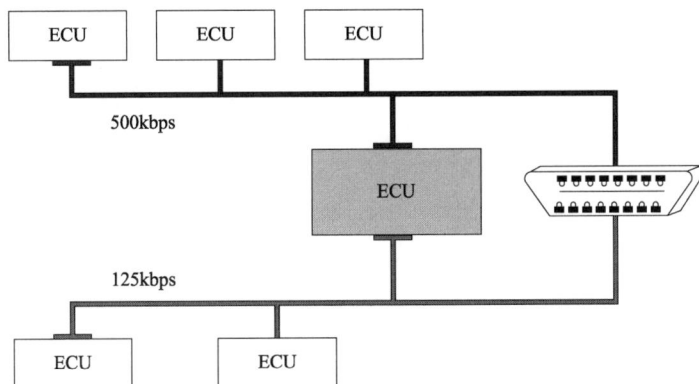

图 6-23   高、低速 CAN 总线通信传输

低速 CAN(MS CAN)网速为 125kb/s,用于车身控制,如车窗、中控锁等。

5. 压差驱动

CAN 网络采用电平差的方式识别数字信号,如图 6-24 所示,从而判断所传输的信息的

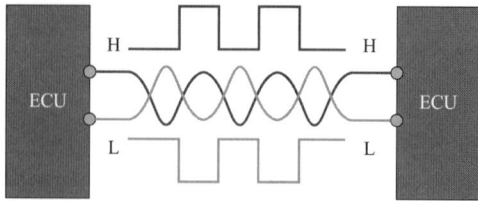

图 6-24　CAN 网络采用电平差的方式识别数字信号

含义。两条信号线被称为 CAN-H 和 CAN-L,即 CAN 的高位数据线和低位数据线。

CAN 总线的电压波形如图 6-25 所示,CAN-H 与 CAN-L 形成了对称的阵列布置方式。

CAN 总线在静态时,两线电压均约为 2.5V,此时状态表示为逻辑"1",也可称为"隐性"位;CAN 总线在工作时,CAN-H 比 CAN-L 高,表示

逻辑"0",称为"显性"位,如图 6-26 所示。

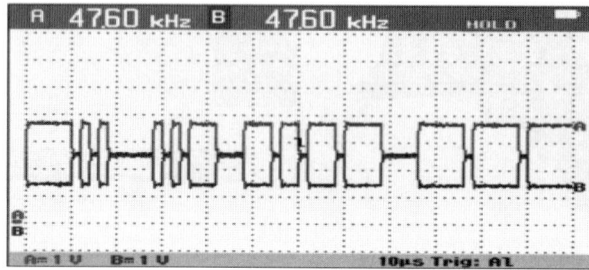

图 6-25　CAN 总线电压波形

CAN-H 的电压在高位时为 3.5V,在低位时为 2.5V。CAN-L 的电压在高位时为 2.5V,在低位时为 1.5V。

6.DLC 诊断连接口

诊断接口简称 DLC(Data Link Connector),是一个符合 ISO 标准的车载诊断接头,插头由 16 个针脚组成,每一个针脚均按照 ISO 标准用于特定用途。DLC 的形状和针脚编号如图 6-27 所示。

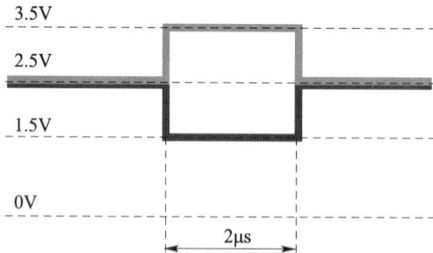

图 6-26　CAN 总线信号特点

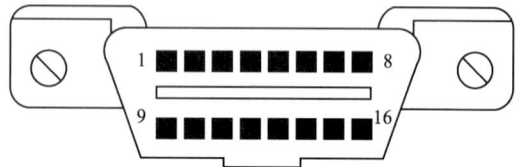

图 6-27　DLC 形状与针脚

纯电动汽车使用了其中的部分针脚,见表 6-1。

诊断口针脚编号连接表　　　　　　　表 6-1

1 号	2 号	3 号	4 号	5 号	6 号	7 号	8 号
			底盘接地	信号接地	CAN-H		
9 号	10 号	11 号	12 号	13 号	14 号	15 号	16 号
					CAN-L		供电电源

五、CAN 总线通信原理

(一)CAN 总线的工作原理

纯电动汽车 CAN 通信的原理和传统内燃机汽车 CAN 通信原理相同。CAN 总线使用串行数据传输方式,可以 1Mb/s 的速率在 40m 的双绞线上运行,也可以使用光缆连接,而且在这种总线上总线协议支持多主控制器。

当 CAN 总线上的一个电控单元(节点)发送数据时,它以报文形式广播给网络中所有节点。对每个节点来说,无论数据是否是发给自己的,都对其进行接收。每组报文开头的 11 位字符为标识符,定义了报文的优先级,这种报文格式称为面向内容的编址方案。在同一系统中标识符是唯一的,不可能有两个站发送具有相同标识符的报文。当几个站同时竞争总线读取时,这种配置十分重要。

当一个站要向其他站发送数据时,该站的 CPU 将要发送的数据和自己的标识符传送给本站的 CAN 芯片,并处于准备状态;当它收到总线分配时,转为发送报文状态。CAN 芯片将数据根据协议组织成一定的报文格式发出,这时网上的其他站处于接收状态。每个处于接收状态的站对接收到的报文进行检测,判断这些报文是否是发给自己的,以确定是否接收它。

由于 CAN 总线是一种面向内容的编址方案,因此很容易建立高水准的控制系统并灵活地进行配置。人们可以很容易地在 CAN 总线中加进一些新站而无须在硬件或软件上进行修改。当所提供的新站是纯数据接收设备时,数据传输协议不要求独立的部分有物理目的地址。它允许分布过程同步化,即总线上控制器需要测量数据时,可由网上获得,而无须每个控制器都有自己独立的传感器。

(二)CAN 总线主要功能

(1)各个电子控制单元(ECU)之间的信息通信和交换。
(2)电动汽车整车安全控制。
(3)电动汽车驱动系统的动力、功率、转矩的控制。
(4)电动汽车行驶姿态控制。
(5)电动汽车的行车用各种电子装备的控制等。

(三)CAN 总线网络容错功能

CAN 的特性之一就是,在总线出现特定故障(断路、短路)的情况下,能够继续保持通信能力。当总线出现故障时,节点将会识别各种错误,并存储相应的故障码。

然而,在某些致命的故障原因下,CAN 网络将会丢失通信能力。例如诊断插头的 6 号针脚对地短路,则所有连接在 CAN 网络上的模块均无法互相通信。

下面将分别介绍纯电动汽车 CAN 网络在哪些情况下具有容错能力,在哪些情况下会失效。

1. CAN 节点故障

当网络上的任一节点出现故障,包括节点自身故障、节点电源或接地损坏等。此节点将无法与 CAN 总线上的其他节点进行通信。其他节点可以继续通信,且会存储关于节点通信丢失的 DTC。

2. CAN 支路断路(不带终端电阻)

当不带终端电阻的节点的支路断路(CAN-H 或 CAN-L)。则此节点无法与其他节点通信。其他节点的通信不受影响。

3. CAN 支路断路(带终端电阻)

当带终端电阻的节点的支路断路。则此节点无法进行通信。其他节点以信噪比降低后的值继续工作,CAN 使通信继续进行。

4. CAN 总线断路

总线上的 CAN-H 或 CAN-L 断路时,则断路对侧的节点之间无法进行通信。断路同侧的节点之间可以进行通信,但是由于终端电阻的合成作用,此时的通信降低了抗扰度。

5. CAN-H 对地短路

当 CAN-H 对地短路时,总线整体失效,所有节点之间不能通信。

6. CAN-H 对电源短路

当 CAN-H 对电源短路时,CAN 总线一般具有继续工作能力。但在福特现阶段的车型中,因为总线连接的模块较多,通信数据较为密集,因此当 CAN-H 对电源短路时也可能致使总线通信失效。

7. CAN-L 对电源短路

当 CAN-L 对电源短路时,总线整体失效,CAN 网络不能工作。

8. CAN-L 对地短路

当 CAN-L 对地短路时,可以实现网络通信,因为 CAN 总线电压在共模电压范围内。但是总线的抗扰度降低,电磁辐射增加。

9. CAN-H 与 CAN-L 短路

当 CAN-H 与 CAN-L 短路时,总线整体失效,所有节点之间不能通信。

10. CAN-H 与 CAN-L 互接

当节点的支路 CAN-H 与 CAN-L 互接时,此节点无法与其他节点通信。其他节点的通信不受影响。

六、CAN 总线数据传输

CAN 网络上的节点会根据工作需要访问总线,因为 CAN 网络为多主结构,所以各节点既可以发送信号,也可以接收信号。不管是发送还是接收信号,均需要通过 CAN 收发器和控制器完成。

(一)数据信号发送

电控单元当需要发送数据信息给其他电控单元时,电控单元微处理器将需要传输的信息发送给 CAN 控制器,控制器以数字信号的形式驱动收发器电路,收发器中的驱动器向总线发出模拟信号。CAN H 为 2.5 ~ 3.5V;CAN L 为 1.5 ~ 2.5V,如图 6-28 所示。

(二)数据信号接收

节点需要从总线上采集信号时,差动放大器将 CAN-H 与 CAN-L 的电压值进行差动处理,并将结果发送给控制器,如图 6-29 所示。控制器依据数字信号识别原则,得到"0"或"1"的数字结果。

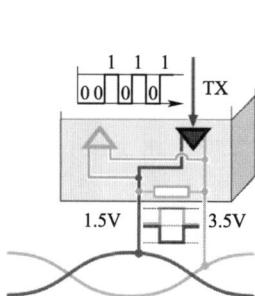

图 6-28　信号发送　　　　　　图 6-29　信号接收

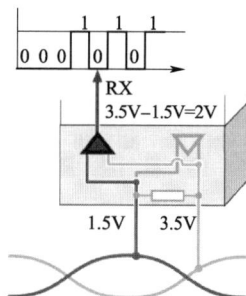

(三)CAN-BUS 总线的数据传输

1. 数据传输

当某一控制单元向 CAN 控制器提供需发送的数据后,CAN 控制器再将此数据发送给 CAN 收发器, CAN 收发器接收由 CAN 控制器传来的数据,并将其转化为电信号,通过 CAN-BUS 数据总线传输发出。此时,CAN 数据总线系统中其他控制单元转化为接收器接收此信号,并检查判断所接收的信号是否为所需要的,如果接收的数据是自己需要的,它将被接受并进行处理,否则该数据将被忽略,如图 6-30 所示。

CAN 数据总线在极短的时间内,在各控制单元间传递数据,该数据由多位构成,位数的多少由数据帧的大小决定。

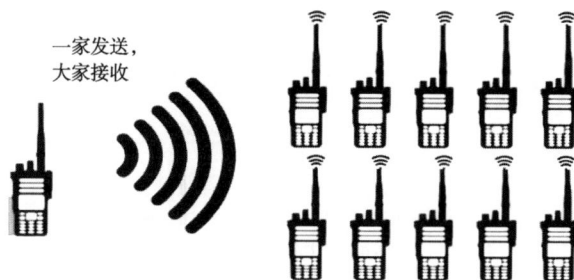

图 6-30　CAN-BUS 数据传输

2. CAN-BUS 数据总线传输的数据类型

1)报文

CAN 总线以报文的形式发送数据,每组报文的前十一位字符为标识符(在同一个系统中,标识符是唯一的),不包含具体发送数据,是对报文优先级的定义,人们将报文的这种格式称为面向内容的编址方案。

2）帧结构

CAN 网络总线上所传输数据的帧,包括数据帧、远程帧、错误帧、过载帧和帧间隔五种类型。

数据帧:CAN 总线上传输的大部分都是数据帧,数据帧负责携带数据从发送器到接收器。用于发送节点向接收节点传送数据的帧。

远程帧:远程帧是由总线单元发出的,负责请求发送相同的数据帧。用于接收节点向具有相同 ID 的发送节点请求数据的帧。

错误帧:错误帧可由任何单元在检测到总线错误时发出。用于当检测出错误时向其他节点通知错误的帧。

过载帧:过载帧用于在两数据帧或远程帧中提供延时。用于接收节点通知其尚未做好接受准备的帧。

帧间隔:用于将数据帧及远程帧与前面的帧分离开来的帧。

（1）CAN 标准帧与 CAN 扩展帧格式如图 6-31 所示。

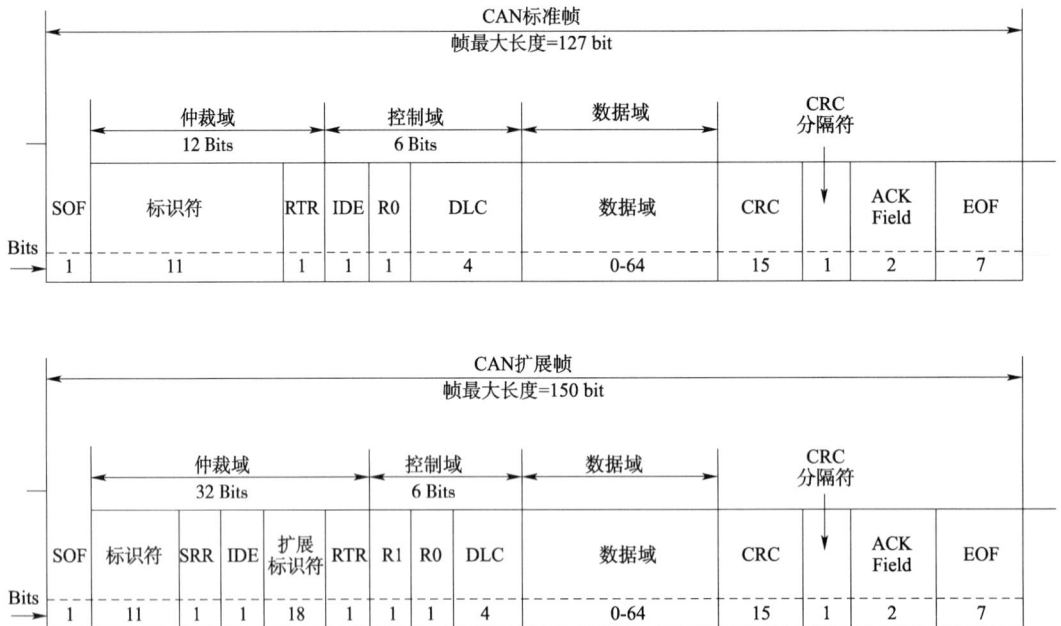

图 6-31 CAN 标准帧与 CAN 扩展帧格式

RTR-远程发送请求位,数据帧中为显性,远程帧中为隐性;SRR-替代远程请求位(在扩展格式中在 RTR 位置,所以得此名),隐性位,此位可判断出标准帧优先于扩展帧;IDE-标识符扩展位,标准帧-显性,扩展帧-隐性,表示该帧为标准帧还是扩展帧;R1、R0-保留位;DLC-数据长度代码

数据帧和远程帧都可以使用标准帧格式或者扩展帧格式 。

（2）数据帧。

数据帧的功能是将数据从发送器传到接收器。比特标识符标准格式(2.0A)的 CAN 信息基本结构,数据帧由开始域(帧起始)、仲裁域、控制域、数据域、安全局、应答域、结束域 7 个不同的域组成,如图 6-32 所示。

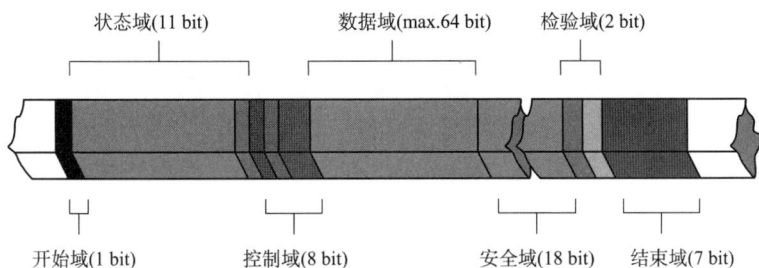

图 6-32　CAN 标准格式(2.0A)数据帧的组成

CAN2.0B(图 6-33)的 29 比特标识符由 11 比特基本标识符和 18 比特扩展标识符组成。因此可以为 536870912 个不同的信息寻址。

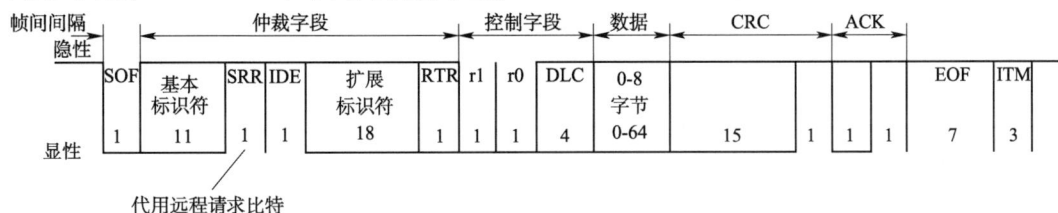

图 6-33　CAN 扩展格式(规范 2.0B)数据帧的组成

标准帧与扩展帧借助 IDE 比特来区分。在标准帧中这个在 RTR 比特后发送的比特始终处于低位启用状态(显性)。在扩展电码(规范 2.0B)中这个比特为隐性,以便能够显示位于后面的 18 比特扩展标识符。

原则上可以在一个系统内同时使用标准和扩展 CAN 协议。但是此时只允许使用 CAN2.0B 规范的 CAN 控制器或 CAN2.0B 停用的标准 CAN 控制器。

在带有扩展标识符的格式中传输 SRR 比特(代用远程请求),而不是传输标准格式中的 RTR 比特。SRR LL 比特始终以高位启用状态(隐性)发送,以确保做出访问决定时标准格式总线信息始终得到一定的总线配额(与扩展格式的总线信息相比,两个总线信息的标识符相同时)。

与标准格式不同,在扩展格式中 IDE 比特后是 18 比特扩展标识符和 RTR 比特。所有后面的字段都与标准格式相同。

数据帧总结如下。

数据帧由 7 个数据区构成,这些数据区的作用分别为:

①帧起始:表示数据帧开始的段。

②仲裁区:表示该帧优先级的段。

③控制区:表示数据的字节数及保留位的段。

④数据区:数据的内容,可发送 0~8 个字节的数据。

⑤CRC 区:检查帧的传输错误的段。

⑥ACK 区:表示确认正常接收的段。

⑦帧结束:表示数据帧结束的段。

(3)远程帧。

远程帧的功能是将数据请求从发送器传到接收器。通过发送远程帧,作为某数据接收器的控制单元会对不同的数据传送进行初始化设置,如图6-34所示。

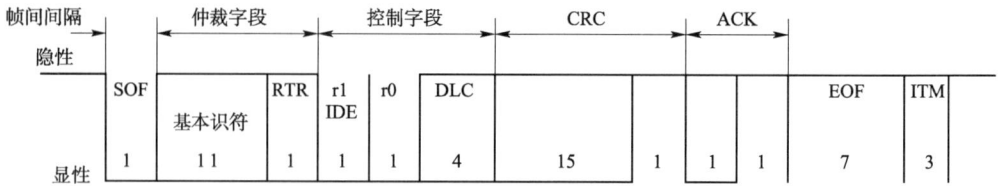

图6-34 远程帧规范2.0A(标准格式)

远程帧由开始域、仲裁域、控制域、安全局、应答域和结束域6个不同的域组成。与数据帧相反,远程帧的远程发送请求位(RTR位)是"隐性"的(即逻辑"1")。它没有数据域,数据长度代码的数值是不受制约的(可以标注为容许范围里0~8的任何数值)。其余域功能同数据帧。

远程帧与数据帧的区别:

①远程帧没有数据区。

②在远程帧中,RTR位通常为隐性。

③遥控帧的数据长度码以所请求数据帧的数据长度码表示。

④没有数据段的数据帧可用于各节点的定期连接确认与应答,或用于仲裁区本身带有实质性信息的情况。

(4)错误帧。

错误帧用于在接收和发送消息时检测出错误通知的帧,它由错误标志和错误界定符构成。某一总线设备识别到错误时,所有其他CAN节点都通过一个错误帧获悉有错误存在。错误帧的功能是对所发送的数据进行错误检测、错误标定及错误自检。错误帧由两个不同的域组成,第1个域为不同控制单元提供错误标志的叠加,第2个域是错误界定符,如图6-35所示。

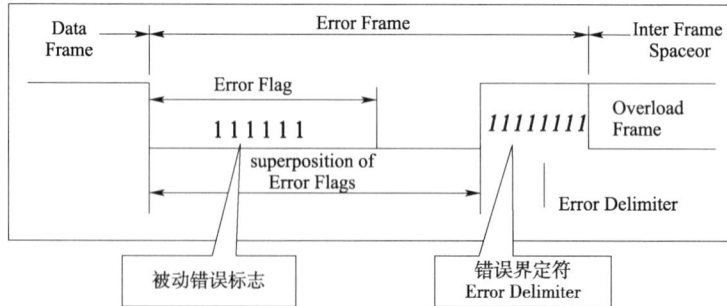

图6-35 错误帧2.0A(标准格式)

错误标志包括主动错误标志和被动错误标志两种形式。主动错误标志由6个连续的"显性"位组成;被动错误标志由6个连续的"隐性"位组成,除非被其他控制单元的"显性"位覆盖。检测到错误条件的"错误主动"控制单元通过发送主动错误标志以指示错误。错误标志的形式破坏了从开始域到校验界定符的位填充规则或者破坏了应答域或结束域的固定形式。所有其他的控制单元由此检测错误条件并与此同时开始发送错误标志。因此,"显性"位的序列导致一个结果,这就是把各个单独控制单元发送的不同的错误标志叠加在一起。这个序列的总长度最小为6位,最大为12位。检测到错误条件的"错误被动"控制单元试图通过发送被动错误标志,以指示错误。"错误被动"控制单元等待6个相同级性的连续位(这6个位处于被动错误标志的开始)。当这6个相同的位被检测到时,被动错误标志的发送就完成了。

错误界定符包括8个"隐形"位。错误标志传送了以后,每一站就发送"隐形"的位并一直监视总线直到检测出一个"隐形"位为止,然后就开始继续发送7个"隐形"位。

(5)过载帧。

过载帧是用于接收单元通知其尚未完成接收准备的帧。过载帧由过载标志和过载界定符构成。某一CAN节点通过一个过载帧通知所有属于该系统的设备,该节点还未处理完以前的信息,因此不能处理新信息。

接收器在电路尚未准备好或在间歇域期间检测到一个"显性"位时,会发送过载帧,以延迟数据的传送。过载帧包括过载标志和过载界定符两个域,如图6-36所示。

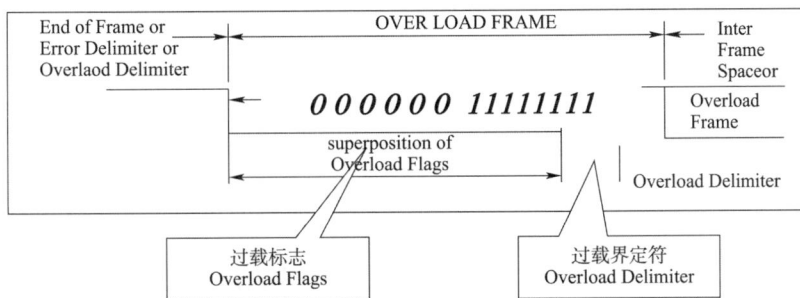

图6-36 过载帧格式

过载标志由6个"显性"位组成,其所有形式都和主动错误标志一样。过载标志的形式破坏了间歇域的同定形式。过载界定符包括8个"隐性"位,它的形式和错误界定符的形式一样。过载标志被传送后,控制单元就一直监视总线,直到检测到一个从"显性"位到"隐性"位的发送。此时,总线上的每个控制单元都完成了过载标志的发送,并开始同时发送7个"隐性"位。过载标志是6个位的显性位,其构成与主动错误标志的构成相同。过载界定符是8个位的隐性位,其构成与错误界定符的构成相同。

(6)帧间隔。

帧间隔是用于分隔数据帧和遥控帧的帧。如图6-37所示。数据帧和遥控帧可通过插入帧间隔将本帧与前面的任何帧(数据帧、遥控帧、错误帧、过载帧)分开;过载帧和错误帧前不能插入帧间隔。数据帧或远程帧与其前面帧的隔离是通过帧间空间实现的,无论其前面

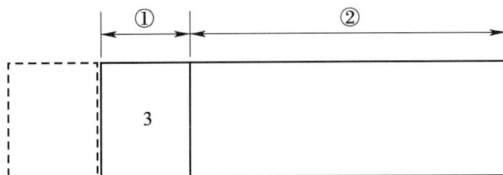

图6-37 帧间隔构成
①-间隔;②-总线空

的帧为何类型。所不同的是过载帧与错误帧之前没有帧间空间,多个过载帧之间也不是由帧间空间隔离的。

帧间空间包括间歇域和总线空闲的域。如果"错误被动"的控制单元已作为前一数据的发送器时,则其帧间空间除了间歇域、总线空闲域外,还包括挂起传送域。间歇域包括3个"隐性"位,间歇期间所有的控制单元均不允许传送数据帧或远程帧,唯一要做的是标志一个过载条件。

总线空闲域的长度是任意的。只要总线被认定为空闲,等待发送信息的控制单元就会访问总线。在发送其他信息期间,有数据被挂起,对于这样的数据,其传送起始于间歇之后的第 1 个位。

挂起传送域包括 8 个"隐性"位。"错误被动"控制单元发送数据后,控制单元就在下一个数据开始传送之前或总线空闲之前发出 8 个"隐性"的位,跟随在间歇域的后面。如果同时另一个控制单元开始发送数据,则此控制单元就作为这个数据的接收器。

帧间隔由 3 个位的隐性位组成。

总线空闲是隐性位,无长度限制(可能是 0 位)。总线处于本状态下,要发送信息的节点可以访问总线。

七、纯电动汽车 CAN 通信的特点

纯电动汽车 CAN 通信总线与内燃机汽车 CAN 通信总线原理相同,区别主要在于控制模块的不同。纯电动汽车 CAN 总线通信网络运用,为全面提升纯电动汽车的性能起到了重要的作用。由于 CAN 总线通信网络的特殊结构,CAN 总线主要具有图 6-38 所示几方面的特点。

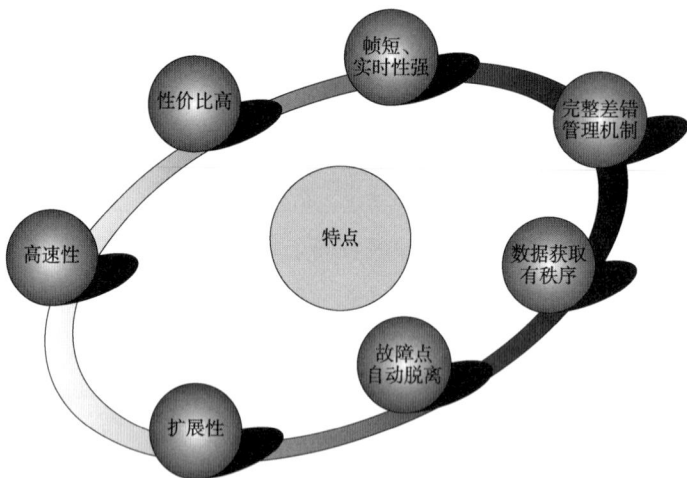

图 6-38　CAN 总线通信网络特点

纯电动汽车控制系统主要由 6 个部分 7 CAN BUS 节点构成。6 个部分:整车控制器、电池管理系统、电机控制器、高压控制箱、人机界面和状态传感器。7 个 CAN BUS 节点:整车控制器 VCU、电池管理系统 BMS、电机控制器 MCU、高压控制箱 ECU、人机界面和加速踏板、制动踏板。整车控制单元是主节点。

纯电动汽车 CAN 总线通信控制网络实际应用性能具有以下特征:

(1)CAN 总线网络采用多主结构通信,有利于车辆各控制单元的数据交换和各控制模块之间信息共享,如图 6-39 所示。总线上各节点之间没有主从之分,任一节点都可向其他节点发送信息。当总线空闲时,所有的节点都可开始发送消息,但必须先访问总线;当多个节点同时开始发送时,由优先权决定先后次序。

（2）CAN总线网络采用双绞线作为数据传输总线,以增加总线的抗干扰能力。结构简单,且内部含有错误探测和管理模块。

（3）通信方式灵活。可以点对点、点对多点及全局广播方式发送和接收数据。可以多种方式工作,网络上任意一个节点均可在任意时刻主动向网络上的其他节点发送信息,而不分主从。

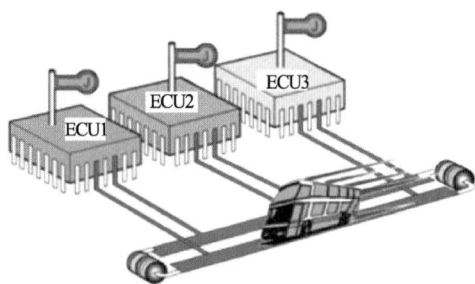

图6-39　CAN总线通信网络多主结构

（4）网络上的节点信息可分成不同的优先级,可以满足不同的实时要求。

（5）CAN通信格式采用短帧格式,每帧字节数最多为8个,可满足通常工业领域中控制命令、工作状态和测试数据的一般要求。同时,8个字节也不会占用总线时间过长,从而保证了通信的实时性。

（6）采用非破坏性总线仲裁技术。当两个节点同时向总线上发送数据时,优先级低的节点主动停止数据发送,而优先级高的节点可以不受影响继续传输数据,这大大地节省了总线仲裁冲突时间,在网络负载很重的情况下也不会出现网络瘫痪。

（7）直接通信距离最大可达10km(速率在5kb/s以下),最高通信速率可达1Mb/s(此时距离最长为40m)。节点数可达110个,通信介质可以是双绞线、同轴电缆或光导纤维。

（8）CAN总线通信接口中集成了CAN协议的物理层和数据链路层功能,可完成对通信数据的成帧处理,包括位填充、数据块编码、循环冗余检验、优先级判别等项工作。CAN总线采用CRC检验并可提供相应的错误处理功能,保证了数据通信的可靠性。

技能实训

实训项目一　认识整车控制系统各部件在汽车上的位置
（以北汽 E150E 车型为例）

(一)实训目的

认识纯电动车汽车整车控制系统,能够说出整车控制系统各部件在车辆上的安装位置和基本作用。

(二)实训主要内容

认识、了解纯电动车汽车整车控制系统,了解系统各控制器的作用及安装位置。

以北汽150EV纯电动汽车为例,对照实车技术手册,能够指认整车控制系统各部件在纯电动车汽车上的安装位置。学会高压安全防护及操作要领。

(三)实训方法、步骤

（1）作业准备。

①拉上驻车制动器,关闭点火开关,并拔下钥匙。

②在车辆车轮前后安放车轮三角止滑块,如图 6-40 所示。

③打开车辆前舱盖,并把用支撑杆支撑到位。如图 6-41 所示。

图 6-40　车辆四轮放置三角止滑块

图 6-41　稳固支撑前舱盖

(2)车辆初步检查。

①检查车辆状态、确认驻车制动,状况安全。确认车辆处于 P 挡状态。

②将电门钥匙保持在 OFF 位置。关闭电门开关,拔出钥匙装在衣袋内。

③填写任务单。

(3)按照车辆技术手册,能够指认整车控制系统各控制器在车上的安装位置,如图 6-8、图 6-9 所示。

按照北汽 EV150 车辆技术手册查找整车控制器位置、分别指出整车控制器、驱动电机控制器、电池管理器、高压控制盒、车载充电器、DC/DC 变换器、低压熔断丝盒、低压蓄电池、前舱低压电器盒等。

(四)实训注意事项

(1)实训教师必须持证国家强电低压"特种作业操作证"上岗(图 1-19)。

(2)设置安全警戒隔离栏,放置安全警示牌(图 2-35),放置绝缘防护垫。

(3)穿戴好高压防护衣裤、高压绝缘手套、高压绝缘靴,护目镜等。

(五)实训报告

完成实训,由学生填写实训报告(表 6-2)。

实 训 报 告 一　　　　　　　　　　　　　　　　　表 6-2

学号		姓名		性别		班级	
实训项目				实训设备			
实训内容、方法							

技术、工艺 (参数、要点)	
自我 评价	
教师 评价	20　年　月　日

实训项目二　检测纯电动汽车CAN是否被干扰(以北汽EV160车型为例)

(一)实训目的

学会纯电动汽车CAN总线检查的方法和步骤。

(二)实训主要内容

学会纯电动汽车CAN总线检查的方法和步骤。学会CAN总线电阻检测、CAN总线断路或断路的检测操作。学会检测的操作要领和安全注意事项。

(三)实训方法、步骤

1)作业准备

(1)检查举升机并调校设备仪器,准备电动汽车维修专用工具。实施车辆防护,铺垫防护高压绝缘垫,监测工具、设备绝缘值。

(2)在车辆四个车轮前后安放车轮三角止滑块。

2)车辆初步检查

(1)检查车辆状态、确认驻车制动,状况安全。确认车辆处于N挡状态,起动车辆,检查仪表板显示的有无故障。

(2)将电门钥匙保持在ON位置。连接故障诊断仪,用故障诊断仪读取故障码。

(3)填写任务单。记录故障问题。

(4)关闭电门开关,拔出钥匙装在衣袋内。

3)高压系统断电及绝缘监测

(1)断开低压蓄电池。

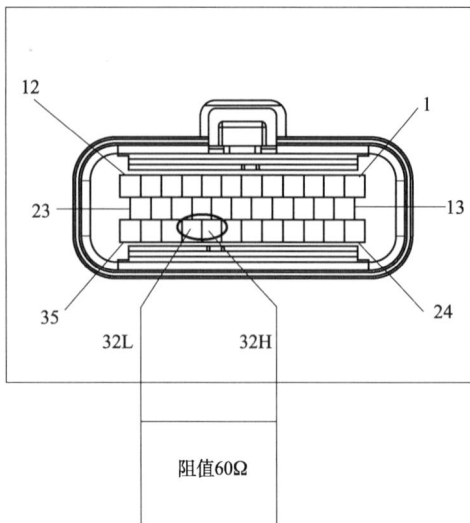

12 1
23 13
35 24
32L 32H

阻值60Ω

图6-42　电机控制器35针插件CAN总线针脚31/32

（2）拔出（断开）高压控制箱PDU控制电路维修开关（35针插件），断开高压系统回路。并在PDU端安装安全密封塞。

4）检查CAN总线是否被干扰

（1）找到CAN总线诊断针脚31/32，如图6-42所示。

（2）万用表表笔分别与31/32针脚充分连接，测量电阻值。

（3）如果万用表测定电阻值为60Ω，则CAN总线正常。

（4）如果万用表电阻值不正确，将CAN总线上的用电器件分别断开。CAN总线上的用电器件有空调压缩机、车载充电机、数据采集终端、电机控制器、高压控制盒、动力电池。当断开某个用电器件后测定的电阻值为正常值时，则判断该用电器件功能失效。

注意：单一断开VCU或动力电池时电阻值为120Ω。

5）检测CAN总线是否短路或者断路

（1）将万用表调至通断挡。

（2）将表笔与CAN总线的两根线充分连接测量是否导通，如图6-43所示。

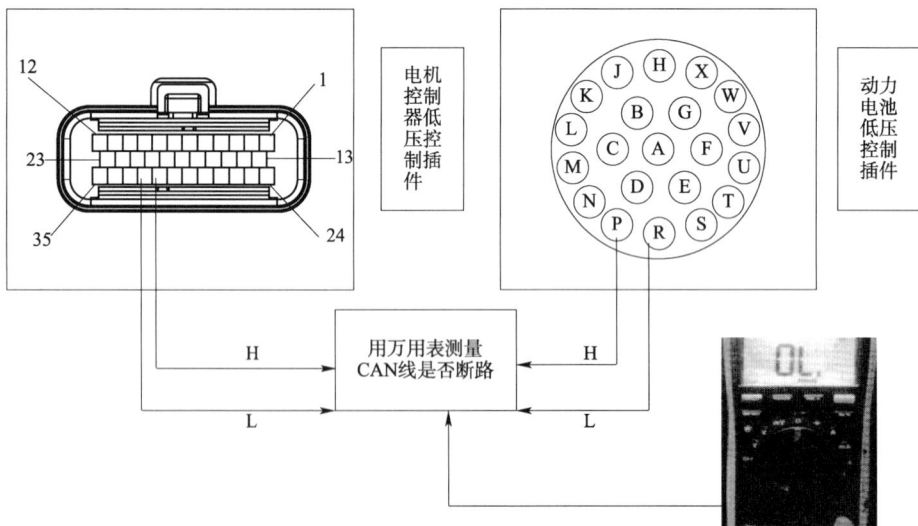

12 1
23 13
35 24

电机控制器低压控制插件

J H X
K B W
L C A F V
M D E U
N P R S T

动力电池低压控制插件

H
用万用表测量CAN线是否断路
H
L
L

图6-43　用万用表检测CAN线是否段路

（3）如果导通则判断为CAN线短路，则需要更换线束。

（4）如果不导通再测量单根线是否断路，如果断路则需要更换线束。

（四）实训注意事项

（1）实训教师必须持证国家强电低压"特种作业操作证"上岗。

（2）设置安全警戒隔离栏,放置安全警示牌,放置绝缘防护垫。

（3）穿戴好高压防护衣裤、高压绝缘手套、高压绝缘靴,护目镜等。

（五）实训报告

完成实训,由学生填写实训报告(表6-3)。

实 训 报 告 二   表6-3

学号		姓名		性别		班级	
实训项目				实训设备			
实训内容、方法							
技术、工艺 (参数、要点)							
自我 评价							
教师 评价							20 年 月 日

模块小结

    纯电动汽车控制系统是基于车载电子微处理器的硬件和软件,以及 CAN 通信网络系统等来实现对整车各个功能单元的控制。是纯电动汽车三大核心系统之一。系统各控制单元都有自己的控制器,形成分布式分层控制体系。

    CAN 通信网络是控制器局域网的简称。纯电动汽车的整车控制系统是由两条 CAN 总线构成,即高速 CAN 总线和低速 CAN 总线。高速 CAN 总线和低速 CAN 总线是两个独立的总线系统。为了便于汽车所有功能的管理,通过网关将这两个总线网络连接起来,不同总线间的数据通过网关实现数据的共享。

    CAN 总线使用串行数据传输方式,而且在这种总线上总线协议支持多主控制器。当 CAN 总线上的一个电控单元(节点)发送数据时,其他节点都可以接收数据。每个节点都发送和接收数据。

纯电动汽车整车控制器 VCU 是整车控制系统的核心部件,是 CAN 网络的主要节点,通过网络拓扑结构接收数据信息,承担数据交换与控制、安全管理和能量分配的任务,从而控制整个车辆系统。

思考与练习

(一)填空题

1.CAN 总线网络采用_____结构通信,有利于车辆各控制单元的数据交换和各控制模块之间信息共享。

2.纯电动汽车整车控制器 VCU 是整车控制系统的核心部件,承担_____与_____、安全_____和能量_____的任务。

3.纯电动汽车整车控制器包括_____、模拟量_____、开关量_____、继电器_____、高速 CAN 总线接口、电源等模块。

4._____能采集驾驶人驾驶信号,通过_____获得电机和电池系统的相关信息,进行分析和运算,给出电机控制和电池管理指令,实现整车驱动控制。

5.CAN 总线网络采用_____通信,有利于车辆各控制单元的数据交换和各控制模块之间信息共享。

6.控制单元(CAN 网络节点)就是纯电动汽车 CAN 数据总线上的控制模块。一般由_____、_____、_____三部分组成。

(二)判断题

1.制动能量回收是现代纯电动汽车以及油电混合动力汽车的重要特性,也是一项重要的应用技术。   (   )

2.纯电动汽车数据传输采用双绞线作为数据总线,以增加总线的抗干扰能力。(   )

3.CAN 的特性之一就是,在总线出现特定故障(断路、短路)的情况下,能够继续保持通信能力。   (   )

4.纯电动汽车 CAN 通信的原理和传统内燃机汽车 CAN 通信原理是不相同的。(   )

5.低速 CAN 总线主要连接电动汽车的驱动系统、安全系统和娱乐系统。   (   )

(三)简答题

1.整车控制系统对车辆控制作用是什么?

2.简述整车控制系统的基本组成。

3.简述网关的作用。

附录 电动汽车的术语和英文缩写

一、电动汽车术语

1. 电动汽车 electric vehicle = EV。

2. 纯电动汽车 battery electric vehicle = BEV。

由电动机驱动的汽车。电动机的驱动电能来源于车载可充电蓄电池或其他能量储存装置。

3. 混合动力(电动)汽车 hybrid electric vehicle = HEV。

够至少从可消耗的燃料或可再充电能(能量储存装置)下述两类车载储存的能量中获得动力的汽车。

4. 串联式混合动力(电动)汽车 series hybrid electric vehicle = SHEV。

车辆的驱动力只来源于电动机的混合动力(电动)汽车。

5. 并联式混合动力(电动)汽车 parallel hybrid electric vehicle = PHEV。

车辆的驱动力由电动机及发动机同时或单独供给的混合动力(电动)汽车。

6. 混联式混合动力(电动)汽车 combined hybrid electric vehicle。

同时具有串联式、并联式驱动方式的混合动力(电动)汽车。

7. 燃料电池电动汽车 fuel cell electric vehicle = FCEV。

以燃料电池作为动力电源的汽车。

8. 辅助系统 auxiliary system。

驱动系统以外的其他用电或采用电能操纵的车载系统。例如灯具、风窗玻璃刮水电动机、音响等。

9. 车载能源 on-board energy source。

变换器和储能装置的组合。

10. 驱动系统 propulsion system。

车载能源和动力系的组合。

11. 动力系 powertrain。

动力单元与传动系的组合。

12. 前后方向控制器 drive direction control。

通过驾驶人操作,用来选择汽车行驶方向(前进或后退)的专用装置。例如操纵杆或按钮开关。

13. 电池承载装置 battery carrier。

为承放动力蓄电池而设置的装置。有移动式和固定式之分。

14. 电平台 electrical chassis。

一组电气相连的可导电部分,其电位作为基准电位。

15. 动力电缆 power cable。

构成驱动用电动机动力电路的电线。

16. 充电插孔 charging inlet。

在车身上安装充电用插座(传导式充电)或充电口(感应式充电)的装置。

17. 断路器 circuit breaker。

当电路异常时,切断电路的装置。

18. 储能装置 energy storage。

电动汽车上安装的能够储存电能的装置,包括所有动力蓄电池、超级电容和飞轮电池等或其组合。

19. 带电部分 live part。

正常使用时被通电的导体或导电部分。

20. 可导电部分 conductive part。

能够使电流通过的部分。

注:尽管它在正常的工作状态下不带电,但当基本绝缘失效的情况下可能成为带电部分。

21. 外露可导电部分 exposed conductive part。

按照 GB 4208 规定,可以通过 IPXXB(防护等级代码)试指触及的可导电部件。

注:本概念是针对特定的电路而言,一个电路中的带电部分也许是另一个电路中的外露导体。例如乘用车车身可能是辅助电路的带电部分,但对于动力电路来说它是外露的导体。

22. 主开关 main switch。

用于开关动力蓄电池和控制其主电路的开关。

23. 绝缘电阻监测系统度 insulation resistance monitoring system。

对动力蓄电池和车辆底盘之间的绝缘电阻进行定期(或持续)监测的系统。

24. 维护插接器 service plug。

当维护和更换动力蓄电池时断开电路的装置。

25. 电池过热报警装置 battery overheat warning device。

当动力蓄电池的温度超出限值时发出报警信号的装置。

26. 电池液位报警装置 battery level warning device。

当动力蓄电池的电解液液位过低,需要补充时发出报警信号的装置。

27. 剩余电量显示器 residual capacity gauge。

显示动力蓄电池剩余电量的仪器。

28. 电机超速报警装置 motor overrevolution warning device。

当电机的转速超过限值时发出报警信号的装置。

29. 电机过热报警装置 motor overheat wanring device。

当电机的温度超出限值时发出报警信号的装置。

30. 电机过流报警装置 motor overcurrent warning device。

当电机的电流超过限值时发出报警信号的装置。

31. 控制器过热报警装置 controller overheat warning device。

当控制器的温度超出限值时发出报警信号的装置。

32. 漏电报警装置 insulation failure warning。

当主电路出现漏电时发出报警信号的装置。

33. 可运行指示器 standby indicator。

显示可以正常运行的装置。

34. 制动能量回收指示器 electric retarder indicator。

显示电制动系统能量回收强弱的装置。

35. 放电能量（整车）discharged energy。

电动汽车行驶中,由储能装置释放的电能,单位为 Wh。

36. 再生能量 regenerated energy。

行驶中的电动汽车用再生制动回收的电能,单位为 Wh。

37. 续驶里程 range。

电动汽车在动力蓄电池完全充电状态下,以一定的行驶工况,能连续行驶的最大距离,单位为 km。

38. 能量消耗率 energy consumption。

电动汽车经过规定的试验循环后对动力蓄电池重新充电至试验前的容量,从电网上得到的电能除以行驶里程所得的值,单位为 Wh/km。

39. 最高车速（1km）maximum speed(1km)。

电动汽车能够往返各持续行驶 1km 以上距离的最高平均车速。

40. 30min 最高车速 maximum thirty-minutes speed。

电动汽车能够持续行驶 30min 以上的最高平均车速。

41. 加速能力 V_1 至 V_2 acceleration ability(V_1 to V_2)。

电动汽车从速度 V_1 加速到速度 V_2 所需的最短时间。

42. 坡道起步能力 hill starting ability。

电动汽车在坡道上能够起动且 1min 内向上行驶至少 10m 的最大坡度。

43. 驱动力系效率 powertrain efficiency。

在纯电动情况下,从动力系输出的机械能除以输入动力系的电能所得的值。

44. 爬坡车速 speed uphill。

电动汽车在给定坡度的坡道上能够持续行驶 1km 以上的最高平均车速。

45. 再生制动 regeneration braking。

将一部分能量转化为电能储存在储能装置内的制动过程。

46. 误起步 unintended starting out。

车辆在不期望的情况下发生的起步移动。

47. 爬电距离 creepage distance。

在两个可导电部分之间沿固体绝缘材料表面的最短距离。

48. 直接接触 direct contact。

人或动物与带电部分的接触。

49. 间接接触 indirect contact。

人或动物与基本绝缘失效情况下变为带电的外露可导电部分的接触。

50. 基本绝缘 basic insulation。

带电部分上对触电(在没有故障的状态下)起基本防护作用的绝缘。注基本绝缘不必包括功能性绝缘。

51. 附加绝缘 supplementary insulation。

为了在基本绝缘失效情况下防止触电而在基本绝缘之外使用的独立绝缘。

52. 双绝缘 double insulation。

同时具有基本绝缘和附加绝缘的绝缘。

53. 加强绝缘 reinforced insulation。

为防止直接接触所提供的相当于双重绝缘防护等级的带电部分上的绝缘结构。

注:"绝缘结构"一词并不意味着绝缘必须是同类材料,它可以由几种不同于基本绝缘或附加绝缘那样能够单独测试的绝缘层组成。

54. 防护等级 protection degree。

按照 GB 4208 定义,对带电部分的试指(IPXXB)、试棒(IPXXC)或试线(IPXXD)接触所提供的防护程度。

55. 电动汽车整车整备质量 complete electric vehicle kerb mass。

包括车载储能装置在内的整车整备质量。

56. 电动汽车试验质 test mass of an electric vehicle。

电动汽车整车整备质量与一试验所需附加质量的和。

57. 电机 electrical machine。

将电能转换成机械能或将机械能转换成电能的装置,它具有能做相对运动的部件,是一种依靠电磁感应而运行的电气装置。

58. 发电机 generator。

将机械能转换为电能的电机。

59. 电动机 motor。

将电能转换为机械能的电机。

60. 驱动电动机 drive motor。

为车辆行驶提供驱动力的电动机。

61. 辅助电动机 auxiliary motor。

驱动电动机以外的电动机。

62. 电机控制器 electrical machine controller。

控制动力电源与电机之间能量传输的装置,它是由控制信号接口电路、电机控制电路和驱动电路组成的。

63. 串励直流电机 DC series electrical machine。

励磁绕组和电枢绕组串联的直流电机。

64. 并励直流电机 DC shunt electrical machine。

励磁绕组和电枢绕组并联的直流电机。

65. 无刷直流电机 DC brushless electrical machine。

用电子电路取代电刷和机械换向器的直流电机,它通常由永磁转子电机本体、转子位置传感器和电子换向电路三部分组成。

66. 交流感应电机 AC induction electrical machine。

定子及转子为独立绕组,双方通过电磁感应来传递力矩,其转子以低于/高于气隙旋转磁场转速旋转的交流电机。

67. 交流同步电机 AC synchronous electrical machine。

转子与气隙旋转磁场同步旋转的交流电机。

68. 永磁同步电机 permanent-magnet synchronous electrical machine。

转子采用永磁材料励磁的同步电机。

69. 电励同步电机 electrical wound-field synchronous electrical machine。

转子上的励磁绕组通过集电环接至转子外部励磁电源的同步电机。

70. 开关磁阻电机 switched reluctance electrical machine。

采用定转子凸极且极数相接近的大步距磁阻式步进电机的结构,利用转子位置传感器通过电子功率开关控制各相绕组导通使之运行的电机。

71. 变换器 convertor(converter)。

使电气系统的一个或多个特性(电压、电流、波形、相数、频率)发生变化的装置。

72. 逆变器 inverter。

将直流电转换为交流电的变换器。

73. 整流器 rectifier。

将交流电转换为直流电的变换器。

74. 斩波器 chopper。

将输入的直流电压以一定的频率通断,从而改变输出的平均电压的变换器。

75. DC/DC 变换器 DC/DC convertor(converter)。

将某一直流电源电压转换成任意直流电压的变换器。

76. 冷却装置 cooling equipment。

用于冷却电机及控制器的装置。

77. 额定功率 rated power。

在额定条件下的输出功率。

78. 峰值功率 peak power。

在规定的持续时间内,电机允许的最大输出功率。

79. 额定转速 rated speed。

额定功率下电机的最低转速。

80. 最高工作转速 maximum work speed。

相应于电动汽车最高设计车速的电机转速。

81. 额定转矩 rated torque。

电机在额定功率和额定转速下的输出转矩。

82. 峰值转矩 peak torque。

电机在规定的持续时间内允许输出的最大转矩。

83. 堵转转矩 locked-rotor torque。

转子在所有角位堵住时所产生的转矩最小测得值。

84. 电压控制方式 voltage control method。

通过改变电机端电压而实现转速控制的控制方式。

85. 电流控制方式 current control method。

通过改变电机绕组电流而实现转速控制的控制方式。

86. 频率控制方式 frequency control method。

通过改变电机的电源频率而实现转速控制的控制方式。

87. 矢量控制 vector control。

将交流电机的定子电流作为矢量,经坐标变换分解成与直流电机的励磁电流和电枢电流相对应的独立控制电流分量,以实现电机转速/转矩控制的方式。

88. 直接转矩控制 direct torque control。

用空间矢量的分析方法,直接在定子坐标系下计算并控制交流电动机的转矩,采用定子磁场定向,借助于离散的两点式调节产生 PWM 信号,直接对逆变器的开关状态进行控制,以获得转矩的高动态性能的控制方式。

89. 再生制动控制 regenerative braking control。

通过驱动电动机由电动状态转换为发电状态,将行驶中车辆的动能转换为电能回充至车载储能装置而实现对车速控制的控制方式。

90. 弱磁控制 field weakening control。

通过减弱气隙磁场控制电机转速的控制方式。

91. 输出特性 output characteristic。

电机的转矩、输出功率与转速的关系。

92. 连续输出特性 continuous output characteristic。

在规定的条件下,电机和控制器非限时连续运行的最大输出特性。

93. 短时输出特性 short time output characteristic。

在规定的条件下,电机和控制器在规定的时间内连续运行的最大输出特性。

94. 电机及控制器整体效率 combination efficiency of electrical machine and controller。

电机转轴输出功率除以控制器输入功率乘以 100%。

95. 蓄电池 battery。

能将所获得的电能以化学能的形式储存并可以将化学能转变为电能的一种电化学装置,它可以重复充电和放电。

96. 动力蓄电池 traction battery。

为电动汽车动力系统提供能量的蓄电池。

97. 辅助蓄电池 auxiliary battery。

为电动汽车辅助系统供电的蓄电池。

98. 铅酸蓄电池 lead-acid battery。

正极活性物质使用二氧化铅,负极活性物质使用海绵状铅,并以硫酸溶液为电解液的蓄电池。

99. 金属氢化物镍蓄电池 nickel-metal hydride battery。

正极使用镍氧化物,负极使用可吸收释放氢的储氢合金,以氢氧化钾为电解质的蓄电池。

100. 锂离子蓄电池 lithium ion battery。

用钴酸锂、锰酸锂或镍酸锂等锂的化合物作正极,用可嵌入锂离子的碳材料作负极,使用有机电解质的蓄电池。

101. 聚合物锂离子蓄电池 polymer lithium battery。

正极、负极、电解质三者中至少有一种由聚合物材料构成的锂离子蓄电池,其凝胶状电解质一般由聚合物膜与有机电解质构成。

102. 单体蓄电池 cell。

构成蓄电池的最小单元,一般由正极、负极及电解质等组成,其标称电压为电化学偶的标称电压。

103. 蓄电池模块 battery module。

一组相连的单体蓄电池的组合。

104. 蓄电池组(蓄电池包) battery pack。

由一个或多个蓄电池模块组成的单一机械总成。

105. 蓄电池管理系统 battery management system。

可以控制蓄电池输入和输出功率,监视蓄电池的状态(温度、电压、电流、荷电状态)。

106. 蓄电池辅助装置 battery auxiliaries。

蓄电池系统正常工作所需的蓄电池托架、冷却系统、温控系统等部件。

107. 蓄电池系统 battery system。

所有的蓄电池组(包)及蓄电池管理系统的组合。

108. 活性物质 active materials。

蓄电池中参与电化学充/放电反应的物质。

109. 电解质 electrolyte。

蓄电池进行化学反应时,为离子提供在正负电极间移动的介质,它可直接参与充/放电反应。

110. 蓄电池壳 container。

容纳极板、电解质的容器。

111. 液孔塞 vent plug。

装在蓄电池盖上的有孔塞,它具有排气、防沫结构和防爆功能。

112. 安全阀 safety valve(vent valve)。

防止蓄电池内部压力过高导致蓄电池破裂,并能防止外面的空气进入蓄电池的部件。

113. 端子 terminal。

极柱与外部回路电连接的部分。

114. 排气装置 ventilation device。

将充电时因电解产生的气体收集起来,并将其排出蓄电池外的装置。

115. 端子盖 terminal cover。

为防止端子(极柱)间发生短路的盖。

116. 放电 discharge。

将蓄电池里储存的化学能以电能的方式释放出来的过程。

117. 工况放电 load profile discharge。

模拟实际运行时的负荷,用相应的负载进行放电的过程。

118. 恒流放电 constant current discharge。

蓄电池以一个受控的恒定电流进行的放电。

119. 恒功率放电 constant power discharge。

蓄电池以一个受控的恒定功率进行的放电。

120. 倍率放电 rated discharge。

蓄电池以额定电流倍数值进行的放电。

121. 连续放电时间 discharge duration。

蓄电池不间断放电至终止电压时,从开始放电至终止放电的时间。

122. 放电深度 depth of discharge = DOD。

表示蓄电池放电状态的参数,等于实际放电容量与额定容量的百分比。

123. 深度放电 deep discharge。

表示蓄电池 50% 或更大的容量被释放的程度。

124. 充电(蓄电池) charge。

从外部电源供给蓄电池直流电,将电能以化学能的方式储存起来的过程。

125. 浮充电 floating charge。

随时对蓄电池用恒压充电,使其保持一定的荷电状态。

126. 涓流充电 trickle charge。

为补充自放电,使蓄电池保持在近似完全充电状态的连续小电流充电。

127. 充电特性 charge characteristics。

充电时蓄电池的电流、电压等与时间之间的关系。

128. 完全充电 full charge。

蓄电池内所有可利用的活性物质都已转变成完全荷电的状态。

129. 荷电状态 state-of-charge = SOC。

蓄电池放电后剩余容量与全荷电容量的百分比。

130. n 小时放电率 n hour rate。

表示蓄电池放电电流大小的参数,如果以电流 I 放电,蓄电池在 n 小时内放出的电量为额定容量的话,这个放电率称为 n 小时放电率。

131. 温度特性 temperature characteristics。

表示蓄电池性能因温度的变化而变化的性能。

132. 温度换算 temperature correction。

将不同温度下的蓄电池容量、电解质密度等参数换算成标准温度下的值的过程。

133. 温度系数 temperature coefficient。

由于蓄电池温度的改变,可用的容量相对于标准温度下的可用容量的比值。

134. 容量 Ah capacity。

完全充电的蓄电池在规定条件下所释放的总的电量,单位为 Ah。

135. 额定容量 rated capacity。

在规定条件下测得的,由制造商给定的蓄电池容量。

136. n 小时率容 n hour rate capacity。

完全充 电的蓄电池以 n 小时率放电电流放电,达到规定终止电压时所释放的电量。

137. 可用容量 available capacity。

在规定条件下,从完全充电的蓄电池中释放的电量。

138. 理论容量 theoretical capacity。

假设活性物质完全被利用,蓄电池可释放的容量。

139. 储存性能 storage characteristics。

表示蓄电池长期搁置后容量变化的特性。

140. 总能量 total energy。

蓄电池在其寿命周期内电能输出的总和,单位为 Wh。

141. 充电能量(蓄电池) charge energy。

通过充电器输入蓄电池的电能,单位为 Wh,这里指蓄电池充电能量。

142. 放电能量(蓄电池) discharge energy。

蓄电池放电时输出的电能,单位为 Wh。

143. 能量密度 energy density。

从蓄电池的单位质量或单位体积所获取的电能,用 Wh/kg,Wh/L 来表示。

144. 质量能量密度 specific energy。

从蓄电池的单位质量所获取的电能,用 Wh/kg 表示。

145. 体积能量密度 volumetric energy density。

从蓄电池的单位体积所获取的电能,用 Wh/L 表示。

146. 功率密度 power density。

从蓄电池的单位质量或单位体积所获取的输出功率,用 W/kg,W/L 表示。

147. 质量功率密度 specific power。

从蓄电池的单位质量所获取的输出功率,用 W/kg 表示。

148. 体积功率密度 volumetric power density。

从蓄电池的单位体积所获取的输出功率,用 W/L 表示。

149. 标称电压 nominal voltage。

用于鉴别蓄电池类型的适当的电压近似值。

150. 开路电压 open circuit voltage(off-load voltage)。

蓄电池在开路条件下的端电压。

151. 单体蓄电池电压 cell voltage。

单体蓄电池的开路电压。

152. 平均电压 average(mean) voltage。

在规定的充放电过程中,用瓦时数除以安时数所得到的值,它不是某一段时间内的平均电压(除了在定电流情况下)。

153. 负载电压 on-load voltage。

蓄电池接上负载后处于放电状态下的端电压。

154. 电压-电流特性 voltage-current characteristics(V-A 特性)。

蓄电池在充/放电过程中,电压与电流关系的特性。

155. 充电终止电压 end-of-charge voltage。

在规定的恒流充电期间,蓄电池达到完全充电时的电压。

156. 放电终止电压 end-of-discharge voltage。

蓄电池停止放电时的电压。

157. 放电电流 discharge current。

放电时蓄电池里输出的电流。

158. 额定放电电流 rated discharge current。

额定容量除以规定时间所得到的电流。

159. 充电电流(蓄电池) charge current。

充电时蓄电池里流过的电流。

160. 最大允许电流 maximum allowable current。

蓄电池在放电或充电时,所允许的电流最大值。

161. 绝缘电阻 insulation resistance。

蓄电池端子与蓄电池箱或车体之间的电阻。

162. 内阻 internal resistance。

蓄电池中电解质、正负极群、隔板等电阻的总和。

163. 充电效率 charge efficiency。

库仑效率与能量效率的总称。

164. 库仑效率 coulombic efficiency(安时效率)。

放电时从蓄电池中释放的电量除以恢复到初始容量所需的电量的百分比。

165. 能量效率 energy efficiency(瓦时效率)。

放电能量与充电能量之比。

166. 自放电 self discharge。

蓄电池内部自发的或不期望的化学反应造成可用容量自动减少的现象。

167. 内部短路 internal short circuit。

蓄电池内部正极与负极间发生短路的现象。

168. 析气 ssing。

蓄电池在充电过程中产生气体的现象。

169. 热失控 thermal runaway。

蓄电池在充/放电过程中,电流及温度发生一种累积的互相增强的作用而导致蓄电池损坏的现象。

170. 反极 reversal。

蓄电池正常极性发生改变的现象。

171. 漏液 leakage。

电解液泄漏到蓄电池外部的现象。

172. 记忆效应 memory effect。

蓄电池经过长期浅充放电循环后,进行深放电时,表现出明显的容量损失和放电电压下降,经数次全充/放电循环后,电池特性即可恢复的现象。

173. 过充电 overcharge。

蓄电池完全充电后仍延续充电的现象。

174. 过放电 over discharge。

蓄电池放电至低于放电终止电压的放电现象。

175. 充电(充电器)charge。

以受控的方式将电能传输到电动汽车的蓄电池或其他车载储能装置中的过程。

176. 充电能量(充电器)charge energy。

用于充电的电能。有交流充电能量和蓄电池充电能量两种。

177. 交流充电能 AC charging energy。

通过交流电源输入充电器的电能,单位为Wh。

178. 蓄电池充电能量 battery charging energy。

通过充电器输入蓄电池的电能,单位为Wh。

179. 充电电流(充电器)charging current。

充电器充电时的输出电流。

180. 充电电压 charging voltage。

充电器充电时的输出端电压。

181. 充电器 charger。

控制和调整蓄电池充电的电能转换装置。

182. 车载充电器 on-board charger。

固定地安装在车上的充电器。

183. 非车载充电器 off-board charger。

车辆行驶过程中,不固定的安装在车上的充电器。

184. 部分车载充电器 partially on-board charger。

一些元件安装在车上,另一些组件不安装在车上的充电器。

185. 均衡充电 equalizing charge。

为确保蓄电池中所有单体蓄电池荷电状态均匀的一种延续充电。

186. 恒流充电 constant current charge。

以一个受控的恒定电流给蓄电池进行充电的方式。

187. 恒压充电 constant voltage charge。

以一个受控的恒定电压给蓄电池进行充电的方式。

188. 脉冲充电 pulse charge。

以脉冲电流给蓄电池进行充电的方式。

189. 感应式充电 inductive charge。

利用电磁感应给蓄电池进行充电的方式。

190. 传导式充电 conductive charge。

利用电传导给蓄电池进行充电的方式。

191. 直流电源 DC power supply。

提供直流电能的装置。

192. 充电电缆 outlet cable。

给电动汽车充电用的连接线。

193. 充电连接器 charging connector。

充电电缆与电动汽车的连接装置。

194. 充电计时器 timer for charge。

设定充电时间的装置。

195. 充电插头、插座 outlet plug of charge。

电动汽车充电用的插头、插座。

196. 锁止机构 lock actuator。

机械锁止充电连接器的装置。

197. 充电控制器 charging controller。

对充电过程进行控制的装置。

198. 额定频率 rated frequency。

交流电源输出频率的额定值。

199. 额定(交流)输入容量 rated input capacity。

在规定条件下,充电器工作时的(交流)输入容量,一般用(VA)表示。

200. 输入频率 input frequency。

交流输入电源的频率。

201. 频率变动范围 frequency fluctuation range。

交流输入电源的频率允许变动范围。

202. 效率 efficiency。

输出与输入能量之比。

203. 电压调节范围 voltage adjustable range。

充电器输出电压的可调整范围。

204. 电压变动范围 voltage alteration range。

充电器的交流输入电源电压的允许变动范围;(恒压充电)直流输出电压的变动范围。

205. 电压脉动 voltage ripple。

叠加在直流电压上的脉动电压。

206. 电流脉动 current ripple。

叠加在直流电流上的脉动电流。

207. 谐波电流 harmonic current。

与基本频率以外成整数倍的电流的总称。

208. 冲击电流 rush current。

充电器起动时在 1 至数个周期内产生的过大交流(输入)电流,一般用峰值表示。

209. 高频噪声 high frequency noise。

由充电器发出的传导性及辐射性噪声。

210. 传导噪声 conduction noise。

重叠或侵入充电器输入或输出端接线的高频噪声。

211. 辐射噪声 radiation noise。

充电器传播并发射到空间的高频噪声。

212. 燃料电池 fuel cell。

将外部供应的燃料和氧化剂中的化学能通过电化学反应直接转化为电能、热能和其他产物的发电装置。

213. 燃料电池电动汽车 fuel cell electric vehicle;FCEV。

以燃料电池系统作为动力源或主动力源的汽车。

214. 冷起动 cold start。

在充分的浸车之后,在标准环境温度进行起动(一般为 12 ~ 36h)。

215. 热起动 hot start。

关机后起动,此时燃料电池系统的温度还在其正常工作温度范围内。

216. 起动时间 start-up time。

在起动程序初始化后,燃料电池达到规定输出功率的时间。

217. 运行压力 operating pressure。

系统在工作时的压力。

218. 减压 depressurize。

将高压压力容器或管路中的压力降到工作所需压力的过程。

219. 燃料放空 defuel。

将压力容器或其他管路内的燃料排空的过程。

220. 吹扫 purge。

借助外部条件把燃料电池堆及管路进行排空的过程。

221. 尾气 off gas;tail gas。

燃料电池堆里排出的气体,包含未反应气体、生成的气体和惰性气体。

222. 气体净化 gas cleanup。

用物理或化学的方法清除气体中的杂质的过程。

223. 氢脆 hydrogen embrittlement。

氢原子进入金属后使晶格变大。因而降低韧性和延性,引起脆化的现象。

224. 氢渗透 hydrogen permeation。

氢气穿过结构材料,而导致氢的释放。

225. 中毒 poisoning。

燃料电池部件,如燃料电池膜电极受到污染,导致催化剂性能衰减,而使燃料电池性降低。

226. 循环利用 recycle。

经过采集、分离和处理等系列活动,将有效成分回收利用的过程。

227. 燃料电池堆额定压力 stack rated pressure。

额定功率时,燃料电池堆进气处的空气压力(绝对压力)。

228. 开路电压 open circuit voltage。

燃料电池堆与外部电路断开时的电压。

229. 额定电压 rated voltage。

在特定工况条件下,在额定功率时的电堆的端电压。

230. 额定电流 rated current。

在特定工况条件下,在额定功率时的电堆的电流。

231. 输出特性 output characteristics。

燃料电池电压和电流的关系。

232. 额定功率 rated power。

在特定工况下能够持续工作的功率。

233. 质量比功率 mass specific power。

单位质量的额定功率。

234. 体积比功率 volume specific power。

单位体积的输出功率。

235. 燃料电池堆 fuel cell stack。

由多个单体的电池、隔板、冷却板、歧管等组成,把富氢气体和空气进行电化学反应生成直流电,并同时生成热、水等其他副产物的总成。

236. 增湿器 humidifier。

使反应气体湿度增加的装置。

237. 质子交换膜 proton exchange membrane;PEM。

以质子为导电电荷的膜,燃料电池内的一个独立层,它作为电解质是阻隔阳极侧富氢气体和阴极侧富氧气体的屏障。

238. 气水分离器 gas/water separator。

将燃料电池排出的气体进行冷凝,分离气体中水分的装置。

239. 空气供应系统 air supply system。

对进入燃料电池的空气进行过滤、增湿、压力调节等方面处理的系统。

240. 自动控制系统 automatic control system。

包含传感器、执行器、阀、开关、控制逻辑部件的总成,保证燃料电池无须人工干预,就可正常工作。

241. 燃料处理系统 fuel processing system。

把输入的燃料进行增湿等相关处理,从而转变成适于在燃料电池堆内运行的富氢气体。

242. 热管理系统 thermal management system。

用以维持燃料电池系统的热平衡,可以回收多余的热量,并在燃料电池系统起动时能够进行辅助加热的系统。

243. 通风系统 ventilation system。

燃料电池系统中借助机械方法将机壳内的气体排到外部的系统。

244. 水处理系统 water treatment system。

用于燃料电池系统水处理及生成水的回收和净化的系统。

245. 燃料电池动力系统 fuel cell power system。

包括燃料电池系统、DC/DC 变换器、驱动电机及其控制系统和车载储能装置。

246. 燃料电池系统或燃料电池发动机 fuel cell system。

包括燃料电池堆和燃料电池辅助系统,在外接氢源的条件下可以正常工作。

247. 燃料电池辅助系统 fuel cell auxiliary system。

包括空气供应系统、氢气供应系统、水/热管理系统、控制系统、安全保障系统等。

248. 车载供氢系统 on-board hydrogen supply system。

燃料电池电动汽车上燃料经过的所有零件的集合,包括储氢容器、压力调节器、管路及附件等。

249. 充电接口 charge coupler。

用于连接活动电缆和电动汽车的充电部件,它由充电插头和充电插座两部分组成。

250. 充电插头 plug。

在电动汽车传导式充电过程中,与充电插座的结构和电气进行耦合的充电部件,其与活动电缆装配连接或一体化集成组成充电电缆。

251. 充电插座 socket。

安装在电动汽车上用于耦合充电插头的部件。

252. 传导式充电 conductive charge。

利用电传导给电动汽车进行充电的方式。

二、英文缩写

(一)BMS 系统英文

Total voltage / V total:总电压。

Total current / I total:总电流。

W remain:剩余能量。

V max:单体最高。

V min:单体最低。

T max:最高温度。

Capacity:容量。

State Of Charge = SOC:荷电状态。

State Of Health = SOH:安全状态。

State Of Electroformation＝SOE：电化学状态。

(二)充电机系缩写

A：安培。

V：伏特。

Hz：赫兹。

AC：或"～"交流电。

DC：直流电。

L1、L2、L3：交流电源。

N：中线或 PE 保护接地。

DC＋：直流电源正或电池正极。

DC－：直流电源负或电池负极。

CP：控制确认1。

PP：控制确认2。

S＋：充电通信 CAN-H。

S－：充电通信 CAN-L。

A＋：低压辅助电源正(如：12V＋,24V＋,36V＋)。

A－：低压辅助电源负(如：12V－,24V－,36V－)。

(三)玉柴天然气发动机专业术语缩写

CL：闭环。

CNG：压缩天然气。

DBW：线驱(如电子节气门)。

ECM：发动机控制模块。

ECT：发动机冷却液温度。

ETB：电子节气门。

EPR：电控调压器。

FPP：电子节气门位置。

IAT：进气空气温度。

IVS：怠速确认开关。

UEGO：宽域氧传感器(适用于稀燃发动机)。

MAP：进气歧管绝对压力。

PTP：节气门前进压力。

MAT：进气歧管温度。

ECT：发动机冷却液温度。

(四)蓄电池缩写

PIC(Power Integrated Circuit)：功率集成电路。

HVIC:高压集成电路。

Smart Power IC:智能集成电路。

LA:铅酸电池。

NB:镍基电池。

LB:锂基电池。

FC:燃料电池。

CF:电容器、飞轮。

参 考 文 献

[1] 徐斌.新能源汽车[M].北京:人民交通出版社股份有限公司,2015.

[2] 赵振宁,王慧怡.新能源汽车技术[M].北京:人民交通出版社,2013.

[3] 胡骅,宋慧.电动汽车[M].北京:人民交通出版社,2012.

[4] 周华英,陈晓宝.纯电动汽车结构与原理[M].北京:北京理工大学出版社,2016.

[5] 徐艳民.电动汽车动力电池及电源管理[M].北京:机械工业出版社,2015.

[6] 北汽新能源汽车校企合作职业院校师资培训资料[Z].北京:北汽汇智慧众汽车技术研究院.

[7] 新能源汽车维修资料[Z].网络.精通维修下载.

[8] 新能源汽车纯电动技术培训资料[Z].上海:Taoway 上海道唯新能源科技有限公司,2017.

[9] 北汽新能源纯电动技术培训资料[Z].上海:Taoway 上海道唯新能源科技有限公司,2017.

[10] 比亚迪 E6 纯电动汽车介绍[Z].深圳:比亚迪汽车有限公司,2016.

[11] 比亚迪纯电动汽车培训资料[Z].深圳:比亚迪汽车有限公司,2016.

[12] 陈丁跃,陈李昊.新能源汽车原理技术与未来[M].北京:人民交通出版社股份有限公司,2016.

[13] 付铁军.新能源汽车[M].北京:北京机械工业出版社,2014.

[14] 张金柱.新能源汽车技术[M].北京:北京机械工业出版社,2014.

[15] 张子成,王中长,陈磊.纯电动汽车驱动及动力系统检修[M].天津:天津科学技术出版社,2016.

[16] 新能源汽车技术培训资料[Z].深圳:深圳风向标教育资源股份有限公司.

[17] 陈黎明,王小晋.电动汽车结构原理与故障诊断[M].北京:北京机械工业出版社,2015.

[18] 林程,韩冰.北京市纯电动汽车技术培训教程[M].北京:北京理工大学出版社,2012.

[19] 赵立军,佟钦智.电动汽车结构与原理[M].北京:北京大学出版社,2012.

[20] 宋炯,杨维和.车载网络系统原理与检修[M].昆明:云南人民出版社,2012.

[21] 黄志坚.电动汽车结构·原理·应用[M].北京:化学工业出版社,2014.

[22] 长安福特大学.多路传输培训资料[Z].重庆:长安福特大学,2016.